トレーダーの心理学

トレーディングコーチが伝授する達人への道

アリ・キエフ【著】/井田京子【訳】

Hedge Fund Masters

How Top Hedge Fund Traders Set Goals, Overcome Barriers, and Achieve Peak Performance

by Ari Kiev

Pan Rolling

Hedge Fund Masters : How Top Hedge Fund Traders Set Goals, Overcome Barriers, and Achieve Peak Performance
by Ari Kiev

フィリスへ

持てるかぎりの愛と感謝を込めて

CONTENTS ●もくじ●

CONTENTS

CONTENTS

CONTENTS

CONTENTS ●もくじ●

はじめに

腕が良くてもけっして偉大なトレーダーにはなれない人がいるのはなぜだろう。筆者はこのことについて一二年間研究を重ねた末に、腕が良いトレーダーでもそのほとんどが明確なゴールを設定していないからだという考えに至った。また、もし設定していてもゴールに近づいたところで、それを達成できるかどうかが心配になり、そのストレスで効率的に機能できなくなってしまう場合もあった。さらに言えば、彼らのほとんどが心理的な障害を克服するためには特定のスキルが必要だし、不透明で予想のつかないマーケットにおいて勝ち続けるためには戦略がいるという考えを持っていないように見える。

筆者の最初の著書である『トレーディング・トゥ・ウィン――ザ・サイコロジー・オブ・マスタリング・ザ・マーケット(Trading to Win:The Psychology of Mastering the Markets)』では、勝つため(それも、かつてないほどの勝利)に必要な精神的および感情的スタミナを高めるため、ゴール設定を重視したプログラムをステップごとに紹介した。そして、次に書いた『トレーディング・イン・ザ・ゾーン――マキシマイジング・パフォーマンス・ウイズ・フォーカス・アンド・ディシプリン(Trading in the Zone : Maximizing Performance with Focus and Discipline)』では、特定のゾーン(ゴールに向かって真っすぐ集中して取り組んでいる状態）に踏み込むことで最高水準のパフォーマンスを達成し、継続するためのテクニックについて具体的に考察した。そして同じテーマの三冊目である『リスクの心理学』（ダイヤモンド社）では、トレーディングでさらに勝つための心理について、特にリスクをとる意欲やリスクを調整したり管理したりする方法、トレーダーをダメにすることも多いリスクのとり方における病的なパターンなどについて詳しく見ていった。

そして本書では、この概念の詳細まで踏み込んで、リーダーシップや周囲のやる気を高めることなどを含む高パフォーマンスの要因についても探求している。ここでは、高い水準、パフォーマンスの評価、そして自分自身と周りの人を不可欠な要素に変えていく能力といったマスターレベルの環境を作り上げていくということにまで踏み込んでいく。

マスタリーとは、マスタリーについて語ることによってたどり着くものだと筆者は考えている。そこで、本書ではトレーダーとの会話を多数紹介している。これを読んで、既成概念の枠を打ち破っていくための対話にチャレンジし続けることの重要性を理解してほしい。さらに高いレベルを目指すトレーダーたちは、このような対話からそれまでトレードのパフォーマンスとはまったく関係ないと思っていた問題点を発見する。これらの対話を通じて、考え方を少し変えたり、これまでの思い込み（それが努力や成功を限定しているかもしれない）を捨てたりすると、何が可能で、トレーダーが起こすことのできる奇跡が明らかになっていく。

これまでたくさんのトレーダーと接してきたなかで、多くはこのような会話を積極的に望んだものの、なかには拒否したり、何としてでも避けようとする人もいた。また、自分にはすべて分かっているのだから手法を変えたりせず、これまでどおりのやり方を続けていきたいと言うトレーダーもいた。マスタリーとは、未知のものを知ろうとすることでもあることを考えれば、このタイプのトレーダーは、マスタリーになるための障害が何かという教訓をもたらしてくれる。

筆者がかかわったトレーダーのほとんどが、ヘッジファンドという心理的な負担が大きい仕事をしていた。この世界は、銀行やミューチュアルファンドのように確実に利益が上がるという簡単な構造にはなっていない。ヘッジファンドでは自分自身を磨く必要があり、そのためには普通と違った調整が必要になるが、それがマスタリーへの道を整えることにもつながっている。つまり、彼らはゴールを設定し、ゴールのために力を尽くし、それを達成するために何をすべきか、ということを解析している。結局、達人の域に達するためには、自分自身を理解しなくてはいけない。自分自身が成功のための道具であり、トレーディングにかかわっている人たちと自分自身の感情や心理サインを読み取らなくてはならない。本書の目的は、マスタリーを目指すために必要なこれらのスキルを数多く開発し、磨き上げていくことにある。

これまでの著作と同様に、本書でも企業名はあえて伏せてある。特定の企業自体より、それぞれの戦略に注目してほしい。また、本書に登場するトレーダーについても、プライバシーに配慮して個人の特定につながるような記述は控え、彼らの経験に含まれている一般的な原理にのみ焦点を当てている。

謝辞

本書は、多くの人の力を借りて完成した。トレーディングと心理学の接点を掘り下げるための貴重なチャンスを提供してくれた多くのヘッジファンドマネジャーや、それぞれの視点について語ってくれたり本書の草稿を読んでコメントしてくれたトレーダー諸君にも感謝している。なかでも、膨大な量にのぼるインタビューの資料を整理し、元の原稿から数回に上る変更に忍耐強く付き合ってくれたトリシア・ブラウンにお礼を述べたい。これはけっして簡単な仕事ではない。

グレース・リヒテンシュタインは、原稿の最終調整から出版までを手伝ってくれた。彼女は必要なときに常に手を差しのべてくれただけでなく、本書で紹介した対話の編集作業でも大いに助けてもらった。

マーシャ・クロフォードには、労を惜しまずにあらゆる段階の原稿を昼夜を問わず用意してくれたことに感謝したい。

だれの人生にも、チャーチルのように「けっしてけっしてけっしてあきらめてはいけない」と言い続けてくれる人が必要だが、筆者の場合は妻のフィリスがその役割を担ってくれている。本書にかかわる作業のすべての段階において筆者を支え続けてくれたことに、永遠の感謝を捧げたい。

二〇〇五年四月　ニューヨークにて

アリ・キエフ

序論

一般に信じられているのとは反対に、最高の結果はクヌート・ロックニーとビンス・ロンバルディ（ともにアメフトの監督）の激論からではなく、実行者をリラックスさせるための冷静なアプローチから生まれる。実際、複雑な活動は感情の起伏があまり大きくないときでないとうまくいかない。もちろん、リラックスしすぎるのにも問題はあるが、偉大な成果は、集中力と注意を向ける方向をコントロールする能力によってもたらされる。そして、このことはトレーダーにもクオーターバックにも当てはまる。

普通のトレーダーに比べて一流のトレーダーは、より勇敢で、より落ち着いている。そのうえ、意思が強くて自己主張もするし、自信にあふれ、冒険好きで、束縛もされない。彼らの自信の一部は、高い集中力と視覚化、そして中枢を働かせて、どんな状況にも対処できる能力からきている。

トップトレーダーは、邪魔が入っても集中力を切らさないでいられる。これは、大切な原則か、トレーディングに関する情報を提供する戦略を持つことで可能になる。このような組織化された原則は、「儲かる方法を探し続ける」と決心するだけという簡単なことかもしれないし、「最高の会社を買って最低の会社を売る」といった複雑な概念かもしれない。大切な原則や展望は、優先順位を決め、ゴールを設定してそれを厳守する手助けになる。また、トップトレーダーは何かが起こる前にそれを思い描き、変化する市況に対応する準備を整えておく能力に優れている。最後に、彼らは中心の見つけ方、つまり自分のなかで外部情報と内部情報をバランスよく処理するポイントをつかむ能力にも恵まれている。

これらのスキルを使うことで、トップトレーダーは目の前の課題に対して自分の持っている資源を活用し、記録的なパフォーマンスを打ち立てていくために必要なステップを導き出すことができる。これらの心理的スキルは、マスタートレーダーのパフォーマンスを最大にするだけでなく、高い緊張感を持続し、不安をコントロールしながら、不安、恐怖、自信喪失、そしてゴールを達成できるかどうかという懸念にも打ち勝ってしまう。

世の中には、さまざまな分野で成功したり、チャンピオンになったりするための手引書や多くの知識があふれている。もしかしたら、本書もマスターの域に達したトレーダーの手順とスキルとスタイルをまねした完璧なトレード戦略の枠組みを紹介するものだと誤解されているかもしれないが、それはまったく違う。

むしろ、本書は達人トレーダーたちが身につけている原則を学ぶことでゴールを達成し、自分のなかに眠っている才能を見つけだすことに使ってほしい。本書で学ぶことができる内容をまとめると、次のようになる。

●感情的になりすぎることも、ならなすぎることもなく、バランスを維持する
●エネルギーと注意を集中して、特定の目標に向かって行動する
●燃え尽きたり動機をなくしたりしないように、刺激と努力の適切な加減を見つける
●集中力を高める
●コントロールされるのではなく、自分の直感によって自然に機能するのに任せる

本書では、さらにプラスの結果をイメージできるようになるための信念を築き上げていく手助けもしていく。

人生でもトレーディングでも、成功するためには勝敗にかかわってくるプレッシャーを取り除く必要がある。実際、そのプレッシャーを乗り越えられるかどうかは、成功するトレーダーと普通のトレーダーを分ける主な要因のひとつになっている。「心を空にする」ことが最高のパフォーマンスを生むことから、本書では勝ち負けに関するすべての考えを捨てる方法を伝授し、不安を減らす手助けをしたいと思っている。そこで、パフォーマンスが上がらないときに、エネルギー、気力、意欲、そしてストレスの下での集中力を弱めかねない憂鬱な反応をコントロールしたり、取り除いたりする方法を紹介していく。また、ストレスの多い環境で、意欲、集中力、忍耐力を維持していくための心理的トレーニングも覚えてほしい。

心の中で成功のイメージを膨らませることができれば、成功に対する恐怖やさまざまな束縛

を克服することができる。また、このような姿勢をリラックスして受け入れられるようになれば、ゴールが脅迫的なものではなくなるということも重要だろう。そこで、特定の活動によって目的を達成するために必要な、スキルのパーツを習得していくことにする。

本書の目的は、精神面の潜在力を刺激し、自信をつけ、イメージを膨らますためのスキルを磨き、視覚化する力、リラックス法、忍耐力をつけるための正しい姿勢、テクニックを開発する手助けをすることにある。心の働きを理解すれば、月並みな自分や、現状を変えようとしないマイナスの自己概念を捨て去ることができる。そして、代わりに目的を達成することに向けてプラスの自己概念を育てていけば、トレーディングの潜在力も伸ばすことができる。

達人の域に達するためのツールとして、概念や実践の競争力を探求するためのソクラテスのような対話は欠かせない。これは筆者がトレーダーやポートフォリオマネジャーに対してコーチングを行うときにも、やはり欠かせない手法になっている。そこで、筆者の手法を説明したり、トレーダーと一緒に仕事をするなかから生まれた達人の域に達するための原則を説明したりするとき、本書では多くの対話を用いている。

この仕事を興味深いものにしてくれるのは、これらの対話の行間に秘められたわずかな感情の動きから読み取ってもらうしかないのかもしれない。また、同じ出来事でもトレーダーによってそれに対する反応が違うため、対話はけっして同じ展開にはならない。それでも、これまでの対話をある程度整理した結果、トレードについての話し合いから一般的な原則を導き出すことができたのではないかと思っている。

達人への道は、トレーダーの実際の行動を疑問視することから始まる。途中でトレーダーたちが抵抗したり、筆者がそれに反論する場面もあるが、これは彼らの抵抗を誘発し、彼らがどれだけ固定観念にとらわれた見方をしているかを認識させるために、あえて行っている。断定的な姿勢を捨て去ることができれば、素晴らしい成果を上げることができるし、変化し続けるマーケットで素晴らしいチャンスを自由に探し当てられるようになるだろう。

これらの対話のなかから、トレーディングに役立つ概念が見つかるかもしれない。しかしそれだけでなく、対話を通じて筆者の問いかけと励ましとともに高いパフォーマンスを目指して自分自身を伸ばしていったトレーダーたちの奮闘にも称賛を送ってほしい。

第1部

マスタリーとは何か

第1章 マスタリーの定義

マスタリーとはどういう意味だろう。ウエブスター辞典によると、「スキルやテクニックを身につけることで、弱点や不完全さがなくなった状態、またはスキルや知識を身につけ、その分野の達人になること」と記されている。つまり、これは特定の活動で最高水準まで熟練することと言ってもよいだろう。本書では、このマスタリーという言葉の意味を拡大して、個人が自分の努力の結果に対して責任をとろうとする意欲と能力の程度（たとえそれがマーケットのように個人のコントロールが及ばない環境であっても）を表すものとする。

マスタリーの心理

筆者は、マスタリーについて効率的にトレードする戦略というだけでなく、効率的に生きる戦略でもあると考えている。これは、平凡で当たり前なことを打ち破ろうとする挑戦によって、自分の隠れた才能を刺激することと言ってもよい。マスタリーの心理的な基盤と、それを身につけようとする努力を阻んでいる障害が何かを理解することによって、さらに洞察力を深めることができるのである。

結局、マスタリーとは適応することであり、特定のスキルを習得する以上の意味を含んでいる。この種の適応には、恐怖や不確実性といった心理的な問題を直視し、克服しようとする気持ちが必要になる。マスタートレーダーは、マーケットの条件の変化に適応することや、マスタリーに到達し、それを維持するための心理的要因に対処する方法を学ぶことができる。

適応するということには、柔軟性を伸ばし、新しい手法を学び、自分を支えてくれる組織を構築し、コーチングの利用を勧め、チームワークをはぐくみ、新しい取り組み方を模索するという要素が含まれているのはもちろん、マスタリーに到達するためには知的、遺伝的、個人的要因もある程度かかわっているが、それ以上にその人の動機と意欲、そしてコーチングを受け入れるかどうかが大きくかかわってくる。要するに、マスタリーはその人の姿勢であり、もっと言えば、潜在力を伸ばしていくことなのである。結局、マスタリーとは自分の習慣や自然の反応（過去の経験や子供のころ学んだことや自分が属する文化のなかにおける自分の存在などが基になっている）の外に踏み出し、新しい世界を作っていくことと言ってもよい。マスタリーは、将来像をもとにして現在すべきことを決めることであり、自分で宣言した展望に基づいて生きることでもある。そして、そのためには、未知のものも受け入れていかなければならない。

マスタリーの基本をつかみかけているあるトレーダーは、マスタリーについて筆者にこう語った。「これを学ぶと他人のポートフォリオに関するアドバイスにとらわれすぎずにすむ。それより大事なのは、自分が何をやりたくて、これから何をするつもりで、何が計画の実行を阻んでいるのかを判断することだ」

ケーススタディ――マスタリーの必要性

もちろん危険を避けて、パフォーマンスがマイナスでもプレッシャーが増さなければマスタリーは簡単に維持できる。そこで、新しくて変化し続けるマーケットに適応するためには、その変化が自分のバランスをくずし、新たな問題を投げかけてくる可能性があることを知っておかなければならない。

本書での原則とは、行動によってマスタリーに近づくものだという事実を指摘しておきたい。パフォーマンスを上げるための心理的アプローチとしてマスタリーを目指し、集中することは、関心を自分自身からゴールに到達するためのステップへと移してくれる。それに、こうすることで自分の読み違えや誤解などに気づくこともできる。また、与えられた結果には責任を持つことを促し、現在の（不本意な）結果がどのようにしてもたらされたのかについても考えさせてくれる。

ここでおもしろい例を紹介しよう。ポートフォリオマネジャーのデリクは新しく担当するポートフォリオの戦略を変更したいと思っている。彼は以前勤めていたヘッジファンドで学んだ長期のファンダメンタル分析に基づいたバイ・アンド・ホールド式運用ではなく、現在のヘッジファンドで行っている超短期モデル（きっかけの出来事がもたらす瞬発的な相場の勢いをとらえる売買モデル）による短期運用に適応しようと努力している。戦略の変更について周りから何か言われたわけではないのに、デリクはこれまでのように一時的なドローダウンに耐えながら乗り切っていくのではなく、速い動きのなか短期で結果を出し、日中のボラティリティを利用して儲けを上げていく世界に取りつかれていった。

二〇〇二年初めに交わされた次の対話は、雑念を払ってこれまで培ってきた戦略（自分にとって結局は最高の結果をもたらしてくれる）を順守するための適応の仕方がどのようなものかを示している。この対話では、誠実さ、自覚、選択、自分が生んだ結果に責任をとる、という気持ちが必要とされる優れた行動を実践することこそがマスタリーであるという点を強調しておきたい。

デリク　この仕事に就いて以来、マーケットは激しく変動している。買った翌日に二〇％下げたこともあり、短期トレードを少し減らしたほうがよいのかもしれない。前に勤めていたヘッジファンドでは、ファンダメンタル分析に七五％の時間を費やして、残りの二〇～二五％をトレーディングに充てていた。でも、この数週間はマーケットを理解するために七五％を費やして、残りの二五％でファンダメンタル分析をしている。最近、成績が少し落ちてきたので、損益を改善して調子を戻したい。うまくいき始めれば、自信を取り戻して思いどおりのトレーディングができるようになると思う。

キエフ　値下がりで長期保有のポジションで損失が出ているが、いずれ回復すると思っているのか。過去のパフォーマンスを分析したのか。

デリク　気になったので、二月から見直しを始めた。一部の長期ポジションは大丈夫で、損失が出た分については損失の多い順にポジションを一〇位まで書き出してみた。パフォーマンスを上げなくてはいけないというプレッシャーのなかで、一発狙いのようなことをしてしまった。儲かっているときなら、そういうことをする余裕もある。もし一五〇〇万ドルとか二〇〇〇万ドルとか三〇〇〇万ドルとか儲かっていれば賭けもできるが、この分はそういうトレードではなくて、ほかのトレーダーのアイデアに乗って自分ではあまり考えずに実行してしまった。

キエフ　つまり、他人のアイデアに便乗した分のトレードから損が出ているということだね。

デリク　そうだ。トレード数を減らさないといけない。

キエフ　それに、勝ちトレードの利益を負けトレードの損失より多くしなくてはいけない。

デリク　今はそうなっていない。損失が一五〇万ドルに達してしまったということは、トレードしすぎを意味している。

キエフ　負けトレードの保有期間は長すぎて、勝ちトレードのほうは短すぎるのではないか。

デリク　その可能性はあるが、なにしろマーケットの変動が大きい。

キエフ　君にとってマスタリーとは何だろう。

デリク　少ないトレードを自信を持って行うことだ。例えば、ＸＹＺコープの空売りでは六〇〇〇ドルしか儲けられなかったが、もしあのポジションをもっと長く保有していたら二〇万ドルの利益になっていた。

キエフ　手仕舞うのが早すぎたのか。

デリク　損失が出始めると、つい急いで手仕舞ってしまう。損失を減らして儲けを上げなければいけないというプレッシャーを感じるからだと思う。

キエフ　同じように勝ちトレードも手仕舞ってしまうということはないのか。

デリク　どれが勝ちトレードで、どれが負けトレードかは分からない。

キエフ　その銘柄について十分な知識があれば、もっと長く保有できたのではないか。

デリク　そのとおりだと思う。

キエフ　それは自分の調べ方に自信がなかったり、自分のポジションに確信が持てなかったりするからだろう。

デリク　長期に関してはそうだと思うので、そのまま保有しなくてはいけない。負けトレードのひとつにコンピューター会社の株があって、この前は、単なる噂が原因で一日で二ドル五〇セントも下げた。僕は二〇万株も買っていて、これは全体の七％を占めるポジションだった。今は二一ドルでも、二〇ドルに下げるかもしれないし、どんなことでも起こり得るのだから、一九ドルにだってなり得る。もうだめだと思った。もうあきらめないといけない。ファンダメンタルだったらよく分かっているが、みんなが避けようとしているときに買うのだろうか。このときは、結局二ドル戻したので、一部を売却してうまくいった。だから、確信の持てる長期ポジションを増やしたあと、短期のほうももう少し自信が持てるようになりたい。今、自信がないので逆行している空売りポジションを買い戻しているが、心配は減っても利益は上がらなかった。それでも大きな損失を出さないですんでほっとしている。損失は一〇〇万ドルに抑えることができた。

キエフ　全体の運用額はどのくらいか。

デリク　一億ドルまで運用できることになっているが、今はまだ全部を投資しているわけではない。まだ始めたばかりなので、約四〇〇〇万ドルくらいだ。まず、利益を上げたうえで、賭けに出たいし、できそうな気がする。まだそこまで到達していないが、このアプローチに関してはよいと思っている。

キエフ　拡大できそうな長期ポジションはあるのか。

デリク　七・五ドルで買った銘柄の長期ポジションがあって、これは増やそうとしている。

キエフ　どのくらいの割合で保有しているのか。

デリク　現時点では、四～五％だが、七～八％にするつもりだ。この銘柄は今月中に一〇ドルになると思っていて、そうなればかなりいいし、今は八ドルだ。二五％は上がると思う。先月はすごくうまくいったと思った。ナスダックが下げて儲かったトレードの利益が一番大きかった。でも、もっと売っていれば、もっと儲かっていたと思うと残念だ。一年以内に、よく分からないまま行っている小口の負けポジションを減らしたい。だんだんトレードを選べるようにはなってきていると思う。

キエフ　もっとたくさんのポジションを保有しているように見えるが。

デリク　今のはすべて二月以降に動きのあった分で、今はほんのわずかなポジションしか動かしていない。自分のアイデアにもっと自信を持ちたい。

キエフ　この七・五ドルの株については、本当にうまくいくと思っているのか。

デリク　もっと買いたい。損益の心配をしなくてよければ、ずっと楽になる。以前に勤めていたヘッジファンドでは、常にプラスを維持していた。一月にやめたときもプラスだった。とにかくマイナスには陥りたくない。僕の場合、損を出していると心理的な負担が大きくなってしまうが、それを克服したい。トントンを目指しているのではなく、二〇〇〇万ドル、三〇〇〇万ドル、四〇〇〇万ドルの利益を上げたいんだ。そのために、自分を向上させないといけないのは分かっているから努力しているし、そうなれると思う。

キエフ　損益ばかりを気にしすぎて、自分のトレードに集中できていないように見える。それよりも、君には「自分のすべきことをしていれば、損益は黙っていてもついてくる」と言いたい。損益にこだわりすぎると、よく知らないのに買ったりするようになる。それに、感情的になってしまうと、緊張しすぎてアマチュアのような行動をとり始める。もし本当に損益が心配なら、自分がよく分かっていることをするのが一番よい。

デリク　僕が得意なのは、マーケットが下げていても儲けることだ。自分では、変わった銘柄を見つけるのがだれよりうまいと思っている。よく分かっているから取り組みやすいし、すぐに反応することもできる。これからは、この種のトレードを増やしていこうと思う。

キエフ　そのやり方なら結果を出すことができるのか。

デリク　もちろん。実績もある。すべきことが分かってきた気がする。

デリクが、利益というクッションを作ってからでないとリスクを増やせないという考えに取りつかれていたのは明らかだった。これは、リスクマネジメントとしては正しいが、筆者は、彼が最大限の能力を出すのを阻んでいる生命原理の影響に注意すべきだという見方をしていた（生命原理の詳細は後述する）。そこで、筆者は繰り返し反論していくことで、彼がもっと積極的に何が可能かを考え、過去のパフォーマンスに基づいて自信を取り戻し、新しい職場での評価を気にしすぎるのをやめるように、促していった。

デリクは、今のやり方を再考して基本に立ち返る必要がある。ドローダウンに対応するためには、きっかけが起こりそうもないようなポジションやファンダメンタル的に確証がないポジションは縮小し、何らかの競争力がないもの以外は長期で保有してはいけない。また、ポジションのバランスを良くしてヘッジをかけておけば、マーケットリスクを下げることもできる。こうなれば、損益が気になって控えていた得意の長期運用と、新しい職場で主に使われている短期運用との折り合いもつけることができる。

デリクと同様に、多くのトレーダーが真のマスタリーとは今をしっかりと生き、現在行っていることに全力を尽くすことであると認識する必要がある。

マスタリーは、人生や仕事の過程にもっと打ち込めるようになるための一連のスキルと練習であり、その目的は権力や名声を得るためではなく、最高のパフォーマンスを上げることにある。このレベルに到達する過程では、特別な結果を出すための技能を高めるために、たくさんの質問を活用していく。

見通しを立てる

マスタリーに到達するため必要となる考えのひとつに、トレーディングの先にある明確なゴールを設定することが挙げられる。これは、トレーダーのスタイルによっては当てはまらないように見えるかもしれないが、筆者はこれがマスタリーへの第一ステップとして不可欠だと確信している。実際、もっともがんこなバイ・アンド・ホールドのバリュー投資家（たいていは保有する銘柄について、長期的な目標を持っている）でさえ、特定のゴールを設定しておくことの効力を認識するようになっている。

ゴールの設定と、トレーディングにおけるマスタリーを目指すことに集中できれば、客観的な視点でより大きな成功の青写真を描くことができるようになる。達成可能なゴールを設定すれば、ミスを繰り返したり、損失を減らすどころか拡大してしまったりする状態から抜け出すことができる。

ケーススタディ――コミットするということ

筆者は、トレーダーとグループで話す場を定期的に設けている。こうすると、話もはずむし、トレーダー同士で学ぶ機会にもなる。グループにしたほうが共通の認識やリーダーのひらめきによって、話が盛り上がることが多い。トレーダーたちが目的をもって話し合いをするときは、ひとりひとりに自分のゴールや戦略について語ってもらうことが大事で、ここからグループの結束が生まれる。このとき、リーダーはきっかけを与えたり、盛り上げたり、ひらめきのヒントを出したりする役割を担っている。

筆者はこのような対話をいくつかのグループに対して定期的に行っている。ここでは、心理的な効果を意図した会話によって、トレーダーに自分のゴールをみんなに公表するよう刺激を与えている。このような話し合いを始めて一二年になり、トレーダーの多くがこの「ドリル」を理解している。彼らには、みんなの前で宣言するその年のゴールがその場かぎりの思いつきではなく、実行するつもりの意思表明だということが分かっている。

話し合いの目的は、トレーダーに柔軟性と順応性、そしてマーケットの需要に目を向けることの必要性にもっと気づいてもらうことにある。大きな結果を出すための自信と力をつけるためには、ゴールと自分を掘り下げることとの必要性を常に意識させるようにしなければならない。これは、それぞれのトレーダーが偉大な潜在力や長所を秘めているという発想が基になっているため、筆者は長期的に実行可能な目標と、それを実現させるための短期的な行動目標をひとりひとりに質問する。

マスタリーに到達するためには、次の年に何を達成すべきかについて深く考えなければならない。ゴールを実現するために、どのような行動をとるべきかについて考え、ときには数字だけでなく、具体的な戦略まで計画しておいてほしい。

- ●損失をどのようにコントロールするつもりか
- ●ゴールに合わせてポジションを調整しながら、利益率を最大にする
- ●前年にやらなかったことで、今年はやろうと思っていること
- ●確実に結果を出すために、今後取り入れようとしている新しい手順

次の対話は、パフォーマンスのゴールを設定する手助けをしたり、トレーダーやポートフォリオマネジャーが展望を実現するための戦略について考えるように促すことを意図している。

キエフ　ゴールを達成するために、今年は何を変えようと思っているのか。

フレッド　次の一二カ月間で利益が三〇〇万ドルのトレードを一〇件成功させてゴールを達成する計画だ。そのために、顧客にも積極的にアプローチしていく。

キエフ　どうやって一〇件のトレードを探すのか。昨年のやり方のどこを変えるのか。目指す結果を確実に出すために何をするつもりか。

フレッド　利益を上げることに関しては大丈夫だが、問題は損失のリスクマネジメントなので、これについては、これまでより短いスパンで厳しく監視していく。ドローダウンに注意して、

一〇％のストップロスを設定するなどの対策を強化していきたい。

キエフ　自分の弱点を認識しているのは良いことだと思う。でも、自分の強みについてはもう少し考えてほしい。特に、ポジションサイズの調整について学べば、勝ちトレードを拡大することができる。結局は、それがマスタリーの重要な一部分になる。

フレッド　分かった。

キエフ　リック、君はどうだね。

リック　昨年はゴールまであと一歩のところまで行ったので、悪い年ではなかった。今年は目標の数字を引き上げたので、マーケットシェアも増えると思う。資金も増やす予定だ。

キエフ　フィル、君は。

フィル　資金とトレード額を増やしてゴールを達成するつもりだ。昨年の数字を見直すと、打率は良かった。必要なのは、頻度を上げることと継続することだと思う。

キエフ　君は何を打率と呼んでいるのか。

フィル　勝ちトレードと負けトレードの割合だ。大きな損失は出さなかったうえに勝ちトレードも多数あったが、額が大きければもっと利益を上げられた。

キエフ　大きくトレードするために何が必要か、そのためには精神面でどのような調整が必要か。

フィル　ただやるだけだ。

キエフ　二倍にするのか、それとも五〇％増しか。
フィル　三〇～四〇％大きくする。
キエフ　ジム、君はどう。
ジム　われわれのゴールは資金をすべて使うことだったが、実際にはそれを上回ることができた。今年のゴールは資金を二倍にすることだ。
キエフ　戦略は変えるのか。
ジム　ポジションサイズをもっとうまく調整して、適切に拡大していけると思う。現在保有しているポジションのどれも二倍程度にはできると思うし、流動性も高くなる。あとは、ストップロスを増やすことで規律を高められるし、しっかりしたチームにも恵まれている。
キエフ　ダン、君は。
ダン　自分にとっての安全地帯から少し踏み出して、次のレベルを目指さなくてはいけない。そのためには、できるかぎり優秀な人たちと一緒にいる必要があると思う。僕たちは今、もっと資金を使えるようにするため最高レベルのアナリストを採用しようとしている。また、社内のほかの口座の担当者と話す機会を増やし、口座間の情報の流れをよくすることで、共有できる情報を最大限活用できるようにしたいとも思っている。情報の流れをつなげていけば、非常に大きな相乗効果が期待できる。ひとつのトレードアイデアが、さまざまな効果を生むかもしれない。

キエフ　ショーン、君の今年の計画は。

ショーン　一カ月で五〇〇万ドルの計画を立てている。また、これまで分析を手伝ってくれていたスタッフに、少額だが運用も任せることにした。それに、これからはもっと社外にも出てみようと思う。リサーチのアシスタントが見つかったら、いろいろな会社と直接話をする機会を増やしたい。やる気は十分ある。ポイントは、ぴったりの相手と出会えるかどうかだが、それはやってみなければ分からない。

キエフ　それもある。多くの企業でアナリストを雇っているが、彼らに何を期待しているのか、トレーダーとアナリストの間でお互いに何を期待しているのか、ということも考えてみてほしい。これまでの経験から言って、両者の関係は緊迫していることが多い。もし儲かっていれば、アナリストは当然自分の功績だと考える。しかし、トレーダーは自分のリスクマネジメントの成果だと考える。もちろん、こちらのほうが難しいし、結果に及ぼす影響も大きい。しかし、両方とも重要な仕事で両者のコミュニケーションと誠実さがゴール達成には不可欠だ。お互いに期待する役割を調整して誠実に向き合う努力をすべきだろう。人は、だれでも本心で語らなければいけないときがある。次はスタン、君の目標を教えてくれないか。

スタン　今年は一〇〇〇万ドルを目指している。達成するには大きくトレードすればよいと思う。

キエフ　それでいいと思う。ゴールで大事なのは、そこに到達するためにすべきことを見つけようとすることだ。損失のリスクを管理して、深みにはまらないようにしながら、ゴールに到達するためにポジションサイズを拡大していくということでもある。

キエフ　ジェイクは。

ジェイク　僕たちのゴールは、四〇〇〇万ドルで、とてもやる気になっている。僕たちのところには、アナリストが二人いる。Ｓ＆Ｐに関して財務分析は重要だ。これまではベンチマークとだいたい同じ結果だったので、これからはリサーチに力を入れていくことにしている。つもり売買ではなく、実際にお金を賭けたら大きな利益が上がるだろう。

キエフ　ジェイク、今年はどこを変えるべきだと思うか。

ジェイク　ストップを厳格に守って損失を限定する。

キエフ　厳格にすることと守りに重点を置くことは、ほんの少しだが違う。

ジェイク　僕はもっと成長したいし、みんなで刺激し合いたいと思っている。

キエフ　トニーは。

トニー　昨年から好調だが、アナリストのドンともっとうまくやっていく方法を見つける必要がある。彼の長期のアイデアのいくつかを外さなくてはいけないんだ。

キエフ　ドンがそれを担当しているのか。

トニー　そうとも言える。これから新しい体制が始まるが、そのなかでたくさんのことが抜け落ちていくだろう。

キエフ　「抜け落ちる」というのはどういうことか。

トニー　なかなか確信が持てなくて困っているということだ。そのほとんどはきっかけがないだけだと思う。株価は十分動いているのだから、あとは確信を持ってポジションサイズを調整できればよい。

キエフ　これはトレーディングの重要な要素だ。確信が持てなくてはトレードを大きくできないが、そのためには仕事を通して自信を培っていかなければならない。特に、さまざまな見方に対して自信を持ちたい。きっかけの出来事を利用すれば、タイミングを計ったり、さまざまな見方をマーケットと同化させていったりすることができる可能性も高くなる。幅広い見方ときっかけの出来事からは、株価が安すぎるのかどうかを推測することもできる。もしこのことに十分早く気づければ、もっと大きくトレードして株価が妥当な水準に戻るまでの間に儲けることができる。これと同じことは、空売りサイドにも言える。マスタリーに達すると、確信を持つことと、きっかけを合わせることで読みが正しくなる可能性が高まるため、自分のポジションに対する集中力が高まる。ただ、ひとつ警告しておくと、ほかの人と同じことをしたのだから自分にも競争力があるという間違った確信を持つことには注意してほしい。結局のところ、マスタリーに到達できるかどうかは、自分独自の仕事ができるかどうかにかかっている。新しい視点やスタインハルト（マーケットの魔術師のひとり）が言うところの「異なる知覚」、つまり、ほかのだれもやっていない有利な点がないと、確信を持つのは難しい。そして、それを得るためには、その株を買えば短期の利益が上がる理由をもっと掘り下げていかなくてはならない。賢明なトレーダーは、アナリストからこのようなアイデアを得ようとする。また、それらのアイデアについて情報源の検証、分析、相関分析、指数との比較などを行って信頼性と有効性を見極め、正しい選択をする可能性を高めようとする。これらのことを念頭において、確信を得るためのステップを考えることは非常に有効だ。

トニー　まだよく分からない。これで何が変わるのだろう。

キエフ　ドン、調子はどうだい。

ドン　いいよ。新聞で見て良いと思ったアナリストには積極的に会うようにしているし、きっかけにつながりそうなデータも集めている。時価総額がそう大きいわけではないが、そう悪くもない。だいたい一五〇億ドルくらいだと思う。

キエフ　マーシャルは。

マーシャル　損失を最低限に抑えたことで、ゴールを達成できそうだ。良いチームに恵まれたし、この六カ月をみんなに自分の役割を理解させることに費やしてきたから、今では七五〇〇万ドル以上狙えるインフラが整ったと思う。

ウィル　昨年は不調だったトレーダーが二人いるので、今年は彼らの調子を取り戻させたい。そのために今年は二～三人のスタッフに基礎的なリサーチを任せて、僕たちはそれをモニターしていくことにした。

キエフ　どのようにして資本を増やしていくのか。

ウィル　毎日、いくら使ってどのくらいのポジションにするのかということに集中できたかどうかを確認するため、日誌をつけている。

キエフ　それは役立っているか。もしそうなら、どのように。

ウィル　毎日自分が書いた記録を見ていると、もし五〇〇万ドルにすべきポジションが三〇〇万ドルしかなかったら、それを五〇〇万ドルに引き上げなくてはいられない。さらに、一週間に一度は見返して、変化がないかどうかも確認している。

キエフ　客観的に見ることができているか。

ウィル　できている。

ジェリー　僕も同じ金額を使ってみることにする。そして、負けトレードを手仕舞い、意地を張らずにみんなのことやみんなの得意なトレードについて、もっと知ろうと思う。

筆者はこのような話し合いを定期的に行っているが、そのなかでも非常に効果的だったものを紹介した。話し合いの目的は、自分の目標やそれを達成するための戦略をみんなに公表することで、こうすることによってこれまでの経験や持てる最大の力をゴールに向けて微調整して

いくことができる。

彼らと同様に、自分の計画を妨げているのは、実は自分かもしれないということを理解する必要がある。また、このような話し合いをすると、トレーダーの力やそれぞれのトレーディングスタイルの重要性を際立たせることができる。そのために、筆者の質問のほとんどは、トレーダーの才能やスタイルと合わせてこれからとるべきステップについてよく考えるよう促すことを意図したものになっている。

複数のトレーダーという設定には、いくつかのメリットがある。ほかのトレーダーも同じような心理的バリアと苦闘していることを知ることで、彼らはマーケットの不確実性に直面しているのが自分ひとりではないという非常に前向きな感覚を持つことができる。また、慎重に次のステップを踏み出して素晴らしい結果を出すことを冷笑するのではなく、支えていく雰囲気も生まれてくる。

自分のゴールと戦略、そして、もしうまくいかないときはどうやってマーケットに順応していけばよいかを常に意識しておくため、話し合いは年間を通して行われる。掘り下げた話し合いは、仕事でうまくいかないときでも自省と順応しようとする努力を怠らないことで、マスタリーを目指す姿勢を維持していくために必要だが、いつでも使える定型パターンがあるわけではない。それよりむしろ各グループが展望を広げていけるように刺激を与え、トレーディングの期間を通して活発に過ごせることを意図して行っている。

過程を改善する

トレーディングマスタリーは、いくつかのルールを学んでそれを実行するだけの型にはまったタイプの仕事ではなく、自分を信じて不確実性という深淵に踏み出していくことだと思う。特大のゴールを目指す覚悟を決めたあとは、仕事の仕方、分析、コーチング、助けを求めるなどといった必要な行動に専念し、最初に話した段階では予想もつかなかった困難に直面してもゴールを見失わないようにしなければならない。これは、セイリングの講習を終えてすぐに嵐の中に漕ぎ出せと言われるようなもので、状況に合わせて上手回し（風上に向かって方向転換）や下手回し（風下に向かって方向転換）や微細なコース変更ができなければ乗り切ることはできない。

マスタリーの岸までたどりつこうと思うならば、あとでヒーローになれるかどうかにかかわらず、トレードという海を航海することにもっと集中しなければならない。もし次のことができていれば、マスタリーに近づいていると考えてよいだろう。

●高い緊張感を持続できる
●不安をモニターし、コントロールできる
●攻撃性、冒険好き、勇敢、自信がある、制約にとらわれないなどといった性格を気軽に表現

できる

●自分の能力を現実的に見ることができる
●ゴールを達成することに対する恐怖、自己不信、自信喪失などといった障害を克服できる
●邪魔が入ってもそれを退け、ひとつのことに集中できる
●ゴールを設定してそれを順守し、優先順位を設定したうえでトレードを具体的に思い浮かべて展開に応じた作戦を組み立てることができる
●バランス感覚に加えて、素早い認知力と落ち着いた自発性も持ち合わせている
●合理化、隠蔽、阻止、責任逃れなどといった防御的姿勢はできるかぎり避ける

達人トレーダーが到達した世界と同じようなことができるようになるために使うべきテクニックとは、どのようなものだろうか。まずは、そのためのツールのなかで足りないものや、ついやってしまう悪い癖を見極めなくてはならない。これは簡単に言えば、自分を変えるための自覚が必要だということでもある。マスタリーまでの具体的なステップは、トレードに対する姿勢によってひとりひとり違ってくる。

ケーススタディ――マスタートレーダーになるためには――

いくつもの判断を下さなくてはならないし、やることはたくさんあるし、流れはどんどん変わっていくトレーディングデスクにおいて、集中力を切らさないようにするのは簡単ではない。トレーダーのアーウィンは、自分が気が散りやすく雑音が気になりやすいことに気づいている。周りの出来事に注意力を乱され、目標を達成できないのである。

マスタートレーダーが使っている究極のアルゴリズムは、彼らの頭の中のコンピューターでコード化されていて見えないが、それでも普通のトレーダーがまねできないわけではない。だからこそ、マスタートレーダーを手本にして自分をモデル化してみることが役に立つ。このことは、アーウィンにも伝えた。マスターたちのスタイルをそのまままねるのではなく、彼らのどのような行動がひとつひとつのスキルを巧妙なものにしているかについて理解するようにしてほしい。次のアーウィンとの話し合いでは、彼がすべきことと、マスタートレーダーのひとりに注目することで学べることについて考えてみた。

アーウィン　判断を下すときは、雑念を捨てることを学ぶ必要がある。何かに挑んでいるときは、恐怖心を克服し、ゴールを常に意識し、ほかから邪魔されないようにしなければならない。このための道のりはまっすぐではないかもしれない。周りが熱狂していても、マスタートレーダーは目標に向かって集中力を途切らせない。彼には、自分が目指すところが分かっていて、その途中の雑音など気にしない。彼のまねをして雑念を払う方法を学びたい。自分のやっていることにも自信を持ちたい。恐がってばかりはいられないし、雑音に邪魔されてばかりもいられない。例えば、昨日は絶対にゼロになると思って空売りしていた大手エネルギー企業を買い戻してしまった。四五〇万ドル分の社債を空売りしたあとで、急騰したらどうしようと思うとしんどくなってしまった。悪いことばかり考えてしまうので、自分に「もし上がったらもっと空売りする。でも上がるはずはない。それよりも空売りポイントを探せ」と言い聞かせた。でも、自信があったにもかかわらず、結局は一部を買い戻してしまった。

キエフ　そのときどんな気持ちだったか。

アーウィン　暇だったことと年末だったことで手仕舞うことに決めた。本当はあと一〇ポイントくらい引っぱろうかとも思ったが、五〇万ドル程度では少し欲張りすぎのような気がした。悪くはないが、最高の判断とも言えない。

キエフ　マスタリーへのカギは、集中力を欠いて勝負をやめてしまったときの気持ちの変化を見つけだすことにある。何がそうさせたのか、マスターらしい行動はもうやめにしたのか、トレーディングの過程でもう一度マスタリーを目指すためには何に注目すべきか、これらのことを理解するだけでなく、実行に移すことを学ばなければいけない。

アーウィン　人は、よく考える代わりに、反射的に行動してしまうときがある。でも、そのときは何がうまくいって何がうまくいかなかったのかを分析すればよい。少し光が見えてきた。成長するためには、次に困難に直面したとき、そうしなければならない。間違いを見つけたら、雑音を恐れずそれを食い止めなければいけないし、これと思ったトレードは、迷っているうちに逃すのではなく、すぐに実行しなければならない。

キエフ　分析に基づいて確信を得たのなら、それを信じながら価格の動きといつ仕掛けるかを確認しておくんだ。このとき、完璧な価格になるまで待っていてはいけないが、もしそこまで下がればさらに買い増してもよい。

アーウィン　買ったあとで値下がりして失敗したら、後悔する。自分の知識を基にしてトレードすべきだ。大事なのは必要な場所にいることで、必ずしも底で買わなくてもよい。

キエフ　行動を起こさなかったのは、ほかの人の助言を聞いたからだと言うこともできる。

アーウィン　邪魔が入ったと言いたがる人は多いが、それは言い訳だ。

キエフ　邪魔とは関係なくトレードすればよい。

アーウィン　対処法を学べばよいということか。

キエフ　もし目標に集中していれば、邪魔についてそれほど心配する必要はない。判断を下し、それが間違っていても恐れてはいけない。行動あるのみ。君の脳の中にはコンピューターが入っていて、理性以上の計算をしてくれる。合理的な目標を決め、データを投入すれば、計算はそのコンピューターがしてくれる。あとは君が行動を起こさなければならない。もし間違っていれば、次の行動に移ればよい。次々と行動を起こしていくんだ。君の給料は、その行動に対して支払われている。実際に行動を起こすという選択ができたことを認めず、状況に対して文句ばかり言う人はたくさんいる。彼らは、ほかの人やマーケット自体やマーケットにある問題について文句を言うのだが、そんなことをしても自分が混乱するだけだ。唯一の障害は、自分自身であり、損失を出せば不安になる。大きなチャンスを目前にして、分かっているのに反応しない。この感覚を覚えておくとよい。これが不確実性だ。さほど大きなことでなくても、とにかく判断を下してみよう。マスタリーは不透明な状態を自信に置き換えることでもある。面白いことに、このような知的感覚というのは、たとえ公式化してもほかの人には当てはまらない。

アーウィン　この世界でやっていきたければ、感情をコントロールできるようにならないと、どんどん精神的に混乱していくということを理解しないといけない。集中力を切らさず、あとになってこうすべきだったなどと言ってはいけないし、立ち止まってもいけない。マスタートレーダーは何かが起こると買い始め、買うべきだという確信が続くかぎり買い続ける。そして、自分のアイデアに対する確信と株価がある程度のところまでいくという考えが広がっていく。たとえその時点では妥当に見えなくても、彼らは頭を低くしてフルスピードで前進していく。

キエフ　たいていは考える時間などない。つまり、準備ができているかどうか、作戦を立て、マーケットの動きに反応できる能力があるかということなのだ。これはテニスと似ている。ラケットの位置を意識しつつボールから目を離さないようにしておいて、あとは直感で最高のパフォーマンスを上げていけばよい。

アーウィン　反射的な行動だ。最初は正しくないように見えても、特定の結果を目指した動きならよい。マスタートレーダーにはV字形の底が見えていて、さらに下げても買い続けるのは必ず反騰するという確信を持っているからだと思う。もっとデータがあれば、周りで買っている人たちが値下がりに関して怖気づき始めても確信はさらに深まっていく。ためらっているわけにはいかない。彼らは昨日「売れ」と言ったとしても、今日になって違っていたら、買い戻せと言うだろう。とにかく彼らは毎日動いている。

キエフ　ここで言っているのは、感情的な知性のことで、これはマスタリーの重要な要素になっている。

アーウィン　もし自分が正しいと思えれば痛みを受け入れられるし、あとできっと知的な見返りがあるだろう。ただ、できれば苦痛は小さいほうがよいと思うと、急いで行動しすぎてしまうことがある。マスタートレーダーの哲学は分かるが、別の方法でもうまくいくのに、なぜあえて痛みを受け入れなくてはならないのか。不安から学ぶのではなかったのか。

キエフ　いかなる理由でも、逃げてはいけない。

アーウィン　その感情は障害ではなく、何をすべきか指示を与える内蔵メッセージみたいなものだ。先生はみんなに不安感を乗り切るように言っているが、それにパターンや、何かしなくてはいけないという感覚は利用できるのか。僕はもっと客観的になりたい。もし空売りポジションのひとつが下がったり、買い持ちのポジションのひとつが上がったりしたら、つい利食いたくなってしまう。

キエフ　目標は立ててあるのか。

アーウィン　これから立てないといけない。

キエフ　そうすることで、トレードの仕方が大きく変わってくる。

アーウィン　目指す数字はあまりにも大きくてやる気になれない。大きすぎる目標によって失敗したくない。

キエフ　それがゴールを設定することに対する生命原理、あるいは文化的神話というもので、君はそれに振り回されると思っている。だからプレッシャーの下で無理をしたり、うまくやろうとする代わりに一歩引いてしまったりする。ほかの人が大丈夫と言ってくれるまで、無理したり行動を起こしたりしないという考え方は間違っている。今あるのは目の前の戦いだけで、これをやり遂げることしかない。自分に何か起こるなどという誤った意識は捨てるべきだ。引いても痛手を負うだけだろう。力を尽くしてそこから得られる満足感を見いだしてほしい。そうすれば、全力を尽くすために何が必要かはいずれ分かる。これは自分のためになるし、活発にトレードできるようになることで、いずれ自分には能力があることも分かる。そして、ほかの人たちもそれに気づき、それに報いてくれることになればそれもよい。ただ、ほかからの報酬のために行動していると、だんだんそれに依存したくなってくるが、それはやめたほうがよい。これまでずっと失敗しないように気をつけながらやってきたのに、最後に逃げて戦いから外れてしまったら、それこそ本当に失敗したことになる。これを引き起こしたのは数ある生命原理のひとつで、人生やトレーディングに全力でかかわっていく妨げになっている。

アーウィン　絶対的な数字は大きいが、毎日三〇〇〇～五〇〇〇万ドルずつ積み立てていけば四〇歳になるころには一〇億ドルの資金が確保できる。そして、それを年率四〇％で運用できれば、夢にも見なかったほどのお金持ちになれる。毎年、金額を気にしすぎないようにする価値は十分ある。それに、この数字自体も素晴らしい。来年は、もっと良い年になるだろう。これまでだって長期で見れば前進してきたし、このまま前向きにやっていけば高パフォーマンスという目的に近づいていけると思う。まっすぐな道のりではないかもしれないが、勝つ喜びを味わえる。気持ちが落ち込むこともあるかもしれないが、このレベルの戦いでそれを避けることはできない。

キエフ　次のレベルに行くためには、すべきことをしっかりと見据えることがカギになるということを覚えておいてほしい。

アーウィンとの対話には、引用したい教訓が数多く含まれている。このなかのひとつに、邪魔を意識的に避け、自分の目的とそれを達成するための戦略に集中することの重要性があるが、そのためには自分の感情の動きや軌道を外れてしまう原因について注意を払う姿勢が必要になる。

二つめの教訓は、結果をもっと信頼しながら自分の仕事に自信をつけていくようにしたり、必要ならば仕事の幅を広げることでさらに自信をつけていったりすることになる。また、自分の感情的な反応に目を向け、感情的になりすぎたり自己批判しすぎたりして、脱線しないようにすることも大事だろう。ゴールを、何をすべきかの指針とすることで、自分の内面的な思考過程や解釈にとらわれない行動がとれるようになる。もちろん、先の話し合いからも分かるとおり、長年このテーマを追求してマスタリーに到達したトレーダーのまねをして、自分をモデル化してみることも効果がある。

マスタリーになるための基本理念のひとつは、自分が生んだ結果には責任を持つということで、これは自分自身の世界を築くこととも言える。そのためには、ゴール設定の意味を理解し、目標を見失う原因を見直さなくてはならない。そして、さまざまなスキルを磨くことが、目標を見失わないようにしながら偉大なマスタリーを目指すうえで役に立つ。

これらのスキルが見つかれば、普通の人でも並外れた結果を出すことができる。そのためには、ゴールと結果に沿って自分自身を作り上げていかなければならない。これまでやってきたことから学びつつ、マスタリーに向かって前進していくという大きな流れに踏み込んでいかなければならない。

今を精いっぱい生きる

自分自身のなかにある独自の展望を表現するためには、そのときどきの懸念を捨て、将来まで管理しようとするのをやめ、次の瞬間に何ができるかということだけに集中する必要がある。将来のゴールを設定してあるのだから、その目的につながる今のステップに焦点を合わせよう。まずは将来に対する先入観や不安を捨て、頭の中を空にするとよい。今、与えられた瞬間を精いっぱい生きるようにしていれば、そのうちに自分が自己実現（そうありたいと思う自分になること）の過程にいることに気づき、驚くだろう。

マスタリーへの道の途中では、長年培ってきた生命原理を放棄したり修正したり、新しく構築したプリズムの枠組みや追求すると決めた特定の明確なゴールという展望を通して見た現実に注目することで、いつの瞬間にも持てる力をすべて出すことを意識するようになる。また、もっと高いレベルを求め、その過程で自分を作り変えていくことで、自分自身の力をさらに引き出すことができるようになる。起こったことを再構成することで、自分の反応の仕方も変わるため、同じ出来事を新たな視点で見たり、直感と反する行動がとれるようになったりする。

こうすれば、これまでのように自動的に反応してしまうのではない対応の仕方を学ぶことができる。トレーダーにとって、今をしっかりと生きることを選択すると、これまでの考えや行動をさまざまな形で再構成せざるを得なくなる場合もある。

トレーダーのディックにとって、これは長期ポジションだという理由で利益がしぼんでいくのを眺めるのではなく、利食うこと、損切りすること、そして積極的な戦いを学ぶことを意味している。また、ポートフォリオマネジャーのデリクの場合は、仕事の仕方を再構築するために、まず新しい会社の同僚をまねてデイトレーダーになろうとするのをやめる必要があった。そこで、彼は日々の損益の画面を消してみたところ、長期トレードに集中できるようになった。また、それまではほかのトレーダーと情報交換をしていたが、それも意識的にやめた。話をすると、すでにヘッジファンドトレーダーがひしめくマーケットで大勢に引きずられたトレードをしてしまう恐れがあり、それを避けるためだった。

一方、マニーというトレーダーは、難しいマーケットでテクニカルチャートを睨みながら苦労してトレードを追いかけていた。ところが、テクニカルの動きとマクロ全般から見たセクターの循環に投機して日中のボラティリティを利益につなげようと思っていたのに、なぜか高く買って安く売ることになって損失を膨らませていた。彼のトレードを再構成するためには、スピードを落とし、注目するセクターを絞り、同じセクターで売買しているアナリストと話をしてファンダメンタル的な競争力をつけることにもう少し時間を割く必要があった。

これらのトレーダーをまねて全力でトレードしてみると、与えられたチャンスに全力でかかわることを無意識に拒んでしまったトレードが何割くらいあったかが分かるというメリットがある。ただ、これによって自分自身や他人の抵抗に直面することももちろんある。

このような動向パターンや、無意識の抵抗が繰り返し表れた例を紹介しよう。ある優秀なアナリストが二〇〇二年の前半に一〇〇〇万ドルのドローダウンに見舞われた。彼は「銘柄選びは良かった」が「そのポジションに自信がありすぎて、ハイウォーターマークの更新に失敗した」のだという。さらに、「利が乗ってきたときは、利益を確定するためトレイリングストップを使う必要がある。株価が逆行して含み損が出るようになると、元のハイウォーターマークは維持できない。つらくてもやらなくてはならない。もしやらなければ、せっかく積み上げた利益が消えていく。マーケットのボラティリティには注意を払わなければならない」とも言っていた。

真のマスタリーは、自分の行動の範囲内で機能する。そして、自分のなかから「不可能」という言葉を追放し、予測のできないマーケットでもトレーダーとして結果を出す決心を固める。あとは、十分な調査に基づいて有望な賭けができるようにならなければならない。これは、精神的な成熟と自己認識と自制を大いに必要とする試みでもある。

個人としてできること

ほかの人の成功や失敗を検証すれば必ず学べることはあるが、絵を描いたり交響曲を作曲することに理想の方法などないのと同様、特定のトレードを行うための理想の方法もない。トレードを成功させるための生体力学的な理想形など存在しないのだから、ほかの人のまねをして自分をモデル化するのは難しい。さらに上を目指すのであれば、パフォーマンスの生体力学は個人によってもトレードによっても違ってくる。優れた戦略はたくさんあるが、大事なのは自分のスタイルに合わせて作った戦略を順守することなのである。ほかの人のスタイルを完全にコピーしても、その多くはなぜそれがうまくいかないのかを理解しようとしないという間違いを犯している。彼らは、その戦略をマスターするうえで重要な細かいポイントを理解していないだけでなく、自分の戦略についても包括的な展望や、それを順守するためにすべきことの認識を持っていないケースが多い。

もちろん、成功するための公式はひとつではないが、すべてのマスタートレーダーの共通点を見つけたり、そこから学んだりすることはできる。そのひとつに、自己観察（自己を切り離して、自由かつ自然に「パーフェクトトレーダー」を機能させることができる能力）というスキルがある。落ち着いていればいるほど自分の動きも気にならないため、このスキルを身につければ（エネルギーや体力を消耗させる過度の労力をかけたり、ピリピリしたりする代わりに）

何か起こったときに最小限の労力で反応したり対応したりできる。ただ、そのためには自分の精神状態を注意深くモニターしなければならない。そうすれば、戦争や失敗やストレスに直面しても落ち着いて反応したり行動したりできる。また、注意を向ける方向がコントロールできるようになれば、自分の行動やパフォーマンスもさらに効率良くコントロールできるようになる。

マスタートレーダーは、うまくいかないとき、それが基本戦略を守らなかったからだということを理解している。マスタリーとは、継続すること、規律を守ること、そして可能なかぎりマーケットの変化を取り入れていくことでもある。

自分のポジションを見直してみよう。ペースを落とし、深呼吸をし、穏やかなアプローチを試みれば答えは自然に出てくる。答えはもうすでにあるのだから無理に探してはいけない。ただ、リラックスしないとそれは見えてこない。

成功しているヘッジファンドで働くベテラントレーダーのレーンは、この状態を、空手で体験したリラックスを極める精神と比較してみた。「空手には『動いてもあとを残さない』という概念がある。素早く反応するとうまくいくし、スムーズに次の動きに移行していける。大事なことは、いつでも行動できるようにしておくことで、間違ったらそれはそれとして、やはり進んでいく。僕も毎朝自分自身をこの精神状態にするようにしている。こうすると、リラックスして注意力も高まる。トレードを始めるときは、このような精神状態でいたいと思っている

（かつては自然にその状態になるのを待って失敗していた）」

「だれにでも空手のようにリラックスして、ひとつの動きに集中することを学んだ経験はある。できればトレードを始める前にこの精神状態を整えておきたい。そうすれば、頭の中をひっきりなしにかけめぐる声（すべての原因）に邪魔されることなく目の前トレードに集中できる」

別のトレーダーは、マスタートレーダーとビル・ゲーツを比べている。このトレーダーは、両者がライバルより優れているのは二つの特性を持っているからだと考えている。ひとつは彼らの強さで、どれほど儲けても勝つことを追求し続ける。二つめは、彼らのエゴ、またはそれがないことで、彼らは完全な客観性を維持することができるため、感情を切り離した行動をとる自制力がある。

マスタリーとは、優れていることが良いとされたり、期待されたり、利用されたり（トレーダーが継続して自分のパフォーマンスを検証して基準を設定し、それを維持しつつさらなる目標を達成するよう努力を続けるために）する文化における過程と言える。これは、素晴らしい結果を出すために、自分のなかに持っている力でもある。ほんの少しのひらめきと勇気とマスタリーを目指すための手助けがあれば、大きな成功を生み出す枠組みを作り上げることが可能になる。

結局、マスタリーの原理は、効率性の型とこれまでやってきた活動の効果を応用することでもある。大事なことは、ほかのことにかまけて全力でかかわることのできなかった目前の課題にエネルギーを集中し、取り組む方法を見つけることなのである。

ゴール（達成したい目的）は、行動の指針になる枠組みを設定することでもあるが、これで終わりではない。本当の目的は、その課題に対してもっと自分の力を引き出すことにある。そのためには目的を達成するためにすべきことがはっきりしたら、ゴールについて考えるのはやめなくてはならない。

これは無から始めるということでもある。目標額を達成できるポートフォリオを作るために、必要なポジションサイズに集中してもよいし、ゴールを達成するために目の前のことを片付けるのが先かもしれない。それ以外に予定もなければ、どうするべきかの説明もない。ただやるのみ。まず、目の前の課題（およびそのための青写真やデザイン）を処理するためにエゴや不安、自信喪失など、パフォーマンス向上の邪魔になる感情を捨てて自分を空っぽにしてほしい。これこそがマスタリーのエッセンスと言ってよいだろう。

第2章 見通しを立てる

多くの人は、おそらくこれまで一度も本気で自分自身を肉体的にも精神的にも能力いっぱいまで押し上げようとしたことはないだろう。普通は、ある程度の成果が得られると満足してしまい、文化的通念を引き合いに出して成果に限度を設けたり、燃え尽きないよう頑張りすぎたりしてはいけないなどと言って、自分の結果を正当化しようとする。

また、自分より成功している人に対しては、チャンピオンになる人たちのほとんどが努力と失敗とそこからの立ち直りをだれよりも多く経験しているという簡単な事実を見ようとせず、彼らは「持って生まれた才能」があって「特別」だという意見をうのみにしているのではないだろうか。

実際、自己達成的予言は、次のようなケースでも働いている。優秀だと思われている人はほかの人より頑張って、結局、良い結果を出す。一方、期待されていないと努力もしないため、結局、結果を出すことはできない。だから、自分の可能性に対する姿勢を調べれば、才能を最大限出し切っていないという事実が判明するのかもしれない。

この欠点の背景には何があるのだろうか。まず、あるエピソードを紹介しよう。何年も前のことだが、精神医学会で研究を行っていたときに教わっていた神経学のジェフリー・オスラー教授が行った脳に関する忘れられない講座がある。教授の講義はひとつの細胞の図から始まって、毎週それに神経細胞を加えていき、最終的には脊髄と脳（もちろん大脳、小脳、そしてもっとも重要な前頭葉をはじめとするさまざまな葉を備えている）が完成した。このとき、前頭葉は情報や知覚を統合し、概念化するための機能だという説明があった。この最後の機能は、肉体的に脆弱な人類（われわれの遠い祖先）が過去の出来事について膨大な情報を貯蓄するためのものだった。この機能が将来起こりうるさまざまな問題に対処するための戦略を立て、複雑で危険も多い環境に順応していくことを可能にした。

ただ、オスラー教授によると、人類の問題点は前頭葉が順応するための臓器として機能するのをやめて「自分自身に恋をしてしまう」ことだった。このことで人類は「魔力」や「陣痛力」に夢中になり、現実の世界で適切に評価したり対処したりできなくなってしまうのだという。

今でも、教授がこの問題の前頭葉を指しながら何で機能しなくなったかを説明している姿が目に浮かぶ。この人類の非生産的な特性が、平均以下のパフォーマンスの原因になっていることは多い。

しかし、なぜそんなことが起こるのだろう。幼いころに不安や恐怖から身を守ろうとすることを学ぶと、固定的な考えや行動に陥りやすくなる。そして大人になると、世界の変化に必ずしも順応できなくなる。筆者が「生命原理」と呼んでいるパターン化した反応しかできず、世界、あるいは現実をありのままに見ることができなくなるのである。例えて言えば、一時はかぐわしかった香油が固まってしまったようなもので、こうなるともうその役割を果たさない。生命原理は、人生における出来事に自分がどれだけかかわったかについては、まったく関係ない。その代わり、責任は他人に押しつけ、魔法の公式や簡単な解決方法を探そうとさせる。

読者はマスタリーへの道を登り始めようとしているに違いない。でも、何がこの山を険しくしているかが分からなければ、この旅は成功しない。そこで、生命原理の成り立ちと、これに打ち勝つためには多大な努力が必要になる理由をもう少し詳しく述べておきたい。

生命原理とは何か

生命原理とは、幼少時に両親や先生の影響を受けて形成され、自分の生活を形作っている一連の信念や反応を指す。

家族や社会に適応していくためには、幼いころから承認と罰が不可欠なパラメータになっている。そしてこの経験から、人はすべての感情を隠して社会で受け入れられるように振る舞う方法を学ぶ。また、拒否、批判、その他のつらい経験を避けたり、恐怖、羞恥、罪悪感、不安、「悪いこと」（自分が犯してしまった受け入れ難いことやほかの人には言えないマイナスの感情）に対する困惑などの感情を覆い隠すために生命原理が用いられる。こうして許容できる行動（つまり、ミスを犯さずうまく適応して慎重にリスクを避ける「良い」行い）がとれるようになっていく。

そして、成長するとこの特性を親から受け継いだ価値観としてとらえるようになる。これが「男はこうあるべきで、女はこうあるべき」「男の子は泣かない」「人に頼らないで自分でやらなければいけない」などという考えの基になっている。これらすべてが世の中の見方に影響を与え、だれもがこのようなパターンや見方の影響を受けて生きている。

生命原理の仕組み

それでは、生命原理は機能不全なのだろうか。答えはイエスでもあるし、ノーでもある。これによって世界は予測可能になるし、秩序感覚も生まれる。また、状況が変わるたびに新しい反応を準備しなくても、適応しやすくしてくれる。その意味では、生命原理は適応の手助けになるとも言える。

自分について信じていること（自分がこういう人間だというイメージを持ち始めて以来）の

なかには、「親切心」「思慮深さ」「寛大さ」など称賛に値する特徴もあるだろう。

つまり、生面原理は実は機能不全ではなく、制限なのである。生命原理はすべての子供が感じたことのある恐怖感をそのまま維持し、パターンを外れそうになるとかつての不安をよみがえらせる。そして、その結果どうなるのかというと、結局は生命原理に従うために必要な行動をとってしまう。これは、不愉快で恐ろしい人生経験や自分の人生において重要な人たちの批判的な姿勢から、無意識に自分を守る方法でもある。

生命原理は幼児期の自我の役にも立っていたのだが、実は障害に対する精神的防御システム以上の価値がある。これは、自分の人生観、性格、社会的なイメージを網羅する行動の操作マニュアルともいえるもので、年齢とともに自己概念の基本構成へと急成長していく。自分自身や世界に対する基本理論と言ってもよいだろう。

早期の訓練は、自己のコントロールや適切な行動を学ぶことと関連がある。これは当然のことで、これによって自分の感情に対処できるようになったり、適切な考え方を見つけたりすることで、社会において効果的に機能できるようになる。しかし、たいていこの教えは効き目がありすぎて、パターンが行動を支配し、自己表現を制限し始める。感情をうまく処理する必要性が、感情を抑えることにつながり、それが表面的な「冷静」「クール」「落ち着き」といった社会的人格を通り越して「隠れた」「秘密の」自己の本質まで染みわたっていく。

成人にとって、これらの感情が露呈して苦労して保ってきた公共イメージと合わなくなることは、もっとも根強い恐怖のひとつになっている。だから、コントロールできているように見えることの必要性は、さらなる感情の抑制につながっていく。

行動に関する親からの批判など、子供時代に受けたストレスは不快感の引き金になる。そして、この感情と戦うために防衛機能を取り入れるのは子供にとって自然なことだろう。この防衛心がさまざまな姿勢、考え、行動とリンクして生命原理の核と言える部分を成している。ただ問題は、このようなパターンが性格のなかの大きな割合を占め、適応力が必要でなくなったあとも、そのまま一生居座ってしまうということだろう。小さいころの経験とそれに対する反応は記憶のなかに埋め込まれていて、さまざまな状況で地中に埋め込まれた地雷のように恐怖や不安に条件反応して爆発する。

生命原理が世界とのかかわり方を運命づける。そしてその結果、「自己」と自分の経験の間に直接的な相互作用はほとんど起こらず、すべての経験は生命原理のフィルターにかけられることになる。別の言い方をすれば、現在経験していることは、すべて過去に構築されたものということにもなる。自分に起こったことにこのフィルターを通してかかわると、その出来事は実際の経験そのものではなく、知覚による解釈になってしまう。つまり、生命原理はその人のテンプレート（鋳型）なのである。

このテンプレートは、その存在を知らなければ取り外すのは難しいし、ときにはその存在を見つけることすら難しい。これを一掃するのは、救命胴衣を着けないで急流に浮かんでいようとするのに少し似ている。初めて川に入ったときは泳ぎ方を知らなかったら救命胴衣を着け、浮力のある胴衣にぴったりと包まれて安心して浮かんでいることができた。でも、今はもう泳ぐことができる。しかし、あのよく浮かぶ器具なしに川に飛び込むということは、慣れ親しんだ世界とのかかわり方を放棄するということであり、これまで潜んでいた不安が表面化する可能性もある。

生命原理の要素のなかでももっとも強力な感情が、性に関する認識だろう。親が望む概念に基づいて育てた結果、子供は性的な感情には問題があると感じるようになるかもしれない。性格のなかのこの部分は、これまで一度も完全に表現されたことはないかもしれない。筆者の精神科の患者のなかでも、両親が望む従順な子供でいるためには見せてはいけない感情的（および性的）表現を、うまく抑えこめなかったことからくる不安を、大人になっても抱えているケースがいくつもあった。

人は成長すると、その行動の多くが好ましくない、あるいは危険などと烙印を押されてしまう（特に性的衝動に関しては）。子供のときはこういう「悪いこと」は統制されていなければならなかったし、それができなければ厳しく指導された。そしてこれらの衝動は、筆者が呼ぶところの「秘密」の自己（隠さなければいけないと教えられた衝動や思考や欲望といった抑圧された層）の一部になっていく。

こうして大人になると、たいていの人はこれらの概念を拡大してすべての感情をコントロールしなければいけないと考えるようになる。そして、望まない状態に陥ると、罰を受けるのではないかという不安に襲われる。そこで、ますます防御的になり、そのための感情や考えを表現しようとするプレッシャーが高まっていく。

人は小さいころに培った概念や解釈や防衛心をもとにして、人生のさまざまな出来事にかかわっていく。小さいころに良い子にして、間違いを犯さず、周りに合わせ、慎重に行動し、危険を避けるという概念を身につけ、これを一番着心地のよいジーンズのようにまとってきたが、いつしかこれがどちらかと言えば目に見えない鎧のようになってしまう。これをつけて、恐怖や批判や拒絶を避けていれば、これまでずっと自分を守ってくれると期待してきたし、これからもそうだと思う。しかし、同時にこの鎧は目の前の現実に一〇〇％かかわるという自由を制限している。実は、この鎧はもともとの不安で自分をがんじがらめにしたものなので、これを脱ぎ捨てようとすると恐くなる。そして、この不安が生命原理に適応するための行動を続けさせ、透明な盾の向こう側に引き戻してしまう。

生命原理に基づいた不安を変える力がもっとも活発になるのは、新しく人生を設定し直そうとするときだろう。水面下で働いているこのような精神的要素をありのままに正しく理解すれば、現在いるトレーディングという大人の世界でも新たな自覚と新しく発見した力をもって仕事に臨むことができるようになると筆者は信じている。生命原理を認識することで、これらの制約や子供時代から引きずってきた正しくない考えを乗り越え、パフォーマンスや意欲や全体の結果を思ってもみなかったところまで押し上げるための新しい道筋を発見することができる。要するに、自分がコントロールできるもの、つまり自分の行動に集中するための新しい方法を学ぶことができるようになる。

どんなことをしても安心していたい、失敗を避けたいなどといった根本にある生命原理に疑問を持ち、再構築するための努力をしないかぎり何も変わらない。何か起こるかもしれないと神経をとがらしていれば、常に麻痺状態で生活していることになる。しかし、こうなると、実際の恐怖よりも恐怖の予感におびえていることになってしまう。

そろそろ成功するための行動をとるという考え方に反論すべきときだろう。今こそ自分のなかの防御的発想や自己制御的発想を打ち破ってみてほしい。

自分の性格の層をクルミに例えて考えてみよう。中心の実は、膜でできた鞘に包まれ、それが硬い殻に入っている。この外側の殻が防御システム、つまり「社会的自己」（世間に見せている面）であり、自分がこういう人間だと考えている部分とも言える。次は、幻想の層で、望まない性質が抑圧されてすべてここに集まっている。そして、核の部分が自分の精神的な存在であり、潜在的な可能性の源でもある。これが本当の自己であり、経験に影響されないため、育成もされない。しかし、人は成功によって得られる本物の自信や自尊心によって自分を押し上げていく必要がある。

公共のイメージ（社会的に受け入れられるための振る舞い方）と本当の内核の違いを知って

もらうために、生命原理について詳しく述べてきた。生命原理は知覚を支配し、物の見方にも影響を及ぼす。お化け屋敷の鏡のように、世の中の見方をゆがめてしまう。邪魔されているように見えていたのは、実は生命原理の影響でしかなかった。この歪みを認識すれば、生命原理が自分の見方にどのような意味づけをしているのかが分かる。そうなると、自分を煩わせてきたことと事実を区別できるようになるし、事実と過去の悩みにはまったく関係がないことも分かる。

実は、世界の出来事は中立なのである。これらの出来事が持つ唯一の意味は、自分がそこに何を求めるかということで、もし「世界に意味などないし、そう考えること自体にも意味はない」と思えるのなら、世界をありのままに体験することができる。抽象的な言い方をすれば、今見えている世界は存在しておらず、想像で作り上げたものでしかない。そして、神経をとがらせているさまざまな出来事も実は存在していないし、見えていると思ったものは、小さいころの経験に基づいて頭の中で作り上げたものでしかない。生命原理の考えを把握すれば、自ら課した制限を放棄することができるようになる。そうすれば、目指すべきことはたったひとつ、今を生きることだけでよい。

マスターになるためには、自分の核となる部分で生きなければならない。ここには潜在的な可能性、創造的エネルギー、そしてその人独自の力が宿っている。過去を脱ぎ捨てれば、自分の本質的な価値や直感に秘められた価値を信じることができるようになる。

人類はみんな心の中に思いやりや愛や勇気や豊かさを分かち合う力を持っていて、それがほかの生物との質の違いを生んでいる。この力を見つけだし、潜在力をたくさん引き出していってほしい。

展望——第一ステップ

前章で述べたとおり、自分のなかにある大きな潜在力を見つけだすためには、大きな展望を掲げる必要がある。もっと大きな枠組みで理解すると、具体的な目標が見えてくる。これは、もしかしたらトレーディングのための特定の戦略を立て、データを検証するためにアルゴリズムを計算し、仮説を検証し、環境の変化に合わせて判断を下すことかもしれない。

不可能だとか、場合によっては恐いなどという理由で、見通しを立ててそれに全力で取り組もうとしない人が多い。彼らは結果がはっきりしていなければ、できないと思っている。失敗が恐いのだ。しかし、マスターになるためにはアーノルド・シュワルツェネッガーのように「あえて失敗」すべきだと思う。これは見通しを立ててそれを実現するために全力を尽くすことで可能になる。本書は、マーケットにアプローチするための独自の概念（自分自身のための展望）を探す方法を紹介したうえで、どうすればそれを実現できるかについても述べていく。

展望を持つことで、不確実性に対処できるようになる。予想のつかない世界に直面しても、信念を持つことができる。そして、それこそがマスタリーの世界（展望に基づいて全力を尽くすだけで確証がなくても機能できること）と言ってよいだろう。

展望を選ぶ目的は、自分のパフォーマンスを測定するための基準や目標を設定するためだが、これは単に損益の益の部分を大きくするということではない。「展望」とは何がうまくいっていないのかを検証しようと努力することで、これは無意識に行っているアプローチや、結果を見なかったり、結果とパフォーマンスを比較したりしないために、月並みなレベルで満足してしまっている自分に気づくことでもある。

自分のなかのもっとも深い部分から出た独自の展望は、自分の将来の望みを表している。これは、その人の情熱、夢、トレーディングで本当に望むこと、達成したい結果、自分自身に対する見方なのである。

トレーダーは地の底まで踏み込んで、自分をリスクにさらすことを学ばなければならない。実際のところ、これこそがマスタリーへのカギと言ってもよい。このステップは、未知の領域に踏み出せば、結果は必ず現れるということを信じて、確信を得る前、いや自信すらない段階で踏み出さなければいけない。

新たな展望を作る

成果は、コントロール可能な精神機構を使って膨大なエネルギーを注いだ努力という簡単だが目立たない事実にかかわっている。脳は常に視覚と関連した思考を生み出し、それが行動につながっていく。できるだけイメージを膨らませれば、行動に対する決意とエネルギーを増すことができるし、力強いイメージを選ぶことで、望む方向に自分を向けられる。もっと力強くて成功している自己像を選ぶことだってできる。さらに思考をコントロールすることで、選んだ課題と関係ある視覚イメージに注意を集中させることだって可能になる。

少し前に述べた子供時代にプログラムされたイメージの話を思い出してほしい。自分自身に関して常に新しいイメージを意識的に思い描いていれば、精神はこの新しいイメージに合わせて機能していく。頭の中で古いイメージがどのようにして新しいイメージに置き換わるのかは正確には分かっていないが、新しい概念をそれが古い概念に入り込むまで取り入れ続けると、新しい反応のレパートリーに影響を与えるようになるという証拠はたくさんある。そうなれば、新しい自己概念にそって行動を選ぶことができる。反復や練習や視覚化はマスタリーを支える新しい自己概念を発達させるために役に立つ。

別の言い方をすれば、マスタリーについて調べる過程そのものにおいて、これまでのトレーディングと新しいレベルのパフォーマンスを可能にするマスタリーとの重要な違いを学ぶことができることになる。

豊かな将来というプラス展望を支えるための創造力と集中力を高めた精神状態と、競争、君主制、どうしようもない不足感などによって人生を左右する批判的で機械的な精神状態の違いをはっきりさせることは、展望を構成する重要な要素になっている。トレーダーを支配する生命原理は、ほかの人をうらやましがらせたり、勝敗を気にさせたり、自己批判をさせるなどしてトレーダーを世界と対立させようとすることがよくある。ほとんどのトレーダーは自分を制限する要素や成功できない理由についてくどくどと言い訳をしたり、損失を出さないことや、それ以上に勝ってほかの人を威圧したりすることばかり気にしている。また、自分はいつもとなりの人とアイデアやデータで競っているのだと思っている。これらの要素を見ると、多くのトレーダーが損益上はプラスなのに自分は「敗者」だと感じている理由が説明できる。

ほとんどのトレーダーが不足感（自分に課された制限にばかりとらわれていること）、マーケット自体の難しさ、マーケットで直面した問題、経済、それ以外のトレーディングを難しくする要素など、生命原理に端を発する問題を抱えている。彼らは（ほかの人たちが困っているという「事実」を基に）今後の展開がうまくいかなくなることを示すデータを素早く見つけだし、自分の困難がこれからも続くとすぐに信じてしまう。このような考えは自分を制限し、自己批判にさらす声となって、さらに大きな展望を抱きにくくする。

それよりも、これまでのものの見方から生まれたこのような声の向こうには、あらゆる可能性とあらゆる富があるということを知ってほしい（それが展望に全力でコミットすることを勧める理由でもある）。これは、従来の認識を超える世界で、将来への展望を明確にすれば到達できることを認識するというアプローチでもある。これこそがマスタリーの世界なのである。

ケーススタディ――ゴールを視覚化し、実現する――

マクロ戦略で通貨と債券をトレードしているテッドは、うまく利食うことができず困っていた。せっかく値上がりしても、それが下がるまで見守ってしまい、せっかくの利益を失ってしまう。そこで、筆者は一日のゴールをレンズとして使い、短期の判断を下すよう提案した。この対話は、ゴールを視覚化してから実現するという行動の結果、利食うことができるようになったというもので、このプロセスの重要性を示す好例になっている。筆者は、特定のゴールに合わせてパフォーマンスを構築していくためのコーチングでこのような対話をよく行っている。トレーディングのなかで自分を鍛え、ゴールを実現するために測定可能なステップと新しい習慣を取り入れることは、マスタリーの基本でもある。

キエフ　君の目的は何か。ゴールがあれば、一日のなかで判断を下すよう管理してくれることにゴールの価値がある。

テッド　ゴールは正しい行動をとることではなくて儲けることだと分かっているが、正しくないといやだと思ってしまう。

キエフ　それが落とし穴だ。それならゴールをリスクマネジメントの目的で使ってみてはどうか。君は、ゴールを利食うために使っているのか。そもそも君のゴールはいくらなのか。

テッド　一〇〇〇万ドルだ。

キエフ　ということは、一日約五万ドルということになる。利益が五万ドルに達したらやめるか。

テッド　そうしたいが、今までそんなふうに考えたことがなかった。

キエフ　分かった。これは野球のようなもので、相手チームより点を上げるためには毎回ある数以上のランナーを出さなくてはならない。そこで、点が入るチャンスがあるときは、点を取りに行かないといけない。

テッド　それは分かる。

キエフ　トレーディング中にこのことを考えるには、訓練したり、声をかけてもらったりする必要があるか。

テッド　ある。

キエフ　それが答えかもしれない。もし五万ドルが自分のゴールだと分かっていれば、五万ドルに達した時点で……。

テッド　昨日も利食うことができたはずだ。

キエフ　もし五万ドルがゴールなら、それが増えるのはかまわない。そこで五万ドルを目指してトレードする。でも、もし五〇万ドルのチャンスがあれば、どうしたらよいのだろう。これはこれでよい。五〇万ドルのチャンスなら五〇万ドル稼ぐ。もし五〇万ドルに達したあとそれが減り始めたら、すぐに手仕舞えばよい。

テッド　そもそものゴールが間違っていたと思う。ゴールは利益を上げることであって、正しいという信念にしがみつくことではない。それよりも貯金が増えたほうがうれしい。

キエフ　これまではどうしていたのか。正しいことのほうが大事だったのか。

テッド　これまで正しかったし、正しいことは大金を得ることだった。

キエフ　実現可能な目標を立て、それがうまくいったらもう少し上げればよい。

テッド　もし目標額を例えば五万ドルなどと掲げたら……。

キエフ　毎日、十分自信を持って五万ドル儲けられると思えるまでは、その単位でやっていく。そして、これが常に達成できるようになったら、一〇万ドルに引き上げればよい。よくあるのは、一万ドル、一五万ドルと儲けたあと、次は四万ドルになってから二〇万ドルの損失を出すようなケースで、こうなると自分には二〇万ドルの実力があるなどというおかしな考えを持ってしまうが、実はそうではない。このトレーダーは、利益はなくしているし、継続的なパフォーマンスも上げられていない。そこで、まずは自分の力を正確に知る必要がある。そうすれば、トレードサイズを調整できる。ただ、難しいのはそれを継続するという部分で、そのためにはリスク管理と利食い方について何をすべきかを把握しておかなければならない。

テッド　常に五〇％は確保しておいて、ストップを動かしていくか、トレイリングストップなどを利用してこれまでの利益を減らさないようにするという方法はどうか。

キエフ　良いと思う。

テッド　一時的なノイズでストップに引っかかって大きな流れをつかみ損ねる恐れはないのか。

キエフ　大事なことはリスクを管理することであって、失ったチャンスを悔やむことではない。もっと大きなチャンスがありそうだからこのポジションを扱う気持ちになれないのなら、五万ドルを儲けることはできない。二〇万ドルを目指していても、まだその実力はない。逆に、二〇万ドルのプレーヤーになれば、もっと大きく儲けることだってできる。確実に利食えて損失を抑えられるのならば、ストップを動かしていくのは良い考えだと思う。君は、実際の利益ではなく潜在利益を目指しているから気が進まないのかもしれないが、管理方法としてはこのほうが良い。ストップを動かすことに関して不安を感じるのか。

テッド　感じる。

キエフ　例えば、二〇万ドル儲かったあとでストップを引き上げたとする。

テッド　すぐに動かさないといけないのか。特定の価格目標に達したあとではいけないのか。

キエフ　利益が出るたびに動かして、利益を確定していくほうがよい。君の目的は利益を上げることだ。

テッドとの対話は、トレーダーに共通する問題である「利益を上げることよりも正しいことを優先したい」という気持ちをよく表している。ゴールに合わせて戦略をデザインすることによってこの傾向を明確にすれば、アプローチの仕方を立て直してもっと自由な気持ちでトレードできるようになる。また、ゴールは利食うときの目標としても使えるため、目標額に達して手仕舞うべきところでまだトレードしていたい陶酔感と欲望に負けそうになったとき、利食うべきだと思い出させてくれる。大きな展望の下、リラックスしてその展望に身を任せながら将来に向かっていくことは、ゴールを立ててそこに到達できるかどうかを心配したり、自分を損益で評価したりすることとはまったく違う。

マスタートレーダーは、まずゴールを設定し、それを達成するために毎日何をすべきかを決めていく。そして、展望に後押しされてこの過程に身をゆだねることで、ゴールに執着していなくても実現に向かって前進していく。彼らはゴールを必死でつかみ取らなければならないものというよりは、ガイドや青写真のようなものとしてとらえている。

マスタートレーダーは、マーケットに余裕をもってアプローチする。マーケットにはチャンスがあることが分かっていて、前向きな結果を期待しながらトレーディングの戦略を立てる。また、長期的に見れば判断の六〇％以上が正しいことが分っているため、目先の結果にこだわることもない。

展望を建設的なツールとして使う

展望を組み立てるという概念は、「世界中の出来事は、自分の存在以前から起こることが決まっていて、いずれにしても起こる」という考えが基になっている。これまで起こったことは、世界に対して無意識に持っていた何らかの想定の下で起こっている。マスタリーの教訓は、人には意識的に自分の想定を選ぶ力があるということで、だからこそ結果も自分の力で作り出すことができる。

もしこれまでうまくいっていなくても大丈夫、自分の想定を不足から豊富に、あるいは無力感から力強さに変えられる。この原理を認識することで、トレーディングのマスタリーへと成長し始めることができる。世界に対する見方を変え、自分の展望を基にした世界というこれまでとは違う選択肢を作ってみてほしい。

もちろん、これが簡単なことだなどと言うつもりはない。はっきり言って簡単ではない。まずは、マーケットに対する自分のアプローチをよく理解し、将来への展望に基づいた行動をとるようにしてみよう。まず、自分自身の考え方からプログラムし直さなければならない。今日、このときから自分の目標を実際に達成できるものとして、前向きにとらえる必要がある。

ケーススタディ――ゴールを建設的な活力として利用する――

ゴールの設定は、マスタリーへの第一歩となる。これは、自分の潜在力を引き出すための行動の枠組みとなり、目標を達成するためにさらに何をすればよいかを考える手助けをしてくれる。展望を立てて戦略に集中し、行動計画を実行するために、ゴールについての話し合いは欠かせない。次のブレイクとの対話には、このことがよく表れている。彼はコモディティのトレーダーで、最近まで特定のゴールを決めてトレーディングをしたことがなかったし、そうすることに最初は少し抵抗を感じていた。

ほかの経験豊富なトレーダーと同様、ブレイクもゴールを設定するとトレーディングが機械的になって、創造力を押さえつけると考え、いやがっていた。しかし、彼もだんだんこれがリスクマネジメント（特にドローダウンにおいては）や損失を抑えるのに役に立つ価値ある方法であることを理解していった。そして、さらにゴールを設定することで自分の行動やポートフォリオをもっとコントロールできることにも気づくこともできた。

ブレイク　まだマイナスの日が長引かないことのほうに集中している。アルコール依存症のような気分だ。ほんのひと口も飲んではいけない。自分のポジションが反対に動いているのに気づいて、ゴールを達成できる見込みがなくなりそうなら、その状態を緩和するためポジションを積極的に削っていかなければならない。この前は、一五〇枚保有しているときにマーケットが反対に動き出したので、「たかが一五〇枚じゃないか」と言った。でも、あとから考えればこれは一五万ドルという大金で、戦略どおりに行動すべきだったと反省した。もしもっと大きなポジションだったら、もっと積極的に動いて損失は小さく抑えられただろう。集中力を切らさないようにしなくてはいけないし、あきらめてもいけない。そうしないと、損失は最小限に抑えられない。手仕舞わなくてはいけないのに、すべてに対してどうでもいいような気分になっていた。今は、自分に厳しくなり始めた。そうなると、作戦に従わないで出した先の一五万ドルの損失がこれまで以上に気になる。

キエフ　ゴールは損失を抑えるのに役にたったと言ったね。

ブレイク　たいていはそうなっている。反発したら手仕舞おうと思って待っていても、それは起こらない。

キエフ　正しいことにこだわりすぎたり最初の見方に固執したりするより、マーケットに耳を傾けることに集中しなければならない。

ブレイク　それがいつ起こるかは分かる。固くなってピリピリしながら不信感いっぱいでスクリーンの前に座っている。もし僕がリスクマネジャーなら、数字ではなくて人を見る。もしヘッドライトの中の鹿みたいに身動きがとれなくなっていたら、きっと問題を抱えている。僕は今、「ルールを破ったらすぐにお金を失う」という新しい言語を使って仕事をしている。

キエフ　損失を出しているときに、正しい舵取りをしていくのは難しいか。

ブレイク　つい個人的な問題としてとらえてしまう。でも、ゴールという新しい言語の範囲から出ないようにすれば、もっとコントロールできそうに思える。自分を守る行動をとることで、また翌日も戦えるし、創造的な体験もできる。トレードを仕掛けるのもそのひとつだ。

キエフ　なぜ、プラスの経験から学ぶのが難しいのか。マーケットが変わり続けているからか、それとも数字が変わり続けているからか。

ブレイク　もし最終結果を追求しているのなら、そこに行き着くのは難しい。うまくいっているとすれば、それは魔法のようなものだ。実は、トレーディングはすごくバスケットボールに似ていると思う。流れがあって、調子が良ければそれに乗れる。でも、調子が悪いと頑張りすぎて、これが簡単な戦いではないことを忘れてしまう。そして結局はどうでもいいか、やりすぎかのどちらかになる。何が何でもボールを取るより、自分が正しいゾーンにいるかどうかを知る必要がある。僕は、勝っているときは集中しすぎよりも、創造的なプロセスに任せるほうがよいと思っている。

キエフ　いつ賭けに出るのか。利益のほとんどが割合としてはほんのわずかな賭けから出ていることを考えると、うまくいっているときに賭けに出るべきだろう。

ブレイク　守るべきルールはほかにもある。僕を含めて大勢の人が、賭けに出ることは安全を犠牲にすることだと感じている。ポジションのサイズ調整は、注意深く行わなくてはいけない。目標額を上げると、みんなこのルールを忘れてしまう。突然思い切ったことをしてしまうことがあるが、最悪なのはそれで勝ってしまったときだ。自分の力を過信して自分は正しいと思ってしまうが、本当は違う。取引量が増えるときには注意が必要だ。同じリスクマネジメントの基準を適用すればよいのだから難しくはないだろう。

キエフ　常にゴールを達成できるようになったら、サイズ調整もできるようになる。

ブレイク　そう言われても困る。常に数字を達成できるとは思えない。でも、常にその数字を目指して集中することはできる。損失を見れば、コントロールできていることは分かる。どうしたらこれほど大きな損が出せるのかというような、異様な損失額にはならない。一日で五万ドルの利益を目指していて一〇〇万ドルの損失を出すというのは理屈に合わない。

キエフ　長期で見れば、平均損益はゴールに近づくはずだ。もし平均損益が五万ドルになっていれば、一〇〇万ドルの損失を出した日があったとしても十分理屈に合う。

ブレイク　常にゴールを意識していないといけない。損失を管理することばかりにとらわれていると、大きなトレードができなくて資本を使い切らずに終わってしまうことも多い。どの解決方法にもプラス点とマイナス点がある。

キエフ　もしいつもゴールを達成できていれば、もう少し利益を増やすためにもう少し大きな損失も許容できるようになる。そして、そこまでできればサイズ調整だってうまくできる。何かをやめさせようとしているのではなく、大きく勝負するためのクッションを作ろうとしているんだ。

ブレイク　利益に支えられた損失なら受け入れられる。長期的には利益が損失より大きくなるようにしなければいけない。

キエフ　毎日ゴールの数字を目指せばよい。

ブレイク　でも、リスクから逃れることはできない。

キエフ　まずすべきことは、損失をコントロールすることでも避けることでもなく、数字を追いかけることだ。

ブレイク　気持ちがプラス思考になっていない。大変だが、やる価値があることは分かる。最初は利益になった。問題は、調子が良くないときにそれがうまくいくかどうかだろう。一度、動きが荒いマーケットで判断を間違って、激しく不利な場面を経験してみるとよい。そうなったらどうすべきなのだろう。実際の場面なら、早めにいくつかのポジションを手放してしまう。でも、一〇万ドルの損失を出したわけではない。一日のなかの早い時間に手仕舞ったことが分かっているだけでも価値がある。うまくいかなかったから手仕舞っただけのことで、それでも落ち込んだり、打ちのめされたりすることではない。仕事をこのように管理することには大きなメリットがある。自分ではコントロールできているかどうかは分かっている。戦っているということは、この過程をコントロールできているということでもある。その場にいて、ボールに積極的に向かっていっている。よくないのはトレーディングにのみ込まれてしまうことで、そうなるとうまくいかない理由が分からなくなる。しゃがみこんで、何とかならないかを願ったり、しかめ面をしているうちに苦しみが限界に達したりして、結局使いものにならない状態に陥る。積極的なほうがよいが、トレーダーとしては正しくても間違っていても過程をコントロールできることのほうがずっと大きな自信につながる。

キエフ　カギになるのは、全体の三％のトレードが利益の一〇〇％を担っているという統計だ。つまり、もし正しければ賭けに出て、間違っていればすぐにやめればよい。

ブレイク　損切りをすべきだということはみんな知っている。ゴールが分からないのではなく、常にそれを目指している状態に自分をしておく方法が分からない。この過程、つまり内に秘めた力を調整して掲げたゴールに合わせていく部分が難しい。それに時間がかかっている。

キエフ　続けて。

ブレイク　利益を伸ばして損失を切らなくてはいけないことは分かっている。問題は、そうしようとすると、損切りしたとたんに反転してプラスになることだ。まるで損益がゼロになるように利益を削っているみたいで、せっかくの上昇相場を生かせないのは怖い。

キエフ　今は違う見方ができるか。

ブレイク　できる。これはほんのささいなことだ。

キエフ　君はゴールを目指して意識的に損切りしたり、勝ちトレードを伸ばしていく超短期モデルを学んだりすることに関して葛藤がある。これを克服するには忍耐強くコーチングの過程に参加する意欲と、結局自分を引きとめているのは自分自身の心理的な抵抗だということを認める気持ちが必要になる。これを認めれば、内面から変わり始め、いずれ利益につながっていくだろう。解決策のなかには、ゴールを意識することや日誌をつけることが含まれる。日誌は、過程を評価し、今後の出来事を予測し、それに対応するためこれまでのやり方に対する反省を踏まえて頭の中でリハーサルをするために使う。トレーディングのマスタリーは、トレーディングに関する分析、詳細な評価方法、今後のポートフォリオの予想、みんなが思いつきそうなアイデア、トレーダーにさまざまな見方を提案したりパフォーマンスの評価に影響を与えたりしそうな視点などについて、たくさんの情報を持っている。

ブレイク　だんだん分かってきた。気分が大きく変わった。損失を抑えることでこれまでのように防衛的な姿勢でなく、前向きな見方ができるようになった。ゴールを設定するという建設的なアプローチに専念しなければならない。感覚的には、ゴールは毎日設定すべきだと思う。そして、「僕はXドルの利益を上げるためにここにいる」と言ってみる。そうしていれば、何らかの形でマーケットと同調できると思う。ただ、動きが止まってしまうほどその数字に取り付かれてしまってはいけない。創造的な見方ができるようになってきたが、これが創造的な過程の邪魔をすることはないところがこの行動の不思議で素晴らしいところだ。ゴールに向かって前進し、もし簡単に達成できたら、金額を増やす必要があるだろう。

キエフ　それがマスタリーで、君の本能的直感だ。断定的になったり、自己批判をしたり、恐ろしいほど完璧主義者だったり、自己否定的だったりして気持ちが邪魔をしなければ、あとは頭の中のコンピューターがうまくやってくれる。

ブレイク　自分でもそれができていると思う。ゴールの数字を上げていきたい。

キエフ　自分のなかの今まで眠っていた面を使っているのか。

ブレイク　楽になったわけではないが、一日の終わりに以前より満足感を得られるようになった。

キエフ　機転を利かせられるようになってきたんだね。

ブレイク　機転は、もう少しシステム的に動けるようになるための暗号だ。毎日同じ場所に出勤しても、トレーディングや感じ方は毎日違う。でも、その場に合わせていくことはできる。自分に課されているのはただここに来ることではなくて、何とかして輝くことだ。突然、別の受け止め方ができるようになって、それがそのまま新しい方法になっていく。やるべきことは、自分の場所と同調していくことなんだ。

キエフ　ゴールの数字を掲げると、それを使ってサイズを調整するレンズにもなってくれる。

ブレイク　すべて内面的なことだが、以前はそれがなかった。自信があるときでも金額を減らしてしまっていた。

キエフ　今度の方法は、ゴールの力によって磨きをかけていく。このやり方が身につけば、数字は何倍にも増える。

ブレイク　以前は自分を信じきれなかった。でも、これなら自分を信じられるから規律も守れる。

キエフ　トレーディングの仕方はどこが変わったか。

ブレイク　ゴールを加えたことで、システム的にトレードできるようになった。今は、ゴールに集中している。

キエフ　それはゴールがあることで集中力が高まったという意味か。

ブレイク　システム的になれるし、信じることができるようになった。その場しのぎはたくさんのチャンスを逃すということも分かってきた。僕には大きな利益を出すときもある反面、大きな損失を被ることもあることが気にかかっていた。困難なときでも信念を曲げずにやるべきことを実行し、ゴールを達成し続けたい。これはうまくいけば楽しい。負けが続いてポジションを減らさなければならないときが苦しいが、ゴールに合わせて必ずやらなければならない。これが、ゴールを使ってリスクを管理するということだと思う。自分のシステムが長期的に損失の拡大を抑えてくれるということと、自分の創造力を妨げないということが分かっていれば、それは良いシステムだと思う。僕は最初の何日かで三〇万ドルの利益を上げたし、五万ドルの損失を出した分も五万ドルの利益に転換した。うまくいっているのなら多少のリスクをとり、もし損失が出たら手仕舞う。また、うまくいっているときは段階的に手仕舞っていけばよい。一部を利食って残りの利益はもう少し伸ばしてみる。天井まで駆け上がって手仕舞うのではなく、段階的に縮小していく。一日の初めに「これは勝ちポジションか」と自問してみる。答えが「分からない」ならそのまま手仕舞ってしまってもかまわない。とにかく今、この新しい考え方が自分に浸透していっているのが分かる。

キエフ　自分の考えが現実に沿っているかは、注意してみておかなければならない。これには創造力がいる。自分でデザインしたゴールを設定できるのなら、これをマーケットの不確実性と重ね合わせるなどしてもっと確実なものにしていくこともできるだろう。マーケットはコントロールすることができない以上、自分でコントロールできるのはゴールだけしかない。これらのことは、内面を安定させ、膨大な情報を処理できるようにしてくれるジャイロスコープ（姿勢制御装置）のようなものと考えればよい。

もし仮定（つまり自分の生命原理）を変えられれば、自信を持ってトレードできるようになる。世界に目を向けて自分の展望の助けになるデータを探し、トレーディングのなかに普段と

は違ったことを取り入れてみる。自分が思い描いたゴールに集中して取り組むことで、自分のなかの可能性を伸ばすことができる。

ブレイクとの対話からは、生命原理がどれほど結果を左右するかがよく分かる。彼は、自分のポジションが「たった」一五〇枚と思っていたときにはその重要性をほとんど認識していなかった。そのため戦略を無視し、できるかぎり損失を回避しなくてはいけないところでそれができなかった。

また、この対話では、ゴールを新たな生命原理として定義し、それを基に戦略を立てていくことの価値についても強調している。これは、マスタリーに関する対話の力強さと内省的な性質を示す一例ともいえる。このような対話を行うことによって、マスタリーを目指すうえでとるべきステップについて自己認識を深めていくことができる。

展望を作る

具体的なゴールの明確なイメージを常に思い浮かべていると、「潜在意識」が再プログラムされる。つまり、本当の課題は展望を作って目の前のステップに集中することなのである。自分の展望を思い描くことで、心を鍛えてパフォーマンスを向上させることができるし、ゆっくりでも確実に、頭の中のイメージどおりに行動できるようになる。特に、やるべきことのなかでも重要なことだけに焦点を絞り、ゴールとは無関係の要素は除いていくとよいだろう。

あいまいなゴールしか持たないトレーダーは、自分が何をしたいのか、あるいは何をしなければならないのかが分かっていないため、とうてい実現できないようなことを自分に課してしまう。ゴールがはっきりすれば、それを実現するためのステップも具体的に見えてくる。

適切かつ追求可能な目標を掲げ、それを実現できるほどトレーディングを向上させるには、パフォーマンス基準が必要だが、そのためには明確なゴールが必要になる。反対に、「できるだけ」とか「マーケットが許すかぎり」などといったあいまいなゴールしかなければ、特定の結果を出すために不可欠な重要判断を避けることもできるし、自分の行動をよく見ないですますことも可能になる。筆者が知っているあるトレーダーは、失敗してもすぐそれは「ＯＫ」なのだと正当化してしまう。彼は、望む成果が上がらないにもかかわらず、自分のファンダメンタル的手法には価値があるとして、ずっとそれを順守していた。そして、この姿勢は彼が見通しに感情をはさむのをやめ、望む結果を出すために必要な柔軟性を身につけるまで続いた。

明確なゴールを設定したあとは、それをいつまでに達成するかも同じくらい明確に決め、そのための計画を立てるとよい。このとき、時間枠なども設定しておくと集中力も高まるし、成功するために日々すべきことを検討せざるを得なくなる。

ゴールを達成するために、取るべきステップについて考えてみよう。すべてがそろっているか、何か欠けているものはないか、不測の事態に備えるため考慮すべき最悪シナリオは何か。

残念ながら、トレーダーの多くがゴールを可能な範囲に限定して設定している。彼らは、予測不可能なマーケットにおいて、結果を約束して、それを実現するためにすべきことを考えるなんて不可能だと考えている。そして、マーケットに制限され、マーケットが特定の動きをしたときしか成功することはできないと信じている。

このような考えに反論することに、最初は不安を感じるかもしれない。もしかしたら、数字をコミットするだけでそれが達成できるという発想を受け入れる気にはならないかもしれない。トレーダーのカイルもそうだった。彼は一日二万五〇〇〇ドルだって可能だと思っていたが、それを目標として掲げなかったため、結局は一〇〇〇ドルにも届かなかった。何かにコミットしたり、成果を約束したりすることの効果を理解するため、カイルには達成できる具体的な結果を掲げる必要があった。そして、一日五〇〇〇ドルを達成できるようになると、すぐに一万ドルもクリアして六カ月後には一日平均二万五〇〇〇ドルという結果を出せるようになっていた。

カイルの経験は、数字の大きさにかかわらずコミットすることを宣言し、それを実現するための行動をしなければ継続してゴールを達成することはできないことを示している。これは、頭の中から限界を追放し、望む結果を出すためには前向きにどんなステップを踏めばよいかを具体的に考えなくてはいけない（資源が無限にあるつもりで）ということを意味している。そして、頭の中をこのような考え方で包み込むことはだれにでもできる。

ケーススタディ――ゴールを設定する

目標を掲げるだけでは十分とは言えない。そこで、それを達成するための細かい計算を基に金額やポジションサイズやどのようなリスクマネジメント方法を採用するかなど、計画を練っていかなければならない。次のケースには、ゴール設定の原則をポートフォリオのサイズ決定に応用することと、そのとき必要になる思考過程がよく表れている。また、この対話からは戦略をマスタリーの基本に沿って立てるという考え方が欠かせないということも分かると思う。このなかで、マックスが自分の想定を積極的に見直したり、柔軟性を発揮することを阻んでいる心理的な障害について考える様子に特に注意して読んでほしい。

マックス　来年は、二五〇〇万ドル儲けようと計画している。一億五〇〇〇万～二億ドルの資本があれば大丈夫だと思うし、いくつか長期ポジションを入れることができればさらによい。
キエフ　どうやって達成するつもりか。すべてをひとつの大きな長期ポジションで上げようとしているようだが、いくつかのポジションに分けることは考えないのか。そうしたほうがリスク管理の面から見たらよくはないか。もっとスピード感があったほうが数字も管理しやすいし、ポジションごとの大きさも設定したパラメータの範囲に抑えやすい。もちろん、ポジションを入れ替えていくトレーディングと、ある程度の結果を確実に上げるためサイズを大きくしていくことの間には矛盾もある。もし資本を増やして安定的なパフォーマンスを上げていれば、確実にリターンが上がるか、少なくとも現在のリターンは確保できるだろう。ゴールは戦略を絞り込む方法とそのために何をすべきかを教えてくれる。

マックス　ゴールが達成できないと、居心地が悪くなるのか。

キエフ　失敗することで謙虚になれる。もう少し集中したほうがよいと気づくきっかけにもなる。そういう意味では、ゴールに到達しないことにも多少の価値はある。逆に、ゴールを達成したことで、高揚感や傲慢がすぎてしまい、結局はトレーディングを続けられなくなってしまう場合もある。

マックス　ゴールを達成してしまったら、どうすればよいのか。

キエフ　いい質問だ。そのときは、次のゴールを立てればよい。ゴールに近づいてきたら、次のゴールを立て始めるのは理にかなっている。こうすれば、ゴールを目前にしても、モメンタムを維持できる。

マックス　進むべき過程は、カレンダーではなくてゴールで決めるようにすれば、カレンダーの最後でゴールにたどり着く。今日は戦闘モードで出社した。来年の目標は二五〇〇万ドルなのだから、一日目からそのつもりでやっていかなければならない。考えている時間はない。でも、ある程度の満足感があってもよいのではないか。

キエフ　次に向けて発進しようとするころに、成功を満喫できるようになると思う。考えることはいつでもできる。でも、祝うのは今日でなくてもよい。お祝いは、次のゴールを設定しながらすればよいのではないか。プラスの経験を、自己や自信といった感覚を養うのに役立ててほしい。

マックス　うまくいったトレードを思い出すなど、成功について正しい思考態度が必要だと思う。

キエフ　そうすることで、さらに大きなチャレンジに挑む自信が生まれる。自分自身のためにチャレンジや競争のレベルを上げれば、おそらくもっと大きなチャレンジをしたくなるだろう。

マックスとの対話は、ゴール設定時や、ゴールに近づいた（あるいは達成した）ときに自分自身を管理するという重要な課題にも触れている。この対話のなかには、ゴール設定に関して具体的なトレーディング戦略を立てることだけにとどまらない一般的な心理的課題がいくつも含まれている。実際、ゴールは自分がやるべきことを決めてくれる。ゴールに到達して達成感や満足感を得ることもあるかもしれないが、そのために追求しているのではない。それよりも、むしろすべての行動の参考になる枠組みを作ることであり、達成するたびに作り直していかなければならない。実は、達成する満足感を求めてゴールを追及しているときというのは、それがうまくいってもいかなくても満足感がない状態を自分で作り出している。ゴールはトレーディングの成功に欠かせないパラメータを決めてくれるものではあっても、それで終わりということではない。

展望が自分のトレーディング人生の基本、または最大の力になるということに納得したら、少し無理をすれば届くゴールを設定することから始めてみよう。ゴールは常にそれに沿って行動していくものであると同時に、難しすぎて無力感を味わうものであってはいけないため、ある程度チャレンジしがいのある設定にしておく必要がある。展望を持つのは、今このときの集中力を高めるのが目的だということを忘れないでほしい。

昔からの生命原理はトレーディングにどのように表れるのか

本章前半で述べたとおり、ものの見方は昔の、そしてたいていは時代遅れの生命原理（小さいころに信じていたこと）の直接の影響を受けている。生命原理は、物事がそれで安定しているように見せると同時に、世の中に対する反復的な「解釈」もはぐくんでいく。マーケットにおいては、子供のときからの生命原理によって環境の変化や次々と起こる出来事に適応しにくくなることもある。小さいころからの見方が、目の前の現実にできるかぎり創造的に対処することを阻んでしまうのである。

つまり、マーケットで直面したトラブルの多くは実はその実態からというよりも、自分の解釈の仕方からきていることになる。実態を見ようとせず、自分が信じることを見るというような物事の解釈の仕方が、起こったことに対して反射的に効率的な判断を下せなかったり、ストレスを生んだり、不適当な対応（トレードしすぎからすべてを手仕舞ってしまうまで幅広いレンジで）をしてしまうことにつながる。例えば、いつも自分について昔からの決まったイメージで考えていると、今、目の前にある動きに完全に入り込んで考えることはできないかもしれない。もっと集中したければ頭をすっきりさせなくてはいけないが、自己イメージや自尊心にとらわれすぎることはそれを邪魔しかねない。自分自身の自我や、ほかの人の意見に注意を払いすぎることは集中力をそらし、避けたりためらったりする気持ちを育ててしまう可能性もある。また、逆に過大な野心をかき立ててしまうかもしれない。これらのことすべてが不安をかき立て、緊張を生む。

ほかの人と話をするのも、事実を客観的に評価しようとしているのではなく、自分の考えをほかの人に確認したいからなのかもしれない。自分のトレーディングが建設的な展望に基づいた結果を生むための判断ではなく、自分の解釈、考え、過去の失敗、正当化の気持ちに影響されているということを常に念頭においておくとよい。これがマスタリーへのチャレンジ、つまり事実を昔からの信念体系を通してではなく、事実というプリズムを通して見るということにつながる。

生命原理は、真実を避ける手助けをする目隠しのような働きがある。自分の生命原理をよく理解すればするほど、それがいかに主観的なものであるかも分かるし、一歩下がって客観性を高めたり、もっと力強いトレーディングにつながる新しい視点を生み出したりすることも容易になる。

創造的なフラストレーションに打ち勝つ

マスタリーに到達するためにもっとも必要なのは、コミットメント、つまり全力を注ぐという姿勢だろう。これは言い換えれば、構想を定め一貫してその達成に向けた行動をとるということでもある。ただ、こうすることは確信を持てる世界を捨て、現状と目標の間のギャップに身を置くことにもなる。

トレーダーが未知のものを抱えることは重要だが注意も必要になる。アニメのロードランナーが崖っ淵を全力疾走しているところを思い出してほしい。おそらく彼は立ち止まって足元の断崖絶壁を見下ろさないから反対側まで駆け抜けることができるのだろう。一方、不確実性に直面した創造的なトレーダーは明快さを切望するが、これが見つかることはほとんどない。マーケットはそもそも不確実なものなので、均衡を保つためにはこの不確実性のなかでも常にゴールを見据えた持続と勤勉が必要になる。ときには過去の経験から自分を完全に切り離したいという激しい緊迫感と欲求に駆られることもあるかもしれない。しかし、筆者はこのような緊張感を経験することで、人は相当な強さを身につけることができると考えている。これを筆者は「ギャップのなかで生きる」と呼んでいる。

マスタートレーダーになるということは、不確実な展開のなかで生きるということであり、自分の展望に対する強いイメージに合わせて未来を作っていくということでもある。すべての瞬間において目の前のチャンスにかかわることができれば、ロードランナーと同様に断崖絶壁でも落ちることはない。ここで重要なのは、行動を抑制してしまう自衛本能に打ち勝つことだと言える。マスタリーに達するためには、予期しない出来事に対する抑制や恐怖を捨てて全力で目の前の目標に取り組む必要がある。

特定のゴールを達成すると決心することは、自分にとってのエベレスト征服の探求において最初の丘を登ったことになる。決心することで自分の展望を認識できる。これには、不可能の世界で行動を起こし、たくさんの可能性を作り出していく許可を自分自身に与えるという意味がある。この決心ひとつで、自己不信や何にでも承認を求めてしまう気持ちを捨てることができる。これは、世界に向かって自分が夢に向かって行動することを宣言することであり、このような生き方は自分のなかにある莫大なエネルギーを解き放って素晴らしい可能性を生む。しかし、このどれも結果が分からないままゴールに向けた第一歩を踏み出すまでは、はっきりと思い描くことはできない。

ただ、これは毎朝鏡の前に立ってスーパーマンのように「高いビルもひと飛びで超えられる」と五〇回唱えろということではない。もし昔からのマイナスイメージを力強いプラスイメージに変えることができれば、自己実現のための定型的な肯定フレーズを無理に取り入れる必要はないと思う。そのような主張を繰り返してもいずれ機械的な呼びかけになってしまう。絶え間ない要求は、長年引きずってきた自己不信と同じくらい残忍なものにもなり得る。

しかし、人はたいてい過去の経験を繰り返すためにエネルギーを使ってしまう。自分の自動思考を認識することに真剣に取り組めば、もっと柔軟な見方ができるようになる。過去から支配しようとする専制的なささやきには耳を貸さず、前向きな思考を誓うことで、今、目の前にあることに全力で集中できるようになる。

マスタリーは肯定的なフレーズを繰り返すだけですむような単純なことではなく、それには厳しい作業を実行することが伴わなければならない。目が視覚情報を受け取る知覚装置であるように、頭脳は情報を受け取って統合する本部の役割を担っている。本来、脳は現在経験していることを受け入れればもっともよく機能するのだが、新しい材料を受け取って統合する過程で、必ず記憶から過去の思考を引き出してそれを介入させようとする性質もある。もし脳が過去と現在を区別できなくなったら、サインを読み違えることになる。そこで脳みその奥から繰り返しわき出す思考を認識するとともに、「これに本質的な意味はない」ということを思い出してこのサイクルを断ち切らなければならない。過去と現在の機能は、練習によって区別できるようになるし、それが今ここで集中する能力を倍増させてくれる。
古い記憶を、自分で選んだ新しくて力強い視覚イメージに置き換えてそれで武装すれば、これまで不可能だと思っていた課題に立ち向かう集中力を鍛えることができる。「自動思考」から「選択した思考」にシフトすることで出来事に影響を与えられることが分かれば、新たな目標に集中できるだけでなく、自分の意志で生きられるようになる。

繰り返しになるが、トレーディングの成功ばかりに気をとられて結果を出すための個々のステップを信頼しきれていないのは危ない。筆者が述べていることの基本は、すぐ目の前にある現在集中すべきことにある。もし数字だけに集中しているのならそれは対象が間違っているし、フラストレーションも溜まるだろう。そうではなくて、最終結果を意識しつつも、今すぐとれる行動に集中してほしい。

展望を立てることができれば、あとは行動するという意志だけでやるべきことは決まっていく。この方法だと、これから何をして、何を望むかという意識を持っておけば、結果に確証がなくてもコミットするだけで最初の一歩を踏み出すことができる。つまり、この小さな事実だけで、人生を永遠に変えることができるのである。大事なのは誓うことであって、結果ではない。コミットメントは、人生を動かす設定を作り出してくれる。

あの飛行機から飛び降りろ

マスタリーを目指してコミットすることは、スカイダイビングにも似ている。飛行機から飛び降りたあと、空を切って急降下しながらパラシュートを使って着地しなければならないという状況は、それまでの経験の質をまったく新しい流れに置き換えてしまう。いったん空中に投げ出されたら、パラシュートをいつ開いてどのように着地するかを考えながら自分で落ち方をコントロールしなければならない。これには相当な集中力が必要で、落下中はこれが最大の関心事になる。

パラシュートをつけて飛ぶことは、「ギャップのなかで生きる」ことの素晴らしい例えだと思う。この状況ではスカイダイバーの注意が一方向に集中し、「今」を精いっぱい生きる感覚をはっきりとつかむことが可能になる。トレードにおいても、重要なことはスカイダイビングと似ていて、やはり流れに集中しなければならない。ジャンプすることを決心したスカイダイバーには、コントロールしながら空中を飛んでいく以外に選択肢はない。トレーダーの流れはマーケットであり、これがどう反応すべきかを決め、それからの行動に影響を与えていく。

スカイダイビングの例を続けよう。やると言ったらやる。ジャンプの経験は、飛び降りたあとで身につく。そして、その次の行動は、自分が作った流れから生まれる。もちろんこれはランダムではない。ジャンプをすれば、急降下にもパラシュートにも着地にも対処できるようになる。新しい展望に基づくトレーディングの管理も同じことで、飛び込んでマーケットが投げてくる課題をひたすら処理していけば、自分がデザインした流れに沿ってトレーディングのキャリアを積んでいける。また、そうしていけば、展望に向かってコミットする前には想像もしなかったような隠れた可能性に踏み込んでいくことができる。

ケーススタディ――意識的に戦いを広げる

戦いの幅を広げることを意識させるため、筆者はトレーダーに自分の武器は何かと問いかける。このとき常にあと何をすれば確信が高まり、ポジションサイズを調整し、損失が減るのかを聞くことにしている。また、戦略がうまくいかなくなったときには、いつもの方法から何が欠けてしまったのかを考えさせる。これらの質問は、さらなる自己分析を行うときの刺激になる。自分の強みについて探求すればするほど、トレーダーは利益率を上げるためにとるべきステップについてさらに意識するようになる。

熱心なポートフォリオマネジャーのアールとの対話は、戦いを進めるための新しいステップを踏み出すとき必要となる精神的な要素が何かを示している。

キエフ　マスタリーのレベルで戦うためには何をすべきか。さらに大きなリスクと不確実性を受け入れて創造性を高めたいとき、どのようにして能力を伸ばせばよいのか。

アール　僕はいつもフラストレーションを溜めているような気がする。いつも数字が気になって、たとえ上げた日が一四〇日あって下げた日が四〇日しかなくても、やはり惨めな気持ちになる。このなかの何日かは幸せな気分でいてもよいはずだ。ちなみに、僕の上げ日は平均三五〇万ドル、下げ日は二九〇万ドルになっている。

キエフ　勝率は悪くない。その数字なら今の二倍の資本を使えるのではないか。

アール　そうなんだ。でもそれならなぜいつも惨めな気持ちになるのだろう。

キエフ　君はどう思うのか。

アール　いつも自分をほかの人と比べているからかもしれない。いつも自分が間抜けな存在のような気がしてしまう。だから「僕には一四〇日も上げ日があって、これは下げ日より多い」と自分自身に言い聞かせている。もしほかの人と競うのではなく歩調を合わせていくことができれば、大儲けできるだろう。

キエフ　株を見たときの反応は。マーケットのトレンドがプラスでも、ファンダメンタルがマイナスだったらいらついてしまうのか。

アール　投資をする人が増えてきたので状況は良くなってきている。ＦＲＢ（連邦準備制度委員会）がプラスのスパイラル効果を作り出すことに成功したため、財政面からの景気刺激にも期待が持てる。今、すべてがプラスの方向に動いている。しかし多くのトレーダーはまだベアのままだし、その間違いに気づいていない。

キエフ　アナリストが長期のアイデアを出していないことが不満なのか。

アール　感情的になって、自分が十分な期間保有できなかったのにアナリストに文句を言ってしまう。正しいことをしたい。ほかの連中に、空売りしているのは間違いだということを証明したい。でも、アナリストに間違いを指摘されたら恥ずかしいからあまり長く保有できないでいる。とても不安なんだ。みんなより大きくて優れたトレーダーになりたいのに、みんなとの違いを出せないことにフラストレーションを感じている。

キエフ　フラストレーションが創造力に寄与しているか。

アール　競争意識は高くなる。ただ、フラストレーションは勝ちに結びつくこともあるが、弱体化につながっていくことのほうが多い。

キエフ　どんなふうに。

アール　自分が目指すところに届かないというフラストレーションだ。何かにのみ込まれて感情的になりすぎてしまう。その何かの一部はマーケットからで、それ以外は自分自身や損失に対する反応などだと思う。

この対話からは、トップクラスのポートフォリオマネジャーでさえ未知のものに対処するときはガイダンスが役に立つことが分かる。彼は、戦略と感情を切り離さなければならないことを学ぶ必要があった。心理学理論がトレーディングに影響を及ぼすことを理解しようとする気持ちはあったが、ほかの人の姿勢に対する自分の反応とそれに伴う感情によってフラストレーションを溜めていた。未知なるものへの恐怖や、世間的な通説とされている月並をよしとする考えを受け入れることが、もっと上のレベルの結果を追求することの妨げになるのは自然なことだと思う。

何度も述べてきたことだが、マイナスの自己像や敗北主義的行動は、パフォーマンスに対してプラスイメージを持ったり自分の感情的な反応を継続して追跡し、認識することによって減らすことができる。ここで何かを断定しようとしているわけではない。しかし、すべての消極性や自己規制的姿勢は利用価値のあるデータになる。アールも、今回認識した自分自身やほかの人に対するマイナス思考を取り除くことができればきっとうまくいくだろう。このあと、アールには少しずつプラスイメージを持つための練習を勧めていった。この練習については第５章で詳しく紹介する。

筆者は、恐怖や生命原理がトレーダーの歩みを止めないよう働きかける手法をとっている（これは読者にも勧めたい）。読者もアールと同様、自分で手綱を握り、責任を持って展望を作り上げれば多くのメリットが得られる。自分自身を認識してほしい。過去に手に入れられなかったものはこれからも手に入らないが、思い描いたものは手に入れられる。そして、何を思うかは自分で選べるのだから、好結果を得た力強い自己像をぜひ思い浮かべてほしい。

ほんの少しの内省によって、これまでマイナスだと思っていた経験に対する見方を再定義することができる。起こったことを反射的に受け止め、反応し、解釈し、判断するという連鎖的な行動はすべて生命原理と関連していて、これがマーケットに対して同じ反応を何度も繰り返す原因になっているのである。アールの生命原理は「ひがみっぽい、競争心が強い、不満を溜めている」などで、このことを明確にできたのは素晴らしいことだった。弁明するのをやめ、自分を制限している原因を認識し、時代遅れの情緒的価値を削り落とした視点を意識的に取り入れていけば、彼はひとっ飛びに前進することができる。

トレーディングに関するすべてのポイントを、マスタリーへの展望という枠組みのなかに置き換えられるだろうか。もしそれができて、さらにこの流れに乗るための調整を加えることができれば、戦いのレベルを大きく上げることができる。このようにして、自分のなかにある過去の悪循環から自分自身を解き放てば、マスターたちのようにマーケットにアプローチすることができるようになる。

もちろん、これは簡単ではない。意識的に結果を選んでそれに合わせてトレードするのは直感に反している。それに、このようなステップを踏むために、体が自然にとってきたこれまでの習慣や楽な方法を捨てなければならない。小さいころからやってきたという理由で正しいと感じる行動は、気が楽だし背伸びする必要がない。

しかし、マスタリーとは、背伸びをすることなのである。これは判断を下し、責任を持って自分の将来の展望を選び、それを目指して生きる（ほかの人やマーケットに頼って生きるのではなく）ことで自分の運命をコントロールできるようになることでもある。マスターと呼ばれる人たちはこのことを認識し、マーケットは自分が望むことを投影すると同時に、マーケットがただランダムなのではなく、独自の力が働いていてそれを究明し尊重しなければならないことも理解している。

「九つの点」の外で考える

われわれの多くは、自分が知っている世界と、知らないと分かっている世界のなかで生きている。しかし、マスタリーの水準に達すると、通常の思考の外で出合う未知の力や桁外れの結果ともかかわっていくことになる。これを経験するためには、「九つの点」の外に出て、新たな視点で行動を始める必要がある。

多くの人がこのパズルを知っていると思うが、一応説明しておく。どうすれば九つの点を一筆書きの四本の直線で結べるか、というのが問題である。

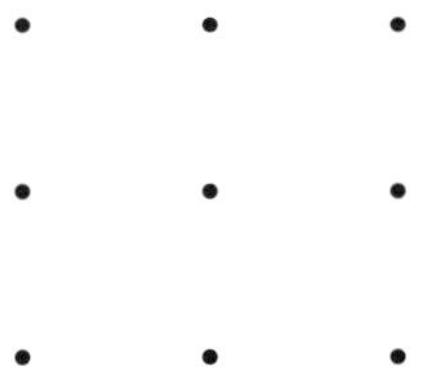

普通の人は、この問題でかなり悩む。たいていみんな外側にある点を外枠であるかのようにとらえ、その内側だけで点をつなごうとあらゆることを試してみるがうまくいかない。こういう人は九つの点を箱のように考えているが、実際にはそんなものはない。実は、このパズルの答えは「点の外側」を考えることにある（答えは本章の最後に載せてある）。

このパズルは、点を箱と見ているかぎりその空間に制限されて完成することはできない。しかしこの知覚の制限を超えて見られるようになれば、すべての点がつながってより一層の達成感と自信を得ることができる。

同様の達成感は、新しい視点や概念を作り上げ、それに基づいた行動をとることでも得られる。ただ、重要なのは視点そのものを認識することよりも、それに基づいて一貫した判断を下すことで、それによって過去からも開放される。そして、これは意識的に選択した人生を歩むことができるようになることでもある。

人は自分の生物学的な位置づけを理解し、そう認識されるよう社会化されている。自分の性格と小さいころの環境に基づいた心象地図も分かっている。そして、アプローチの違いによってマーケットで見えるものは変わってくる。そのことに気づけば、マーケットに関する違いをより多く認識することで、さまざまなことが見えるようになる。これがパフォーマンスを見直すことの価値であり、たくさんの可能性を広げることにつながる。

このような思考に関する好例は、本書で紹介しているポートフォリオマネジャーとの対話で何度も出てくる質問のなかにも見ることができる。ここからは、どうしたら企業分析の理解を深められるかがはっきりと分かる。新たな違いを発見したり疑問を持ち続けたりするという姿勢が、マーケットで普通のトレーダーにはできない発見をする可能性を広げていく。ただ、この価値ある発見をするために、彼らが長い時間をかけてデータを深く掘り下げるなどの準備をしていることは言うまでもない。

違いというのは無限にある。アナリストの仕事を評価することもできるし、どの会社に電話して、いつもどんな質問をしているのか調べることで情報の質を高め、それを維持するためにこの作業を標準化することもできる。このような行動が、みんなが何をすべきか分かっているという前提を捨て、それまで存在しなかった新しい違いを創造するということを意味している。

これらの違いや用意している質問を膨らませることによって、それまで見えなかった新しいチャンスが見えてくる。自分のなかにある「批判的」あるいは「断定的」な思考にとらわれすぎず、展望に意識を集中してそれを実現させるための行動をとっていれば、何かを起こすことができる。そして、それこそが信じる力なのである。

ケーススタディ――創造的思考

結果を出すためにコミットすることは重要だ。これによってトレーダーは自分の行動を検証するためのレンズを手に入れることができるし、必要なことがすべてできているかも判断できる。判断を検証し、動機のパターンが成功するための能力にどのようにかかわっているかを理解することもできる。

次に登場するアーロンは、もともと長期のファンダメンタル・バリュー投資家だったが、超短期モデルを使っているトレーダーの手法を学んで日中のボラティリティも利用したいと考えている。この対話では、携帯電話メーカーのトレードをもっと創造的かつ目標に見合ったものにするためにゴールを利用することを検討している。彼は自分が自己満足にひたったり楽観しすぎたりする状態にはならないようにしたいと考えている。

キエフ　ゴールにコミットできているか。ゴールを達成するための行動がとれているか。そして、一日の初めにその日の予定利益を計算しているか。

アーロン　やっている。何をすべきかも考えている。目標に沿って考えることは難しいが面白い。

キエフ　ゴールによってトレーディングのパラメータの一部が決まるし、ゴールがあればその水準までパフォーマンスを上げるための行動を無理にでもとらざるを得ない。これはすでに結果が決まっているかのようにアプローチするということで、ゴールによってトレーディングの仕方が決まってくる。結果を宣言するためには、まだ方法が分かっていなくても、まずはできると信じなければならない。

アーロン　昨年のゴールは二五〇〇万ドル、つまり一カ月二〇〇万ドルだった。これは購買力が四〇〇〇万ドルなら一カ月で資本の五％を稼げばよいことになる。そこで、僕は軌道に乗ったら一カ月で三％を狙うつもりだった。これはそれほど難しい数字ではない。でも、ここでいつも失敗する。月の初めにすぐ三％を達成してしまうと、もう少し行けると思って五％まで行くのはいいが、そのあと結局二％まで下げてしまう。頭の中で目標を立てて三％の最高水準まで行ったのに、結局トントンで終わってしまうんだ。目標に達したのに利食わず、そのまま続行して結局は利益の多くを返してしまっている。ゴールを見失わずに、きちんと利食えるようになりたい。

キエフ　それでどうしたんだ。

アーロン　最初の二週間で三％を達成したあと、このポジションに対する思い入れが強くなってしまった。そうなるともっと大きくできるから頑張ってみようという気持ちになる。

キエフ　その時点で手法を変えるのか。

アーロン　良い質問だ。トレードの手を抜いたり、欲張って正しい銘柄探しをやめたりするような間違いをいつも犯してしまう。

キエフ　目標に達した時点で、自分の行動を見直したほうがよい。もしかしたらここでやり方を変えてしまっているのかもしれない。

アーロン　モデルがトレードを一定の範囲内に抑えてくれている。

キエフ　モデルを順守しているというのなら、月の初めはそれに全力を尽くしていても、目標に達した月の半ばごろからはそうでもなくなっているということはないか。目標に達したら、そこでトレードをやめるようにしたらどうなるか。

アーロン　資金がもっと増えると思う。

キエフ　目標利益が上がったときに、自分自身に「ゴールを達成した」と言ってみたことはないのか。

アーロン　一度もない！

キエフ　ずいぶん力が入っているね。

アーロン　自分の間違いが見えてきた。個人的なことだが、僕はファンダメンタルについて非常に感情的になることがある。ときには、これによってアナリストとして枠の外で考えることができ、ノーの結論を出すこともある。これは小さな問題ではない。ゴールを目指しつつ自我を捨て、枠の外に踏み出して最前線で考えるということをバランスよく行うのは相当の緊張を強いられる。

キエフ　自分がそう考えている瞬間を捕らえることにチャレンジしてほしい。それができれば、いったん立ち止まって考えることができる。トレーディングは自我を満足させることではないことに気づかなければならない。トレードしているときは目標のみに集中する。トレード対象に関する知識は役には立つが、幸福感や欲望はマーケットに適応するための柔軟性を奪う場合もあることを認識しなければならない。

アーロン　これは僕にとって洞察を与えてくれる重要なツールになる。

キエフ　そのとおり。トレーディングは、分析ツールだけでなく最大限の結果を追求する意欲も必要とされる複雑な作業だ。だから、より真剣にゴールに取り組めるように、結果を宣言することを勧めている。追加情報もないのにポジションをあと三〇〇万ドル増やすなどというように、感情に流されてさらなる利益を追求するよりも、目標の数字をつかみ取るための行動をとらなければならない。

アーロン　目の前の出来事に集中しよう。ただ、目標の数字を達成したらどうしたらよいのか。もし数字が上がったあと下がったらどうすべきか。やはり手仕舞うべきだろうか。

キエフ　今の目標額は。

アーロン　一カ月で三〇〇万ドルの利益を上げることだ。

キエフ　利益をいったん貯めておいて、もう一度、新たに三〇〇万ドルを狙うのはどうか。こうすれば利益を実現できる。さらに一カ月を真ん中で分けて後半は新しい月と考えたらどうか。心理的にずいぶん楽になると思う。

アーロン　実現利益と含み益という分け方はあまりよくない。ポートフォリオ内のポジションを合わせて三〇〇万ドルを生み出したのだから、ポジションを一度手仕舞ってもう一度三〇〇万ドルの利益が出るような新しいポジションを建てなくてはならない。例えばこの携帯電話メーカーだが、四〇ドルから三〇ドルに下がった。これも僕の損益の一部で、実際の価値は二〇ドルだと思っているがそこまで下げるとは限らない。ポジションを建てたまま少し利食うと、そのあと再び四〇ドル、三〇ドル、二五ドルと推移したためそこで行き詰ってしまった。本当はポートフォリオごと手仕舞うか、このポジションを様子見のポジションに動かして次のアイデアを探さなければならない。

キエフ　それもひとつのやり方だ。目標を達成したあと月の残りは何をしているのか。さらなる利益を上げようとしているのか。

アーロン　していない。最低は三〇〇万ドルでも、上限はない。これをマイケル・ジョーダンと比較してみよう。もし一試合で三〇ポイントを上げると決めていて、第一クオーターでこれを達成してしまったら、そこでベンチに下げるだろうか。また、下げなくてもやり方を変える指示をするのか、それとも「あと三〇ポイント取ってこい」というのかを考えてみればよい。

キエフ　あと三〇ポイントだ。君はすでに三〇〇万ドルの利益を上げている。次の三〇〇万ドルを上げるために二〇〇万ドルの損はしたくない。

アーロン　保守的な戦い方になってきた。

キエフ　最初の三〇〇万ドルはどうやって上げたのか。

アーロン　銘柄と出来事とリスク・リワードに注目した。

キエフ　三〇〇万ドルの利益が上がると、それでは足りないような気がして、もっと儲けるために別のアプローチをとろうとしてしまう。最初の二週間で三〇〇万ドルを上げると何かが起こるようだ。でも翌月の初めには前月の初めと同じ状態に戻っている。月の初めと目標額に達したときのアプローチの違いは何か。

アーロン　上限、つまりさらに上のゴールとリスク・リワードを設定するということかもしれない。五カ月前は深みに落ち込んでいたが、これはやりやすい状態でもあった。リスク・リワードのプロファイルに手を加え、いつもほど損失に耐えたりはしない。感情的にそれ以上悪化することもないので、むしろいつもより客観的になってそれがよいほうに働いた。正しいことを多くするより間違いが減ったことで気分も良い。翌月にはトントン、つまり赤字から脱却しようと思っているので、損失やドローダウンを我慢したりしないつもりだ。儲かっているときは、自己満足とまではいかなくてもリラックスしてプレーできる。ジムとスペインに旅行したとき、ブラックジャックをしに行って投資スタイルの違いがよく分かった。僕は儲かるともっと攻めたくなるが、ジムは賭けるのをやめてしまう。もしすごい続き番号を引いても、結局僕はトントンか少し勝つ程度だが、ジムはそのお金をポケットで温めておいて、終いにはそれで夕食をおごってくれた。僕は守りの態勢のときのほうがうまくいく。いったん三〇〇万ドルまで達したら、自分がゼロだと思う必要がある。今までそれをしてこなかったから、目標額を達成すると、いつもそこでやめてしまっていた。目標額に達したら新しいゴールを設定することと、あわてて大きくしないことに気をつけたほうがよさそうだ。結局、これは月の初めにやったのと同じようにするということだと思う。

キエフ　私は、毎月三〇〇万ドルの利益を上げることができるようになってから目標額を上げるべきだと思う。一〇〇〇万ドル儲けたら翌年は五〇〇〇万ドルなどと増やしていける人はそうはいない。ドローダウンや利益が大きくなったときの心理と感情は、トレーダーの生産性に深くかかわる要素なので、金額は少しずつ増やしていくほうがよい。君がその利益を上げるのは、それが目標額だからか。もっと大きな数字を掲げれば、結果を変えられるのか。掲げた数字にコミットすることには効力がある。

アーロン　でも、高い数字を掲げたらそのためにとるリスクも高くなるため慎重にならざるを得ない。

キエフ　君が三〇〇万ドル儲けたあと二〇〇万ドルの損失を出してしまうのは、資本の金額の問題ではなくて心理的な問題だと私は見ている。数字を掲げてそれに基づいてトレードしていけば、リスクを段階的に調整していくことができるだろう。最初の二週間で三〇〇万ドル儲けたあと、さらに毎週三〇〇万ドルを目指すことを目標にしたい。

アーロン　そのやり方がうまくいけばうれしい。

キエフ　マスタリーに近づくためには、自分の感情をコントロールする方法を学ばなければならない。君は自分がアナリストだと言うが、月の半ばに三〇〇万ドルの利益を上げた時点でもそう言えるのか。意欲と欲望にとりつかれて最大利益を追求する感情的なトレーダーになってしまっていないか。きっと月中には理性的ではない感情が働いて、アナリストとしての視点ではなく欲望によって動いてしまっているのだと思う。毎月確実に三〇〇万ドルの利益が上がるようになるまで、何カ月間かこの数字は変えてはいけない。ゴールを設定し、それを達成することをマスターできたら、数字を上げればよい。自分がやると決めたことと自分がやろうとしていることの関係が理解できれば、光は見えてくる。目標を掲げて、その達成のために軌道修正していけば、驚くほどの結果を出すことができる。ゴールは、使い方によって素晴らしい力を与えてくれる。

アーロン　簡単に言えば、ゴールは絶対に必要なことを強制的にやらせてくれる。僕はもうファンダメンタルだけのアナリストではなく、テクニカル分析が必要ならそれも使うし、ゴールを達成するために必要なトレードがあればそれを実行する。もしマーケットが上がったら、批判的なことや観念的なことを言うのはやめてそれに従う。ゴールを基本としたマスタリーへのアプローチは、適応し、融合し、新しいことを学びそれを受け入れ、客観的になることを強いる。できればこれによって貪欲さを少し抑えられるようになるとうれしい。外側が変われば内面も変わると思う。マーケットにおいて重要なのはこのような自覚を持つことだと思う。

キエフ　自分の行動に責任が持てるようになったようだね。

この会話では、ゴールを達成したら新たなゴールを設定することや、ゴールを達成したあとも戦略と作業の質を維持することなど、数多くのマスタリーの原理を浮き彫りにしている。このなかには、成功したことで満足感に浸らず勤勉さを維持して成果を徐々に積み上げていくことに専念するということも含まれている。

この対話からは、トレーダーは自分の行動やトレーディングを継続して観察することが重要で、そうすれば感情的反応が目標達成の邪魔をしないということが分かる。ここでも、トレーダーには自分の行動を検証して、どうすればゴールに向かって舵を切れるかを考えられる率直さが欠かせない。戦略からそれてしまったときに自力で軌道修正できるようになるまで、この会話は、通常何度も繰り返す必要がある。

繰り返しになるが、マスタリーとは箱の外で考えることであり、点をつなぐためにもっと大きな枠組みを作ることでもある。この解決方法を知れば、今あるデータを新しい独自の視点で見ることができるようになる。自分の展望を作りあげ、それを実現するトレードを探すことで、自分だけの結果の出し方を発見することができる。自分だけのトレーディングの世界を作り、その結果に責任を持つということを認識するのは、マスタリーに欠かせない概念と言える。これは言い換えれば結果を想定してそれをマーケットに重ね合わせれば、何が必要で、どうすれば望む結果が得られるかが見えてくるということでもある。

結果は気にしない

結果についていろいろと書いてきたが、ここで結果を放棄することについて取り上げておくべきだろう。先に述べたことと矛盾するように感じるかもしれないが、そうではない。

マスタリーの探求に隠された目的などなく、ただそれ自体を追求してほしい。つまり、結果は現在の課題により真剣に取り組むためのレンズの役割を果たすものではあっても、結果にとらわれたり、そのために将来の計画を怠るとか状況を操作するなどということはしてはいけない。

目指す結果をもとに行動範囲を決めるのと同時に、その範囲にとらわれてもいけない。そんなことをすれば不安が増し、そのプレッシャーが今やるべきことの邪魔になる。定期的に結果を見て目的に向かっているかを確認したり軌道修正したりすることは必要だが、結果ばかり気にして処理できる以上のものを抱え込んではいけない。これらのことは、言うのは簡単だが実行するのは難しい。だから、目指す結果に基づいて行動するが、その結果は気にせず、実行あるのみ。それを繰り返していれば、わざわざ追求しなくてもいずれその行動のなかから目的に見合った何かが生まれてくる。逆説的に聞こえるかもしれないが、これが次の瞬間に完全に移行するための唯一の方法なのである。

動機というのはデリケートなもので、あまりはりきってゴールを目指していると、不必要な競争にかかわって潜在能力を出し切ることができなくなったりする。成果は、目の前のゴールに集中することで上がることが多い。しかし、意欲がすぎると結果についてばかり考えてトレード自体への関心が薄れてしまい、結局は最終目標を見失ってしまうことにもなりかねない。マスタリーとは、展望に沿って今適切な行動をとることであり、展望の流れに沿ってトレードやそれ以外の必要な行動を一貫してとることなのであって、急いだり必死になって結果をつかみ取ったりすることではない。結果までの遠さを思ったときの精神的苦痛は、その間のギャップ（今いるところから目標地点まで）を乗り切るためのエネルギーに変えてほしい。

マスタリーの域に達するためには、自分が望んでいることを見極め、それに見合った行動をとることがカギになる。このとき、結果ではなくて行動に集中しなければならない。結果は、その行動が適切だったか、もしそうでなければ将来どうすればよいのかを教えてくれるものでしかない。

ケーススタディ——自分の行動に責任を持つ

マスタリーは少しずつ育っていく。そして、そのためにはゴールを決め、それを達成するための行動をとることで、結果に責任を持ちつつ結果にこだわりすぎないという意識的な努力が求められる。結局マスタリーとは、ゴールを掲げ、それを達成するための戦略を立て、それを実現するため日々何をすべきか判断しつつも、結果に伴うすべてを気にしないでいられる人のことを指す。

次は、前出のブレイクとの対話の続きで、ここからはゴールを使って損失を抑えることや、ゴール自体にとらわれすぎずにトレードする方法について洞察を得ることができる。ブレイクのトレードが変化していく様子に注目してほしい。彼は好調時にはゴールが利益を制限しかねないと思いながら、これが不調時にリスク管理のパラメータを定義してくれるという価値は認めている。

ブレイク　一貫性を身につけると、だれでもマーケットの動きに対して正しい側にいられるのがよい。われわれは毎日未知の領域に踏み込んでいるのに、仕事の仕方が固まってくると自由に考えをめぐらせて創造的な面を使っていけるようになる。もちろんそれはいずれ大きな自信になり、リスクもとれるようなっていく。

キエフ　それまでやっていたことと何が違うのか。以前は自分のやり方が定まっていなかったのか、それとも定まっているのに自由な発想ができなかったのか。その違いは何だろう。私はマスタリーには勤労精神、規律、手法とともに、マーケットに対してオープンであることもかかわっていると思う。

ブレイク　僕は手法が大事だと思う。もしトレーディングで何年も生き残ってきたのなら、それはおそらく規律と手法を持っているからだと思う。僕に足りないのはマスタリーと自由な発想だと思う。

キエフ　前はやっていなかったことを何かしているか。

ブレイク　以前の手法は今ほど一貫していなかったと思う。でも、損益目標を設定するための話し合いをしてからは、日々の損益という感覚を持つようになった。もちろん、それに凝り固まって大きなチャンスが訪れても準備ができていなかったり、日々の数字をクリアしていくことばかりに気をとられて大きな流れを見失ってはいけない。でも、それなら日々の数字にはどんな意味があるのだろう。やる気になっているときに引き戻すだけではないか。多少の損失は覚悟しなければならない。九〇勝一〇敗のトレーダーなんていないのだから。もちろん、損失を積み上げるわけにはいかないことも分かっている。でも完全な人なんていない。今はこの先どんなに好転しても目標に達しないと思ったら強制的にポジションを手仕舞うことにしている。これによって「自分はここにいる価値もないほどだめな人間だ」というたぐいのことを言わずに手仕舞うことができるようになった。

キエフ　ゴールを、新しい視点で物事を見るためのレンズとして使っているようだね。

ブレイク　微調整に近い。僕の最大の課題は損失を放置しないことだと思っている。儲けることはできるが、同じやり方で損失を出すこともできる。

キエフ　以前はそのことに注意していなかったのか。

ブレイク　以前は自分を責めていた。手法を持つメリットは自分自身に対する問いかけをしなくてすむことかもしれない。正しいかどうかは関係ない。マーケットは僕を追い越して流れていくし、それがこのゲームのルールなのだからどうしようもない。僕は自分がすべきことをするだけだ。もしかしたらゴールどころかプラスの領域にすら行けないかもしれないが、本当のゴールは戦いを続けることだ。その結果目標に近づいているかもしれないが、大事なことはトレーディングを続けられるようにしておくことで、そうすれば目標の数字から大きくそれないし、一日の終わりに大きな損失を抱えていることもない。ゴール自体はさほど重要ではない。ゴールを持って、それを目指すことが大事なんだ。

キエフ　ゴールは流れや枠組みを作ってくれる。トレーディングはこの枠組みのなかですべきで、それを使って自分のポジションを決めることができる。ゴールを達成するのは良いことだが、達成することが良いのではなく、そうすることで生き残ったりそのゴールに到達するためにすべきことが分かったりすることに価値がある。要するに、ゴールが判断を下す助けになってくれる。

ブレイク　ゴールに対するマイナス感情は、これを文字どおり受け取って毎日二万五〇〇〇ドル儲けないといけないとか、五万ドル儲けないといけない、などと考えていたことからきていた。でも本当はそういうことではなかった。

キエフ　毎日二万五〇〇〇ドルとか五万ドルとかの利益を上げようとしていても、それがすべてではない。なんとも逆説的だ。

ブレイク　ゴールの先まで行くために、ゴールが必要だ。

キエフ　ゴールは必要だが、それにとらわれてはいけない。

ブレイク　それはうまくいっているときだけの話だ。面白いのは、ほかのことと同様に、ここでもコストが絡んでくる。つい、短期、あるいは出来事ベースで見てしまう。カジノのテーブルに掛け金を置くように、トレードでもある出来事に賭けて自分に運が向いていないと思えばすぐ取り下げてしまう。

キエフ　リスクマネジメントの観点から、今の手法のほうが良いと言えるか。

ブレイク　僕は気に入っている。前にも言ったとおり、ある種の一貫性を感じる。結果の一貫性ではないかもしれないが、手法は一貫している。

キエフ　それが大事だ。『弓と禅（Zen in the Art of Archery)』という素晴らしい本がある。著者のオイゲン・ヘリゲルは日本のマスターのもとで五年間弓道を学んだ人で、日本を離れるころには、的を見る必要すらないことに気づいたという。それは弓道が的を射るだけのものではないということを理解したからだ。彼は目を閉じても的を射ることができるようになっていた。心の中で正しい位置について無心で矢を放つだけで、あとは成り行きに任せれば驚くべき結果が出る。矢は何にも邪魔されずに飛んでいく。この何にも縛られない立場こそ、マーケットでとるべき態度と言える。君が言いたいのはこういうことだと思う。ゴールを設定し、それをこの概念（損失をなくして利益を出せる体制にする）に沿って使う。そうすると、チャンスに居合わせることで、もしかしたら驚くほどの利益を上げられるかもしれない。この手法を使うようになってから大きな利益は出ているのか。

ブレイク　この手法は損失を広げないようにすることで、基本的に僕を僕自身から守ってくれている。これで利益を伸ばせる可能性が上がったし、損失を管理するシステムも手に入った。

キエフ　損失を減らすためにか。

ブレイク　この手法を使えば、最後に自分自身が怖くなるような状態には陥らないことが分かっているので、損失に対して動揺しないですむ。大きなトレードで動きがあって、自分はそこにいる。あとは、目の前で下げる前に手仕舞う判断を下せばよい。
キエフ　そういうときにゴールを使えばよい。君のゴールは何か。
ブレイク　ゴールを超えたときはそのようなことをしている。ゴールは二つあって、そのうちのひとつは一日の初めに決める。五万ドルの利益が上がりそうな日は、全力で取り組んでそれを大きく超えても（たとえば五万から一〇万ドルの間に達したら）ゴールは五万ドルのままにしておく。そして、下げ始めたら手仕舞う。トレイリングストップは使わないが、大きく跳ねたときは自分自身に「下げるのは一〇万ドルまで」と言うことにしている。
キエフ　つまりストップを設定したんだね。以前だったらどうしていたのか。
ブレイク　二通りある。もし直前に損失が続いていたら利益を削っていた。好調だと幸福感に浸って自分が間違えるはずはないと思ってしまっていた。
キエフ　下がっても保有し続けるということか。
ブレイク　そうだ。一日当たり二万ドルの利益が一万ドルの損失にもなり得る。でも保有するのをやめてもそうなる可能性は十分ある。これは、ゴールが問題なのではなく、大きく上げたあと反転して不利な展開になるからだ。保有するのをやめてせっかくの含み益を全部あるいは一部実現できる準備はできているのだろうか。本当にマーケットが動き始めてゴールが危うく見えたら、直ちに保有するのをやめることができるのか。純粋にゴールを達成するためという理由ですべきときに中断できれば、それは本来やるべきこと（つまり利益を伸ばして損失を切る）をしただけなのだから問題はない。

キエフ　欲がゴール達成の邪魔になることもあることに気づいてほしい。ここでも、ゴールがあることで感情に惑わされず客観的な見方ができている。それがゴールの価値なんだ。

ブレイク　みんなそれぞれトレーディングスタイルが少しずつ違う。ここでカギとなるのは、自分自身の潜在力を失わないようトレーディングをきちんと管理していくことだと思う。潜在力というのは非常に現実的に、まずはゴールを達成するということを言っている。また、ゴールを超えたあとも、下げ始めたときに手仕舞わないで結局はゴールも割ってしまうようなことがないように、アプローチの仕方を決めておかないといけない。

キエフ　ゴールに達したらどうするのか。別のゴールを立てることは考えないのか。

ブレイク　分からない。これに関してどこまで系統的にすべきかで迷っている。どこかの時点で正しいと感じてそのまま突き進んでうまくいったときは、自分の創造力に従ってみてもよいと思う。それまで規律を守ってきた自分へのご褒美と言ってよい。創造力を働かせることで、新たな力を得てリスクを増やせるかもしれない。ただ、以前のマイナス領域にはけっして戻らないということを絶対に忘れないようにして取り組まなければならない。

キエフ　それならストップを使うこともできる。まず利益を確保して次に急降下するのではなく、別の目標を定めたらどうか。

ブレイク　でも、そればかり考えて自分が正しいときに一〇〇万ドル儲けられる日にわざわざ二万ドルでやめるようなことはしたくない。創造力を働かせることでうまくいく日もある。

キエフ　一日の終わりには何をするのか。

ブレイク　査定を行わなければならない。自分では、これはうまくいったしまだ伸びるだろうとか、ちょうどトントンだとかそれ以下だとか、「少なくとも五万ドルは狙いたい」などと言ったりもする。しかし実行するとマーケットが荒れていて一〇〇万ドル儲かったあと三〇万ドルまで下げたらどうだろう。下げは常に危険だ。ポジションをそのまま保有し続けるか、それともそこで手仕舞うのか。反転しないのなら素早く切らないといけない。これまでもこんな風にやってきたのだから、すでにこのやり方は習得している。あとは自分の気持ちに正直にならなくてはいけない。

この重要な対話にはいくつかの教訓が含まれている。うまくいって、前より良い結果が出たからといって、何かを達成できたつもりになってはいけないことは明らかだろう。重要なのは、今日はこれまでと何が違うのかを見極めることで、そうすれば将来自分の行動に対してさらに大きな責任をとることができる。ブレイクは以前より一貫した行動がとれるようになったことを認め、それが彼のトレーディングを変えた。

また、この対話では、結果にとらわれすぎないようにしながら展望に沿ったトレーディングをすることの重要性も強調している。このとき、展望は何をすべきかを映すレンズの役割を果たす。結果は、展望にコミットし、それを実現するために力を尽くしたという意味でしかない。実際、一度ゴールを達成すると、それを気にせずむしろその実現のために日々すべきことに集中できるようになる。一度責任を引き受けると、トレーディングにおいてそれまで無理だと思っていたことでもできてしまう。データがないとか自分のチームのファンダメンタル分析力が弱いなどというマーケットに対する不満は、実は自分が立てた戦略の結果でしかない。すべての結果は自分の責任だということを受け入れることができたとき、自分が掲げた目標に沿ったトレード戦略をデザインできるようになる。

マスタリーは、将来をコントロールしようとする気持ちを抑え、次の瞬間にただ集中する手助けをしてくれる。ゴールは自分自身を発見するための道のりのなかで抵抗がもっとも少ないコースをを示してくれる。もがくのはやめてトレーディングを始めよう。行動と結果を切り離し、うまくいくかどうか分からないから踏み出せないなどというような結果を織り込んだ行動はやめるべきだ。結果は行動のガイドとして使うだけでよい。結果は評価するが、磨くのはアプローチのほうだ。

結果を崩して自己認識の手段にすべきではない。良い結果を自分勝手に解釈したり、結果を出せなかったからといって自分を過小評価したりしてはいけない。チャレンジすることに集中して、必要なことと希望をはっきりさせたら、それを実現する方法を考える。マスタリーの目的は、「何かを得ること」よりも、完全に自己を表現することと言ったほうがよいだろう。

新しいアプローチの考え方

マスタリーは自分の生命原理の限界を認めたり、世界に対する先入観に気づくことで、それがどのようにこれまでの経験に影響を与えたりストレスの原因になったりして、自分を開放できなかったかが分かる。このような限界を認識することで、世界に対して新しい前提で臨み、トレーディングにも新たな枠組みを設定すれば、驚くほどのチャンスと結果に出合う準備が整う。

もし自分が勝つと信じられるなら、勝てるチャンスはそれを少しでも疑ってかかるときに比べてはるかに大きくなる。プラス思考で自分のゴール達成に向けて集中できれば、実際にゴールに向けた努力ができるし、追求しながらもリラックスすることで結局は持てる資源をすべて目の前の出来事に活用することができる。

勝つために自分をコミットしてしまうのが怖くて、コミットできない場合もあれば、勝てないとき自分への言い訳を心配するのがいやで、チャレンジをやめてしまう場合もある。しかし、勝っても負けてもチャレンジしなければ、いずれ自分に言い訳することになる。それなら目的に向かってコミットしてみて、勝てなかったときの恥ずかしさなど気にしないほうがはるかに理にかなっている。このような相反する姿勢の人の多くは実は正当化や言い訳の用意をしているだけで、それが結局は成功できないという気持ちを強めてしまっている。

先に紹介したような練習を積むと、ある程度の信念が世界に対する見方を変えることを発見できる。これはもっと合理的にするとか、もっと努力するということではなく、物事を新しいフィルター（自分がトレーディングで目指す展望）を通して見ることとも言える。マスタリーとはメタコンセプト（つまり現実に対する新しい視点）で、それによってトレーディングやマーケット環境に新しいチャンスとして臨むことができる。また、そこから古いパターンを再構築する方法や、物事に対する新しい見方を開発することもできるし、出来事を新しい枠組みで捉えたり、別の解釈することもできる。そして、このときの緊張やストレスは、緊張が高まったりチャンスが増えたりすることの反動だと考え、この新しい現実に自分のやり方を合わせていけばよい。

このマスタリーと展望というレンズを通して現実を見られるようになったら、マーケットのスイングに感情的に反応するのではなく、マーケットに順応することができるようになる。そうすれば、あとは自分の手法を使うためにマーケットの動きをつかみ、その方向に合わせてポジションサイズを増やしていけばよい。

結局、今自分の行動を制限しているパターンは再構築することができる。頭の中でデータの処理ができるようになると、さまざまな過程やトレーディングのパフォーマンスをもっとうまくコントロールできるようになる。

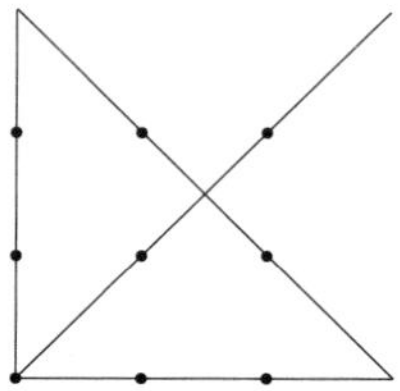

第2部

そこまでどうやって行くのか

第３章 戦略を立てる

筆者の戦略に関する考えを説明する前に、スポーツに関するある感動のエピソードを紹介したい。何年か前に、筆者は将来有望な選手のコーチをしているゲーリーから相談を受けた。彼は自分が指導している若いフィギュアスケート選手に次の国際大会で金メダルを狙わせるか、それとも今回は見合わせて別の大会で優勝を狙うべきかで迷っていた。「それは金メダルを狙うべきだ」と筆者は勧めた。「可能なかぎり最高の結果に全力でコミットすることに代わるものはない」

筆者はフィギュアスケートのエキスパートではないが、ゲーリーには「金メダルは失敗したときのことを考えて中途半端な気持ちで臨むものではなく、展望として掲げるものだ」と話をした。そうなると、次に必要なのは実現に向けて順序立てた戦略を立てることだった。

そこで、ゲーリーは技術向上（トリプルルッツとトリプルトゥループのコンビネーション）

と内面的な成長（「氷の女王」然とした硬い態度をもっと自由な雰囲気に変えること）の両方を取り入れた計画を作りあげた。また、この選手が毎日練習すべき要素をメモにまとめ、振り付けの一部に笑顔を組み込んだ。さらに選手の硬さをほぐすために、練習中に彼女を笑わせたりもした。

トレーディングでもフィギュアスケートでも、金メダルを獲得するためにはこのような準備が必要になる。ゲーリーの計画も、選手の準備も、金メダルを保証するわけではないが、彼らは展望を掲げ、系統的な戦略に基づいてその実現に全力を尽くした。マスタリーへのステップは、まず展望を立ててそれにコミットし、次に戦略を立ててそれを実現することになる。この第二段階では目的を達成するための行動計画が必要になるが、この計画を作成するときに、それまで知らなかったさまざまなことを発見したり発掘したりすることになる。ちなみに、この段階ではたくさんのインプットに対してほんの少しのアウトプットしかないし、準備段階では多少フラストレーションが溜まったり、重要課題に対して相当の集中力が必要になったりすることを警告しておこう。

本章では、戦略構築のための基本原理のいくつかと、もともとの発想（「独創的な視点」と呼ばれるときもある）を膨らませてそれを強みや利点とするために、認知的不協和という心理状態を詳しく見ていくことにする。まずすべきことは、「自分が知らないことについて知らない」ということを発見するために常に疑問を持つことだろう。疑問を持つことは、トレーディングの成功につながる新しい領域を明らかにしてくれる。これは、何でも定型化できるトレーディングの世界において、まったくそれができない領域でもある。また、今取り組んでいる課題に常に集中していることが大事で、他人や自分の成功や失敗に対する反応に邪魔されてはいけない。これらのことがすべて成功を阻む大きな要因になり得る。

基礎を構築する

マスタリーへの道の初期に行う計画段階では、モメンタムが低く見えることが多い。例えば、アナリストのチームを構築中の企業があったとする。このとき、集めたデータからポジションサイズや保有期間を決める方法や、データが正しく処理されているかを判断する方法が決まっていない段階では、さまざまな作業が行われていてもアウトプットは相対的に少ない。プロジェクトの初期の典型的な状態と言ってよいだろう。最初の作業が、のちの素晴らしいアウトプットを生む舞台を設定する。またこのアウトプットはそのための重要な過程を導入し、チームを作り、結果に合わせた戦略を立て、スケジュールを組み、パフォーマンスを評価するなど集中的な努力を経て実現する。

マスタートレードの達人は、大量のデータを集めてそれを組み合わせることの価値を知り、データをインプットして必要なステップを踏まなければゴールを達成することはできないということを知っている。言い換えれば、このデータ以外に何を集め、どのような分析をすればゴールに到達できるのかということが分かっている。

この戦略に何を足したら（あるいは引いたら）、さらに視点を広げられるのだろう。データの質を確認したり、自分の理論に合わせてほかにどんなデータを組み合わせたりすればよいのだろう。これらの質問に簡単な答えなどない。

データは信念を支え、ポジションを保有し続けるための自信をくれる。これは、データの査定方法が非常に重要になるということを意味している。マスタリーに近づく段階で、この過程における通常は考慮しないいくつかの点について理解しなければならない。

時間とともにデータの価値は低下する。今日大事なことも、明日になればさまざまな出来事が起こったりデータの意味が変わったり、広範囲に広まったりすることでさほど重要ではなくなる。より多くの人が同じことを理解することで、自分の主張も共通の知識となり、データの独自性が低下する。ほかの人も同じトレードができるようになるし、大量のトレードが殺到するかもしれない。

その意味では、常識的に長期の視点により価値があるとされているにもかかわらず、時間とともにより多くの要素に影響されて重要性が変化する長期データより短期データのほうが正確と言えるのかもしれない。

分析の質を見直すときには、次の質問を考慮してもよいだろう。

●自分が知っていることをほかの人も知っているか
●自分のデータが株価の動きにどの程度関連しているか
●データが陳腐化していないか
●そのデータはいつコンセンサスの一部になるか
●さらなるデータが必要か。もしそうなら、どのデータを加えれば新たなトレードを仕掛けたり、既存のトレードを手仕舞ったりする判断が下せるか
●セルサイドもその銘柄を評価しているか

明敏なトレーダーと彼のアナリストチームは、どのような変化が起こっていて今後何が起こりそうかを見極めるため、これらの点を考慮していく。もちろんその答えは分析の過程で出てくるものであり、ひとつとして同じ答えはない。マーケットはダイナミックに動いており、データの重要性も時とともに変わるため、何が適切なデータも時とともに変わっていく。

あるトレーダーの言葉を紹介しよう。「トレーディングのマスタリーになるためには、ゴールを掲げ、居心地の悪い状態に自分を置いて未知の世界に一歩を踏み出す気持ちが必要だ。この過程に何を足せばデータベースを増やせるのか。どうすれば手順が改善するのか。われわれは利益率を最大にするための過程を作るために常に努力している。そして、そのためには常に

何が最大のバリケードかということを自問していなければならない」

ゴールを設定すると、目標に沿うためには現在の作業に何を足すべきかが分かることに価値がある。もし資本が多ければ、チームや情報源を増やしてリターン率を維持しつつポジションサイズを拡大したり、これまでよりリスクが高くても通常以上のボラティリティに耐えたりできるよう、もっと自信のあるトレードをしたほうがよいかもしれない。これにはある程度自分を調整していく必要がある。

ケーススタディ――戦略を立てるときの最初の課題

次の新人ポートフォリオマネジャーとの対話では、マスタリーへの初期段階における重要課題を追求している。この段階では、アイデアを構築し、スケジュールを立て、それを検証したうえで想定した結果に合わせてポジションを決めていくという作業を行っていく。

ここでは、ピーターがポートフォリオのゴールを達成するために、彼の分析や、きっかけの出来事や、株の動きを追跡する能力を生かすことについて話し合っている。この会話から分かるとおり、ピーターは「高すぎる」ゴールを設定して高ボラティリティというリスクにさらされることに多少抵抗を感じている。

キエフ　日誌をつけて、自分がどのくらい大きなポジションを保有したり利益を上げたりしてきたのかを追跡してみてはどうか。自分がどのくらいの利益を上げたいのかを考える必要がある。もしかしたら「今ある七万五〇〇〇ドルに二万五〇〇〇ドル足してどのくらい儲かるか試してみたい」と思うかもしれない。Xドル上げようとしているが、これまでどれだけ儲けたのか。もし次回も同じトレードができるなら、どこで三ポイント上げるのかを考えてほしい。もしかしたら次回は一五万株トレードしたいかもしれない。記録をとり続ければ、一年後、二年後、三年後に自分自身の歴史と足跡をたどることができる。そしてそれを見直すことで、自分のアプローチの修正すべき点が分かる。自分のトレーディングを観察すればするほどトレーディングに関する意識が高まって、より改善したり拡大したりできるようになる。トレーディングをただ続けるだけでも自然にサイズは大きくなるかもしれないが、努力してきた人ほど意識的なトレーディングはできない。自分の進展状況を記録することは、結局この戦いをマスターすることにつながる。

ピーター　これは自分の知的水準に合ったシステムを探すことで、だんだん慣れていく。

キエフ　自分のアプローチには何か欠けているのか、あるいは何か失っていないか、と考えてほしい。また、システムのなかで使っていない部分がどこかも常に自問してほしい。実際には使っていない部分があっても、案外簡単に持てるすべてを使っていると思い込んでしまうものだ。自分のシステムのモデルをずっと構築し続けてほしい。

ピーター　それについては常に考えてきたし、それが自分の強みだと思う。ほかの人の方法を吸収してそれを合成するのは得意なほうだ。若いころに初めてこのビジネスに興味を持ったときのことはよく覚えている。さまざまなスタイルに関する本を読み、それらを部分的に取り入れていった。でも、データを追跡してその知識を生かすためにマーケットを追いかけたことはほとんどない。逆に言えばデータが多すぎて追跡できないのかもしれない。しかし、経験は重要な切り札になる。

キエフ　経験を積んでそれを記録し続ければ、そこから学ぶことができる。そして学んだことをもとにやり方を改善していけばよいし、その変化の過程も観察してほしい。これはマスタリーに向けた意識的なアプローチで、単にトレーディングを重ねて無意識に同じパターンを繰り返し、すでに知っていることを強化していくこととは違う。二〇年、三〇年の経験がある人はたくさんいるが、実際にはそれほどの経験は持っていない。経験はあっても、いつも意識的な態度で臨んでいるとは限らない。データだけでなく、自分のパフォーマンスとその追跡にも頭を使って意識的に対処すれば、自分の行動を広げることができる。そうなれば、三〇年間のトレードを記録したノートには、二〇年間トレードしている人のそれよりたくさんの知恵と素晴らしさが詰まっていることになる。

ピーター　日誌で追跡すべき項目を教えてほしい。時間をかけて磨いていきたい要素以外にもつけるべきことはないか。

キエフ　もっとも重要な質問は、「自分のゴールは何か」「ゴールに対して今の位置はどこか」の二つといえる。自分が目指す場所と今の場所の間に欠けているものを見極め、その答えを見つけなければならない。それが埋まれば埋まるほどゴールに到達する可能性も高まる。ゴールにたどり着けなかったときは「何が欠けてしまったのか」「何が変わってしまったのか」ということを考えてみてほしい。ゴールを達成したら、次はそのゴールを拡大して「何が足りないか」と自問してみる。これは非常に力強い質問だが、答えはとても単純かもしれない。自分のパフォーマンスを観察して修正を加えていけばいくほどパフォーマンスも向上する。

ピーター　柔軟性について話してきたが、それはシステムを持ち、それを順守し、修正を加え最適化していくよう勧めているのか。実のところシステムとは結果という展望を持つことであり、その結果を出すための行動をとることでもある。

キエフ　どのようにして結果を出すかは君次第だ。基本となるのは、戦略を立ててそれがうまくいっているかどうかを検証することにある。一〇万ドルか二〇万ドルか知らないが、自分が決めた一日の目標額は達成できているのか。もしできていないのなら計画どおりの結果を出すために何をしなければならないのか。戦略は結果によって決め、詳細は自分で考えるんだ。自分の行動が追跡できれば、目標に沿った行動をとれるようになる。不快感を抑えて特定の目的に集中する状態をやめようとするのは自然な傾向でもある。マスタートレーダーが桁違いの成功を収められるのは、彼らが決めた目標に沿ってトレードし続けるからだと私は思っている。

ポートフォリオの目標に沿って、自分の戦略とポートフォリオサイズをデザインしてみよう。目標は、たとえそれが何かを確認するのが難しくても、明確にしておかなければならない。また、目標設定に対する抵抗感にも気づいてほしい。

ピーター　日々の目標を立てるのはつらい。一カ月のゴールが一〇〇万ドルだということは前にも言ったが、ポジションごとの利益について話せばよいのだろうか。僕はそういう考え方ではなく、「最終的に一五～二〇％の利益を上げる」というつもりでトレードしている。自分のリスク・リワードの見通しも立てている。

キエフ　目標額には達しているのか。

ピーター　うまくいったトレードでは達しているが、間違ったときにはできていない。トレードしている銘柄のひとつは、利益が少し足りなかった。資本をもう少し多く投入すべきだったと思う。

キエフ　それなら次に「利益が足りなくならないために何をする必要があるのか」と「利益が足りないとき、自分に対してどんな言い訳をするのか」を聞きたい。

ピーター　もっと積極的にトレードすることもできるが、今はしていない。自分では下降時の管理は進歩したと思っている。下げてきたときでも必ず勝ちトレードを見つけることができるし、損失管理もうまくやっている。ただ、あるポジションで一カ月に二五万ドルも下げたことは不本意だった。もう手仕舞って、次のトレードに目を向けることにした。

キエフ　君と一〇〇万ドルの利益の間にあるのは何だと思うか。

ピーター　打率は悪くないのだから、大きな賭けをもっと頻繁に行うべきだと思う。良い例がある。今朝、マーケットは上げているのに長期で保有していた銘柄が下げていた。今日この会社からある発表があって、僕はそれがプラスの材料だと思ったからこれまでの二万五〇〇〇株に加えて五〇〇〇株買った。でも、それ以上積極的にいこうとは思わなかった。

キエフ　これが最近のトレードの特徴で、それが一〇〇万ドルを割る結果につながっているのではないか。強みがあるときはできるだけ大きくトレードするのではなかったのか。本当に一カ月で一〇〇万ドルの利益を上げる計画はできているのか。

ピーター　一カ月に一〇〇万ドルというのは、僕のチームに配分された資本から見れば積極的な数字だということは最初から分かっていた。僕のトレードスタイルから見ても大きな目標だ。これは五〇～六〇％のリターンを上げないと達成できないが、僕が運用しているファンダメンタルファンドにとってこのリターン率はかなり大きい。でも、一〇〇万ドルを上げられないのは不本意かと聞かれればそのとおりだ。できれば達成したいし、できるとも思う。つまり良いゴールなんだ。

キエフ　でもそのためにコミットしているか。この数字を上げるためにすべきことをしているのか。

ピーター　していると思う。必要な銘柄は大きくしているし、運用したい銘柄数もきちんと管理している。

キエフ　振り返ってみて一〇〇万ドルに達するためにできたことはなかったか。もしかしたらいくつかのポジションを少し大きくして、少し積極的になるだけでよかったのかもしれない。

ピーター　それをするとボラティリティも上がってしまう。今週知ったのだが、ボラティリティが上がりすぎると、資金が引き揚げられてしまう。

キエフ　それならこれは非現実的なゴールではないか。ほかにやり方はないのか。

ピーター　やり方はあると思うし、常に向上しようと努力しているつもりだ。

キエフ　どう「向上」するのか。

ピーター　もっと良いトレードを見つけようとしている。自分のポートフォリオのなかで本当に良いと思えるトレードは一〇程度しかなくて、ほかの三〇はまあまあからぎりぎりといったところだ。でも、リスクマネジメントを考えたらポートフォリオに組み入れなければならない。気に入った一〇だけではやっていけない。このこともあって、ほかの人にアイデアやリサーチの面で手伝ってもらっている。そうすれば、良いトレードを一〇ではなく三〇にすることもできると思う。

キエフ　なぜこの質問をしたのか分かるか。もし一〇〇万ドルのゴールを掲げたのにポートフォリオ内のポジションや一定期間の利益目標がそれに見合う額になっていなければ、確実に儲かると思う分を大きくしたり、見込みのないポジションや以前ほど確かではないポジション（特に仕掛けたときよりリスク・リワードが悪化しているもの）を手仕舞ってもう少しリスクをとるべきだろう。もう少しよく調べて、きっかけの出来事についても理解を深めてほしい。それがゴールを設定する理由だし、そうすれば「一〇〇万ドルは可能だと思うが、それにはリスクを増やす必要がある。でもリスクを増やすべきかの判断がつかないので今月はゴールを目指さないことにした」と言うこともできる。行動すべき時期を認識し、その判断に責任を持つということは良いことだ。私が言っているのは、どのくらい大きなゴールを設定すべきかとか、どうやってその利益を上げるべきかということではなく、結果をコミットするとどういうことが起こるかを知ってほしいだけだ。君には自分が設定したゴールに見合うパフォーマンスを上げるために何をすべきかについてもっとよく考えてほしい。それは、もっとリスクをとることかもしれないし、ボラティリティに耐えることかもしれない。もしそれでもうまくいかなければ、さらに調べを進めて自分で選んだトレードにもっと確信が持てるようにすべきなのかもしれない。この話し合いの目的は、君のトレーディングの仕方に注目し、結果にもっと責任が持てるようにすることにある。そして、それを可能にするために、すべきことがある。

ピーター　それはあえて失敗するタイプの考え方だ。自分自身を達成するのが難しいゴールという居心地の悪い状態に押し込んでいる。

キエフ　私ならあえて成功するタイプと呼ぶ。成功確率を高めるよう最大限コントロールしようとすることと言ってもよい。確実にうまくいきそうなトレード、つまりとても自信のあるアイデアを持っているか。

ピーター　持っているし、可能なかぎり最大にしている。いずれにしてもそれが僕のトレードの仕方だ。今ももっと大きくする理由を探し、それに合わせてエクスポージャーを調整している。

キエフ　ゴールが大きすぎるのかもしれない。達成可能なゴールは何か。

ピーター　五〇万ドルなら大丈夫だが、本当に一〇〇万を目指したい。これに全力を尽くすつもりだ。

キエフ　全力を尽くすというのなら、必要なリスクをとるつもりか。君が言っているのは、全力を尽くすつもりだが資金が減らされるのはいやだからボラティリティにさらされたくはないということではないか。一〇〇万ドルの利益は宣言しただけでは上がらない。行動しなければ実現しないんだ。もし気が進まないのなら、絶対に自信のある数字から始めるべきだろう。そうすれば、五〇万ドルを宣言して五〇万ドルを達成できる力があることを証明できる。そして五〇万ドルを達成する方法が分かれば、次は七五万ドルを目指すことができる。このようにして自信をつけていけば、仕事のスケールも大きくなる。深さ一五〇センチメートルのところで泳げるようになったら、次は二メートルのところに行けるのと同じように、X程度のボラティリティに対応できるようになれば、もっと上のレベルだって試すことができる。

ピーター　これまででもっとも働いたような気がするし、これまでで一番コミットしている。

毎晩家でも二時間仕事をしていて、自分でも本当に頑張っていると思う。

キエフ　一〇〇万ドルの利益を上げることに関して何をためらってしまうのか。

ピーター　もっと質の高いトレードがしたいということだと思う。その方法は一晩で分かるようなことではない。質が高いと思えるアイデアを見つけるだけで三日はかかるのに、それをどうやって一〇、二〇、三〇と増やしていけばよいのか。リサーチやアイデアに周りの助けを借りるのもひとつの方法かもしれない。

キエフ　いくらなら達成できるのか。

ピーター　五〇〇〇万ドルの資金があれば、二〇％の利益を上げる自信はある。これなら年間一〇〇〇万ドルになる。一カ月に直せば八二万五〇〇〇ドルだ。

キエフ　それならできるのか。

ピーター　半分よりかなり少ない資本でそれをずっとやってきた。平均すれば、資金の三〇％程度しか使ってこなかったと思う。

キエフ　もしそれを五〇％にすれば八〇万ドルの利益を上げられるのか。

ピーター　できる。

キエフ　それならたぶん妥当なゴールだろう。一〇〇万ドルを目指しているわけではないが、フラストレーションが溜まるサイズでもない。でも、これならゴールを達成するためにどうトレードすべきかを学ぶことができる。ゴール達成のためにコミットすることの妥当性が分かっただろうか。

ピーター　分かった。今、必要なのは進度を追跡していくためのシステムだ。要するにいつも何が足りなくて、何ができているかを理解することが重要なのだと思う。

キエフ　それもあるが、君が一〇〇万ドルのゴールを達成できないのはボラティリティを避けたいからだと言った。つまり、君に本当に必要なのは、ボラティリティが高まっても落ち着いていられるようになることだ。どうすればそうなれるのだろう。この対話の目的はそれを見つけることにある。ただ、一〇〇万ドルの利益が特にすごいということではなく、目的はこれを達成するためにすべきことを検証することにある。夢のような数字ではなく、自分の手法について考えさせてくれるゴール設定には価値がある。もし自分のゴールを変えたくなければ、一〇〇万ドルを達成するためにそれまでやってきたことのどこかを変えなければならない。言い換えれば、五〇万ドルができるなら、それを一〇〇万にするためには何を変えればよいのかということでもある。

対話のなかでも述べているように、戦略構築の大部分は正しい質問をすることであり、たぶんもっとも効き目のある（そしてもっとも単純な）質問は「何が足りないのか」だろう。

準備段階やパフォーマンスやアナリストが提示した複雑なデータに対する理解において足りないのは何なのか。自分だけに発見できることで、いずれウォール街で必要になることはないか。

自分の可能性だけでなく、マーケットのチャンスを発見するためにも、自分の戦略に穴がないかを調べなければならない。その意味では、マスタリーは姿勢であり、自分自身と自分のトレーディングアプローチに隠れた驚くべき可能性を明かすための一連の過程でもある。ただ、マスタリーのトレーディングに魔法の公式があると言っているわけではない。それどころか、二人のトレーダーにとっての答えが同じになることはけっしてないし、ひとりのトレーダーでも別のトレードには別の答えがある。それよりも、トレーディングにおいて良い結果と経験を生むために自分の戦略に欠けていることや自分のアプローチのなかの矛盾を探すことが、マスタリーの教訓なのである。

さらに深く掘り下げる

マスタリーは、生まれつき持っている能力と、学習した能力にマスタリーを会得するための努力を組み合わせた結果とも言える。マスタリーをはぐくむためのコミットメントを維持するためには、深く掘り下げること、創造的なアイデア、そして自分を支えてくれるネットワークの構築が必要になる。

マスタートレーダーは、トレーディングのときに何をしているのだろう。彼らは週末にはトレードする銘柄のリストを作り、会社ではトレードの動きを追跡する。また、それまでの調査と実際の動きを比較して、なぜ今、その状態になっているのか、あるいはなぜ期待に反した動きになっているのかについて理由を解明する。マスタートレーダーは、ファンダメンタルを検証し考慮しているだけでなく、マーケットの原動力とそれが株価に与える影響も観察している。

ケーススタディ――データの発掘

さらにデータを集めて独自のアイデアを生み出すための過程を構築するために、現在やっている通常ステップ以外に何ができるのだろう。何らかの強みを得るために、会社やアナリストに何を求めたらよいのだろう。自分だけが知っていることが何かないだろうか。データの独自性はいつごろから失われ始めるのだろう。

これらの課題を探求するため、あるポートフォリオマネジャーと交わした次の会話を紹介しよう。ここでは結果についての展望を広げるために、新たな視点を作るというテーマで話をしている。筆者はこのポートフォリオマネジャーに通常とは違った企業分析を勧めた。また、体系的かつ効率的にデータを探してみんなより先に発見し、先行するために、新しいデータの発掘方法を考えることも促した。われわれは彼のトレードや新しい可能性を開いてくれるかもしれない会社を検証するために、新たな見通しを広げることについても話し合った。

キエフ　君は今、楽な状態にいるが、その先に行くためには何が必要か。どうすれば、これまでの二倍の働きができるか。目標額として一〇〇万ドルを掲げたらどうなるか。今やっていることには何が欠けているか。

モート　同じ資金の額なら、大きく賭ければ大きく儲かると分かっているアイデアのほうが興奮する。わくわくするのが好きなんだ。

キエフ　それは最近のことか。

モート　昔からそうだ。ひとつのポジションで七五万ドル儲かると思ったときのわくわく感だ。

キエフ　どうすれば自分がそのゾーンあるいは領域に達するのかは分かっているのか。

モート　ポジションを見れば、これは絶対に興奮するトレードになると分かるような気がする。そういうトレードについては、「やるべきことはやったし、どのような展開になるかも分かっている。自信があるから大きく賭けよう」と言うことができる。

キエフ　そう言いきれることはどのくらいあるのか。

モート　一カ月に二回くらいだ。結局これは昔ほど攻撃的にならないということだと思う。

キエフ　特定のトレードに関してそう思うのか。

モート　アイデアとスタイルに関してそう思う。リスクをとるのが怖いわけではないが、四〇万ドル上げたあと四〇万ドル下げるような日は避けたい。こういうボラティリティを見るとリスクマネジャーから電話があって、エクスポージャーを下げなくてはならなくなる。社内的には、自分の行動に対して上の人たちの信頼を得ておかなければならない。ただ、それでも大きなトレードはしたい。

キエフ　今は全額を賭けたりはしないのか。

モート　例えば四〇万ドルは僕が運用しているポートフォリオの大きさから言えば、ある程度のサイズと言える。毎日これほどのスイングがあるわけではないし、あってもアイデアが追いつかない。

キエフ　今は一カ月に二日程度あるとして、何日くらいまでなら対応できるのか。

モート　もし一週間に二回あれば素晴らしいと思う。そのときは中心的なトレードにもっと集中して、それ以外はやめるべきだろう。

キエフ　そうすることができれば、もっとはっきりと物事が見えるようになるのではないか。

モート　そう思う。これは映画で最初の二〇分を見れば終わりが想像できるのと似ている。仕事が終わったときのテンションはかなり低い。ものすごく道をはずさないかぎり、結局どこで終わるかは分かる。

キエフ　それならどうすればもっと頻繁に興奮できるのか。

モート　それは、要するにどれだけたくさん良い考えが浮かぶかということで、僕はこれをアイデアの速度と呼んでいる。

キエフ　ここでも自分が知らないことを知らないレベルの話になっている。予想もしなかった状態で出合うことのなかには、それが起こることすら知らなかったこともある。株についてそれまで知っていた以上のことに出合い、知らなかった以上に知らないことがあることに気づく。この予想を超えたゾーンに踏み込むと、現実のある一面が突然目の前に現れてこないか。

モート　自分の考えとまったく違うデータを見せられたときなどがそうかもしれない。

キエフ　君が言っているのは、映画の展開が想像できるように、何らかの方法で物事をはっきりと理解できるということだろう。生のデータ以上のものが見え、テーマがどのように展開していくかが見えている。同じデータを持っていても、ほかの人には見えない真実の一部が君には見えているが、そのことを君は知らなかった。

モート　最初は自分にそれが見えるとは思っていなかった。銘柄を見て気づいたとしても、自分のストーリーの枠組みとなるデータを選ぶ作業を終えるまで、それが正しかったことは分からない。

キエフ　君は映画を見るときデータに基づいた見方をするのか、それとも見ているうちにさまざまな要素が融合して最初に予想もしなかった新たな洞察や新しいデータ構造が突然ひらめくのか。

モート　映画はデータの結論で、間違いのない事実だ。

キエフ　何か特別なものが見えているのか。データを検証することで現在のトレードに使っている以上の何かが生まれたのか。

モート　生まれた。調べを進めてもっとデータを手に入れることで、自信を得ることができ、それがサイズにも影響する。だれも注目していない出来事があれば、だれもトレードしていないので僕が先行できる。だれも手を出していないが、エンディングの予想から何かが期待できるような気がする。映画の途中まで見ればエンディングを確信できるだけの十分な感覚をつかむことができる。

キエフ　それが、われわれが何とかしてたどり着きたい領域だ。

モート　僕はたくさん質問をする。電話会議の前には経営陣に聞く質問を七つか八つ用意する。このなかのどれが重要データにつながるのかは分からないが、経験上どれも大事な質問だと思っている。もしここから良い投資のアイデアが見つかるとすれば、それはこれらの質問を掘り下げることで何かを学べるからだろう。同じ課題に対して新しい質問を見つけることができるようになれば、勝率や利益を上げられるのではないか。

キエフ　アイデアやデータを探すときは広範囲の課題をカバーし、もともとのアイデアやセンチメントの変化や企業戦略の変更や業績不振などもろもろの事態を十分受け止められる大きなネットを張っておくため、質問のテンプレートを準備することが重要になる。最終結果は結局予期しないものになるかもしれないが、自分の手法を発展させて独自の異なった視点を見つける可能性を高めておけば、ウォール街のだれより先にそのトレードを仕掛けることができる。

モート　僕もそうしたいと思っている。聞くべき質問から逆算して新たに聞くべきことを知りたい。

モートとの対話には、マスタリーに関する重要テーマがいくつか含まれている。

●トレードを見直すことの重要性は、損益の理由を知ることでそのトレード経験から学べることと、戦略のどの要素を繰り返したり修正したり改善したりすればよいかを理解できることにある

●自分が知らないことについて知らないということを学ぶ。これは、さらに上のレベルを目指してトレーディングについてこれまで知らなかったことを学んだり、これまでとは違った方向に進んで自分自身やトレーディングの世界について新しい発見をしたりすることを意味している。居心地の悪いゾーンに踏み込むことで学ぶことと言ってもよいだろう

●このゾーンでは、可能性を追求したトレーディングの領域から発展した高尚なマスタリーの

感覚を経験できるため、そこでトレードするのがどんな感じかを発見する

●トレードを始める前に、そのシナリオを視覚イメージでリハーサルできる力をつける

これらのことに加えて、マスタートレーダーはアナリストやほかのトレーダーの話から、相手がどの程度の確信を持っているかを聞き分ける。マスターは、アナリストがどのくらいウォール街の雰囲気（セルサイドのアナリストの発言や勧めようとしていること）をつかんでいるかに興味がある。彼は相手の自信のほどを読み取り、事前に準備しておいた戦略の予想に基づいてトレードを仕掛ける。もし期待どおりに株価が動かなければ、戦略を変更するが、いずれにしても戦略は必ず前もって用意しておき、新しいデータを入手すればそれに合わせて調整していく。

言い換えれば、マスタートレーダーは、自分が設定したゴールを達成するために必要な作業を行っていく。彼は必要な情報を得るために、掘り下げて未知の要素を見つけることを恐れない。そして、前進し続ける。

認知的不協和に対処する

勝つための戦略を構築するためには新しいデータの発見が必須だが、このことが認知的不協

和という心理状態を招くことも多い。ここは、この状態に慣れてしまうことが賢明だと思う。これはマスタリーというパッケージの一部だと思ってほしい。認知的不協和というのは、すでに知っていることや信じていることと、新しく発見した情報や解釈の違いに対して感じる不快感のことで、これまで信じてきたことを覆すようなデータが示されて認知機能が混乱したときなどに起こる。二つの異なる視点を調和させることが難しいと、このような不快感が生じることになる。

しかし、認知的不協和を経験し、認識し、理解して受け入れると、新しい視点に対してそれまでよりオープンになることができる。コーチがマスタリーを教える過程で、生徒であるトレーダーの信念と「現実」の間に知的な楔を埋め込むとき、ある程度の不協和は役に立つのである。

コンセンサスの外で生まれたアイデアは、コンセンサスに向かって動き始める。合理化という力によってコンセンサス外で生まれたアイデアも少しずつ正当化され、多くの人に知られるようになると容認されたり受け入れやすくなったりしていく。データが時間とともに劣化する理由はここにある。洞察を正当化する人が増えれば、認知的不協和は減る。つまり、時間がたてばこの過程にかかわってくる人が増え、彼らはそのアイデアに投資せざるを得なくなる。

マスタートレーダーはこの流れを理解して、その外側に自分を置いている。そして認知的不協和の流れを観察し、それが働いているところで利益を上げる。彼は安定した立場をとらず、コンセンサスにも参加しないが、ほかの人たちが自分を納得させながら間違った理由でポジションをとることは理解している。また、彼の周りにはたくさんのアナリストやポートフォリオマネジャーがいて、アイデアを提供している。しかし、それ以上に彼らは大衆の視点やトレードを教えてくれる存在でもある。マスターもときには彼らから影響を受けることがあるが、そこからは自力で抜け出さなければならない。

ケーススタディ――認知的不協和を探す

認知的不協和に効率的に対処するためには、いくつかの要素が必要になる。このなかには、データを深く掘り下げる力、良いアイデアを構成する要素を判別する力、アイデアのネットワークを構築する力、矛盾点や株価に影響する変化に対処するための異なった視点を見つける力などが含まれている。あるアイデアを行動に移すことが可能かどうかはさまざまな要素によって毎日変化しているため、マーケットの動きやセンチメントに合わせてアイデアを毎日検証することがもっとも重要になる。アイデアの価値の変化と言えば、テクノロジーアナリストとポートフォリオマネジャーのグループで話し合ったときのことを思い出す。

この話し合いでは、特定の手法に注目しながら株を評価しているときのアナリストの思考過程がテーマになっている。これは、コンセンサスに至る前のオリジナルのアイデアを探すよう促すもので、アイデアを発展させるときにアナリストやポートフォリオマネジャーが何に頼るのかをはっきりと示している。また、自分が知らないということを知らない未知の領域に、もっと楽に対処できるようになる方法も提示している。

この対話からは、手法を持っていれば認知的不協和をうまく許容できるようになることが分かる。また、この会話からは優れたアナリストが企業のスクリーニングをするときに用いるテーマの概要も見ることができるし、この過程が普通の投資家が考えるよりはるかに複雑なものであることも分かる。

キエフ　企業を検証するときに、ファンダメンタルやビジネスモデルや予想収益や成長力を考慮するか。

ジョン　企業価値を左右するすべての要素を考慮する。

キエフ　それはマーケットの状態とそのときのセンチメントに基づいて行うのか。

ジョン　アイデアの質だ。

キエフ　良いアイデアが毎週変わることがなぜ分かるのか。それとも、マーケットを観察するときに使うフィルターによって変わるのか。

ジョン　これはダイナミックアセスメントだから、単体ではできないし、教科書どおりにもいかない。マーケットというレンズを通して見れば、マーケットの感覚でデータを処理することができる。これは難問だし、大きな問題だし、検証も難しいが、どうすればよいかは分かっている。これに特化すればいいんだ。とても多岐にわたっているが、だれかが調べてその銘柄の天才になって、一日中、画面の前でその動きを観察しなければいけない。

キエフ　良いアイデアの特徴をいくつか教えてほしい。

ジョン　それは日々変わっている。アイデアはダイナミックなもので、それが行動に移せるかどうかはマーケット自体やマーケットと世界の動きによって毎日変わっている。だから、トレーダーは自分のアイデアを変化に合わせて取り入れたり見直したりし続けなくてはならない。

キエフ　つまり、特定の企業の状況をマーケットの流れに合わせて理解しようとするダイナミックなプロセスということか。

ジョン　そのとおりだ。

キエフ　これはどのくらい難しいのか。

ジョン　コンセンサスを得られない型破りのアイデアを探さなければならないので、非常にやりにくい。

ゲイブ　賛成だ。

キエフ　ほかのアナリストと話して彼らのデータや見方にも頼ることはどのくらいあるのか。

ゲイブ　アナリストは特定の件についてはよく知っているかもしれないが、おそらく別の会社に関しては僕のほうが多く知っている。僕は、アナリストはみんないくつかの会社を持っているようなものだと考えている。彼らは自分の会社についてはすべて知っている。僕は自分がもっともよく分かっている会社がどれかを見極めようとしている。これは自分自身に正直になって、「何が起こっているのかを本当に理解しているのか、それとも理解していると自分に言い聞かせているだけなのか」と問いかけることでもある。また、ほかにだれがその会社について知っているかや、だれがその会社に強いかも考える。西海岸にいる友人に、彼がよく知っている半導体メーカーについて聞くこともある。このように、自分で調べなくてもだれかに頼ればすむこともある。セルサイドとバイサイドそれぞれに強みを持った人を探し、自分の知識と付き合わせるようにしている。

キエフ　これはだれにでもできることか。アマチュア投資家に同じことができるか、それとも人材がないから無理か。

ゲイブ　努力次第だと思う。起こっていることの全体像を把握している企業の中間管理職レベルにコンタクト先を作らなければならない。だれにでもできることだが、そのための努力は必要になる。

キエフ　良いアイデアの例を挙げてほしい。

ゲイブ　マーケットが気づいていないユニークなものや、ほかとは違う何かを見つけることだ。株価に影響を与える行動可能な要素で、マーケットがまだ認識していないことを探すとよい。

キエフ　ほかとは異なる視点ということだね。それが実現するとかなり影響があるため、株の動きに影響を与えそうなことを早めに知ることと言ってもよい。それが世界中に知られるようになったころには、もう過去のものになっている。

ゲイブ　そのとおり。ウォール街がまだ知らないことと考えたほうがよいかもしれない。

キエフ　それは企業と話をするから分かるのか。

ゲイブ　そうだ。社員や再販業者や納入業者と話をするから分かる。例えば、ある会社が再販業者と弱気な契約をしたら、その理由を考える。

キエフ　するとそれが良い空売りのアイデアになるかもしれない。

ゲイブ　そうだ。彼らは自分たちの弱みを絶対に見せないようにすることが仕事だから、「わが社こそ最高の製品を誇っている」としか言わないが、本当にそうなのかは自分で調べないといけない。彼らが何と言おうと競合相手を調べ、もし同じ業界に三社あればもっとも勝率が高い会社を探す。彼らはみんな自分が一番だというが、それを信じるのが最善策というわけでは必ずしもない。それよりも、定期的に話し合いを続けていればわずかな変化をつかむことができる。

キエフ　それは企業と話をするためにも、セルサイドの言い分をつかむためにも、知っておかなければならない。

ゲイブ　それにウォール街の言い分も。

キエフ　テクノロジーの内容も理解しておく必要があると思うか。

ゲイブ　ビジネス上の根本的な問題を理解することのほうが大事だと思う。

キエフ　このことと、異なった視点がアイデアを生む速さに関係していることをマスタリーに至る過程の一部に加えておこう。アイデアを重視するかどうかでトレーダー同士の差がつくと考えているトレーダーもいるが、君はマスタリーとどこにでもいる普通のトレーダーの違いは何だと思うか。

マーティー　アイデアを生む速さだと思う。マスタリーの能力のひとつは、行動していてもいなくても常に良いアイデアの在庫を持っていることだと思う。マスタートレーダーはアイデアを試し、もしそれがうまくいかなかったり動きが気に入らなかったりすればさっさと終わらせる。でも、彼には次の良いアイデアを出してくれる人がいるため、別のアイデアにすぐ移行できる。また、常に自信のあるアイデアを持っているため、それらを回転させて使うこともできる。これは大きな強みだ。期間が長めのファンドでは、あるトレードを仕掛けたら六カ月待つなどということもある。

キエフ　大事なのは量ということか。

マーティー　そうだ。あと、マスタートレーダーは必要に応じてポートフォリオをすっかり入れ替えて新しい発見することもできる。

キエフ　一般的に言って良いアイデアの特徴は何か。もし良いアイデアだと思うものがあったときはどこに注目するか。

マーティー　強みがあるほうが良い。これは株価に影響のあることでまだ広まっていないか、みんなに理解されていない調査やデータのことを指す。もしほかの人にも有益なことが分かっているデータがあれば、それは強みになるし、ほかの人がまだそれを知らないことが分かっていれば、それは強みになる。そういうものが見つかれば、それは良いアイデアと言える。僕は常に良いアイデアとはビジネスのファンダメンタルを理解することだと言ってきた。例えば、空売りをしたいなら次のことに注目する。

●最低限の収益成長
●ピーク時、安定期、下降期における業界のトレンド
●低水準または下降するＲＯＥ（株主資本利益率）
●収益の質の低さ
●低水準または最低キャッシュフロー水準
●コンセンサスの積極的な期待
●高水準または増加するレバレッジ

いつポジションを建てていつ手仕舞いたいかは分かっている。われわれの仕事は資本配分で、収益モデルを調べて感触が良ければ投資したり空売りしたりする自信が得られる。もし財務諸

表が明快でないためモデル化できない場合でも、それはそれで警告サインになる。おそらくほかの人にも理解できないため、この会社で起こっていることはだれにも分からないということになる。

キエフ　みんな良いアイデアと強みと異なった視点が必要だというが、何がその基本となるのか。それが分かることにどうやって気づき、どうやってそこに行くのか。この過程を経たあとは、それまで想像もしなかったようなことが見えてくるようになるというのなら、これを体系的に実行すれば驚くべき結果が得られることになる。

マーティー　僕は、追跡できる独立したデータがほしいし、いつでもそのことを重視している。経営陣の話は情報が遅いこともあるので聞くつもりはない。それよりも「彼らがウォール街に対して言っていることを裏付けるか対抗する独立したデータはないか」と考える。これは業界やコンサルタントのデータかもしれないし、商品価格（例えばマイクロンチップの価格）や格付けの見直し（センチメントを変えるきっかけになり得る）かもしれない。また、予想収益が今後どうなるのかも関係してくる。

キエフ　感情はどうか。

マーティー　感情はコントロールしなければならないし、夢中になってはいけないし、事前に作戦を練っておかなければならない。ビジネスでは世界の頂点に立ったような気分になったり、落ち込んだりするジェットコースターのような展開になりやすい。だれでも経験することで、それが普通だ。

キエフ　何かが素晴らしくうまくいって気分が良い日は、そのあとトレードの仕方を変えるのか、それともやめてしまうのか。満足感は高まるのか。

マーティー　僕の場合、うまくいっているときは、その感覚を分類する。以前のトレードを思い返し、あのときはもっと儲けたかったからもっと集中したとか、三〇万ドルの利益が上げられるならそれをどうすれば五〇万ドルにできるか考えた、などと記憶をたどっていく。大きなトレードが一件できたからといって、「ＯＫ、あとはエクスポージャーを減らして今月はおしまいにしよう」と言うつもりはない。

キエフ　君は大きなトレードをすると、さらに調子を上げるより気が緩むタイプか。

マーティー　集中力は保つようにしている。それに、来年に向けてすべきことは分かっている。ただ、大きなトレードを手仕舞わなければいけない日は、ついストップポイントばかり見てしまい、最終的にはかなりの利益を上げていてもほかの仕事があまり片付かない。来年は手仕舞うと決めた価格に自信を持って、それ以上迷わないようにしたい。いくつかの大きなポジションを持ってそれに集中することが、僕には必要だということが分かってきた。そうすれば、正しいゾーンのなかにいることができる。何かを見逃したりするのは、たいてい小さなトレードをたくさん抱えているときで、そういうときは実は集中できていない。無理にでも最善だと思うアイデアを選んで大きくすれば、もしそれが失敗でも、ポートフォリオのそれ以外では間違わないですむ。

今回参加してくれたトレーダーの話からも分かるとおり、マーケットにはさまざまなアプローチの仕方がある。また、マーティーのようにマスタートレーダーになっても成長を続けるためには、感情や過去の経験を基にして自分のアプローチを常に調整するなど、相当の注意を払うことが重要になる。彼も指摘していたが、マスタートレーダーだっていつもマーケットの変動と格闘し、損失を減らすことで利益率が最大になるよう努力している。これは楽しい作業ではないし、下げているのに買ってしまうような「バカな」間違いをして苦しい思いをすることもある。

マスタリーは、ストレスや認知的不協和の意味を解明することと、それを創造的に利用して具体的なポジションにつなげていったり、ポジションに関する作戦を立てたり（例えばマーケットリスクのヘッジ目的でS&P先物を売買するなど）することの両方を学ぶことでもある。さらに、ポジションを手仕舞って損失を小さく抑え、チャンスが来たら再びトレードを再開するため忍耐強く待つことでもある。

知識や確実なこと（ファンダメンタル分析の内容など）に頼りすぎて直感やマーケットの動

きを十分読んでいないと、問題に突き当たる可能性が高い。マスタートレーダーは、自分の判断に影響を与えそうな相反する力のバランスをとろうとする。マスタリーとは、信念であり、知性と直感をブレンドして不確実性を乗り切る能力でもある。

マスターは必要なら自分を無にすることもできる。現実を検証するとき、自我をもっとも小さく抑えられるのが彼らなのだ。そして投資先に関する知識をひけらかしたり、過去のパフォーマンスに対するプライドに縛られたりすることもない。自信があってもできるかぎりの準備を整え、できるかぎりはっきりと（自尊心というゆがんだレンズを通してではなく）見ようとする姿勢が深い理解につながっていく。また、相手の状態やマーケットの状態の本質をつかむ感性も重視している。マスターは、マーケットと株価はその銘柄についてみんなが信じていることが具体化したものだととらえているが、彼自身は株価の意味に関して中立の立場をとり続けている。そして、株価にもそれに対する自分の感情にも固執していない。

異なる視点を育てる

ここでは、前に言葉だけ紹介した「異なった視点」というマスタリーの別の一面について説明しておく。異なった視点というのは、株や企業に関してまだだれも知らないことを発見することで生まれた独自の見方、つまり大部分の投資家の見方と反する視点ということになる。例えば、みんながある銘柄の価値は二五ドルだと考えているとする。ところがこの会社についてよく調べてみると、予想ほどの収益は期待できないため、株価は下がると考えるようになったとする。そうなると、自分の異なった視点を支える材料があるおかげで、二五ドルで空売りして、下がってから（例えば二〇ドルになったら）買い戻して差額を得ることができる。これは、みんながこの銘柄が下がることに気づいて同じことを始める前に、戦略を立てることができたことになる。このように、異なった視点を持てば、みんなが失敗に気づいて反応し始める前に行動を起こすことができるのである。

未知のものに対処するのは不安なため、群衆はこのようなトレードはしない。ほとんどの人はコンセンサスに沿ったトレードに従い、ほかの人と同じ行動をとる。しかし、マスタートレーダーは企業に関するより優れた分析や理解によって、みんなより早く情報をつかんでいるため、群衆とは反対の行動をとろうとする。

マスタートレーダーは、心地よいところにいたいという気持ちを振り払って、群衆の先を行く。そして、不協和に耐えて行動可能なデータをだれよりも早く手に入れる。

ケーススタディ１――異なった視点を育てる

筆者がトレーダーに対して行うことの大部分は、新しい思考パターンを育てるために未知の領域に踏み込むよう促すことに関連している。コーチングの目的は、新たな視点でデータやアイデアを見させてそれまで見えなかった関連付けができるようにすることにある。

次の対話を読むと、トレーダーが箱の外で考えることで異なった視点をはぐくむために筆者がしていることが分かる。この試みの大部分は、彼らのアイデアとコンセンサスの見方を差別化させることに費やしている。筆者は、彼らを群衆に先んじることに慣れさせ、彼らのアイデアがどの程度実現可能かを検証させ、彼らの自信に見合ったポジションサイズを決める手助けをしている。

キエフ　十分大きな目標を設定するということは、ポジションを大きくするために自信のレベルも上げなくてはならないということになる。結果にコミットすると、それを果たすためには現在自分の手順に何が欠けているかを探さなければならなくなる。言い換えれば、もしXという要素を探し当てるという約束を受け入れれば、おそらくそれを探し当てることができるだろう。違いを知るための質問をすると、それまで存在すら知らなかった何かを発見することができる。なぜこのトレードはうまくいったのか。なぜあれはうまくいかなかったのか。もし何が分かっていれば、もっと大きいトレードにするための準備ができたのか。この過程は、どのレベルのトレーディングマスタリーを目指すかを決めることから始め、今は見えていない道を探すことにつなげていく。しかし、それはどうやって見つけるのか。もっと知っておくべきことはなかったのか。自分のテーマに欠けているものは何か。ほかにどんなデータがあれば、もっと明快で確かでトレードの仕方に自信が持てるようになるか。

トム　僕はファンダメンタルの視点から考えるようにしている。それには、これまでしたことのない質問が必要になる。以前に聞かなかったのは、その答えが自分がやろうとしていることの役に立つとは思わなかったからだ。一歩下がってこれまでのことを振り返り、正しかったときや間違ったときに何か役に立つことがなかったかと考えてみるとよい。

キエフ　ひとつひとつの状況は少しずつ違うが、ポイントとなるのは理由を理解するためのデータを蓄積することだ。過去のトレードについて考えるときは、なぜそのようになったのかを考える必要がある。自分には何が足りなかったのか、できたのにやらなかったことでこの結果に関係していることがあるか。例えば今日のニューヨーク・タイムズ紙で昨日のトレーディングについて読んでいて、「この発表によって、昨日この銘柄は二ポイント上げたじゃないか」と言いたくなるときもあるだろう。こういうことはデータのなかに入れておくと役に立つ。今日のトレードを大きくする、あるいはそれに備えてくれるような発表がいくつあったか、ほかにも何か起こっていないか、などと考えながらデータベースを拡大していく。データは何も自分自身の経験でなくてもよい。現実の世界の出来事をカタログ化しておいたものでも、あとから見れば本物の説明に見える。

トム　あるいは重要になるとは思わなかったのに、起こってみたら重要だった出来事を見直すのもよい。

キエフ　今日何かが起こって結果が出たのに、その経験から学んだことを使わないで次のトレードに臨んでしまう人が多い。直接でも間接的でも経験から学べば学ぶほどデータやアイデアのテンプレートが増える。そして、機微や違いがよく分かるようになれば、その企業の知識を検証したり新しいデータと比較したりさらに質問したりできるようになる。

トム　Xという要素がマーケットだと想定している人が多い。うまくいくはずのトレードだったのにマーケットが逆に動いた、と何度聞かされたことだろう。

キエフ　もっと注意深くマーケットを観察してXという要素が何だったのかを判断することがカギとなる。それを追跡しておけば、株とその動きをもっとうまく処理できたかもしれない。

トム　なぜそれが起こったかについて理由を探すという点は分かった。一般的に言って、株の動きの原因を特定せずにマーケットのせいにする人は、もともと確信できるほど十分なデータを持っていなかった可能性が高い。もし理由が分かっていれば、「分かった、理由が違っていたんだ」と納得できる。

キエフ　異なった視点は、みんなの見方まで変えてしまうアイデアのことで、どう変わるかはマーケットやセンチメントやそれ以外の要素によって違ってくる。先週の空売り候補が、今週は空売りすべきではなくなっていることもある。そして、次のステップは差別化したアイデアを生むための手法を装備して、そこから異なった視点を育てていくことだ。

トム　最初に評価額を見て、高いのかそれとも安いのかを考える。そして次に、もっとマクロ的な見方をする。
キエフ　そのやり方でいつもうまくいくのか。
トム　うまくいくが、タイミングが難しい。
キエフ　いずれできるようになる。
トム　もしかしたらタイミングだけの問題で、二週間後かもしれないし二カ月後かもしれない。早く仕掛けすぎると、いずれ上がると思っていても痛手を被ることがあるし、仕掛けることすらできないかもしれない。
キエフ　タイミングはどうしたらうまくなるか。
トム　待つことはできる。極端なところのほうが良い仕掛けポイントになる。それを待たなければならない。
キエフ　まだ下げるかもしれないよ。
トム　まだ下げるかもしれないが、とにかく必要としている極端な値には違いない。
キエフ　できれば待って底値で仕掛けるのか。
トム　痛みを避けて、ただ出発する。
キエフ　手法は良いが、タイミングが合わない。極端な底値か天井になるまで待つことでタイミングを向上させることはできるのに、なぜそれをしないのか。我慢ができないのか。

トム　そうなんだ。失敗してしまうような気がする。それなら何もしないで失敗するよりも、何かして失敗したほうがましだと思ってしまう。
キエフ　もし資金が多ければ、その痛みに耐えられるのか。
トム　正直に言うと、僕は何かアイデアを思いつくと、地球上で僕だけがこれを知っている気分になってしまう。そうなると、理論を無視して急激に拡大してしまう。
キエフ　実際より速くみんなに知れわたるような気がするのだろう。マーケットが気づくまでにはもっと時間がかかるとは思えないのか。
トム　研修中に、どんなに良いアイデアでも自分が知ったときにはほかはみんな知っていると思えと教えられたからだと思う。だからいつもそのつもりでやっている。

経験豊富なアナリストでポートフォリオマネジャーを目指しているトムとの会話には、異なった視点を見つけてそれを実行することの大切さがよく表れている。このなかで挙がった重要課題のひとつがタイミングの問題で、トムは忍耐を持ってアイデアを利益につなげる行動の仕方を学ぶ必要があった。そうしないと、トレードするのが早すぎて、異なった視点がウォール街で受け入れられ株価に影響を及ぼす前に仕掛けることになってしまう。

マスタートレーダーは、正しいタイミングになるよう注意を払う。また、タイミングとサイズを間違えずにトレードすれば、利益が最大になるような異なった視点を知らせてくれるきっかけが見つかる。しかし、彼らがこれを楽にやっているのかといえば、それはまったく違う。これにはいくつか理由がある。まず、彼らは独自性の高い最高のアイデアはコンセンサスの外にあるため、非常に不安な気持ちを生むものだということを知っている。しかし、彼はこの不安感を歓迎する。また、このアイデアが具体化して実現するまでの間、気分が浮かないことも知っている。もしうまくいかなければ惨めな気分が続くが、これも将来の成功につながることが分かっているため不安感は乗り切れる。マスタートレーダーは、チャンスを逃したりアナリストからタイムリーに得たデータや確信を生かしたりできないと、自分自身に憤慨する。しかし、このストレスも目の前の過程をこなすことと、マーケットに同調することに全力で集中することによって、やりすごしてしまう。

異なった視点は、いつも簡単に見つかるわけではない。だれでも、周りからはよく分かっている人間に見られたいし、知らないことを認めたくない。異なった視点を見つけるためには、未知のものを探求し、コンセンサス外のアイデアを選ぶことで受ける認知的不協和という不快感に耐えるなどの努力が必要になる。この領域で機能するためには、無知を認め、不確実性に向き合い、科学的または説明的な姿勢で臨み、群衆の先を行かなければならない。

異なった視点を育てていると不安になってくるため、たいていのトレーダーは時間と多少のコーチングによって促されないと、このような考え方ができるようにはならない。特に、賢い人や知性的な人の場合、コンセンサスという支持なしにみんなの逆を行ったり、みんなより早く何かを見つけたりしなければならないこの考え方になじむのが難しいこともある。

マーケットというのはフラストレーションが溜まる。株価変動にはファンダメンタルの要素が欠かせないときもあるが、世界貿易センタービルの爆破やアフガニスタン戦争やイラク戦争などファンダメンタルとはほとんど関係のないマクロの出来事が原因になることもある。また、動く標的に対処することでストレスがたまることもある。特に、示されたデータが的外れだったり、ごく表面的なものだったり、価格変動の過程を理解する役に立たなかったりすると、たとえ正確な数字でもじれったく感じる。また、トレーダー自身が必ずしもこの過程を理解していなかったり、探すべきポイントが理解できていなかったりすると、ますますフラストレーションがたまる。しかし、普通のトレーダーは、マーケットを動かす要素について実は気づいていないことが多い。

特定のマーケットを把握しようとしているときは、トレードに夢中になって、株価変動の順番や振幅や難しい相場などを含むもろもろの出来事に対して感情的になっている可能性が高い。そのうえ、周りは痛みや不確実性や変動に対する緊張に耐えかねて降伏し、次々とポジションを手仕舞っていくかもしれない。しかし、マスターを目指すなら、フラストレーションに耐えて戦い続けることができなければいけない。

ケーススタディ２――異なった視点を育てる

本物のマスターは、たとえコンセンサスとは違っていたり不安があったりしても、オリジナルのアイデアに最先端のデータを組み合わせることができる。独自の考えや常識とは違う考えをするためには、自分の能力に自信を持たなければならない。このことが創造的思考のしるしであり、最終的に成功トレードに転換していく。次は、イーサンというトレーダーの異なった視点に関する見解を聞いてみよう。

イーサン　儲けを上げるためには、みんなの言っていることのどこが間違っているのかが分からなければならない。つまり、常識的な考え方が違うところを見つける必要がある。これには思慮深さと視点が必要だ。批判的な目を持ち、違うと言えるようにならなければいけない。

キエフ　それが異なった視点なのか。

イーサン　そうだ。

キエフ　異なった視点という概念について分かりやすく説明してくれないか。

イーサン　ほかとは違う視点を与えてくれる独自のデータを持つことで、これは強みと言ってもよい。例えば、みんなが「空は青い」と言えば、自分は「空はずっと青いわけではない。グレーになることもある」と言う。するとみんなは「どうしてグレーになると分かるのか」と聞いてくるから「毎晩グレーになる」と答える。すると、「でもわれわれはいつも青いと思う。いつグレーに変わるのか」と聞くので「六時に変わる」と答える。こうなれば、みんなが六時になると空がグレーに変わったということが分かっているから、この空を五時五〇分に空売りすることができる。

キエフ　異なった視点を得ることのどこがマスターの域に達しないとできないほど難しいのか。

イーサン　たいていの人はコンセンサスと同じ思考しかできない。

キエフ　独自の考えを持つのが怖いのか。

イーサン　もしある株価が上がれば、彼らはそれが素晴らしいに違いないと考える。異なった視点とは、目立つ会社は本当はだめだということを認識する能力で、実際にはビジネスが悪いのだから、それをウォール街に持ち込んでも羽ばたきはしない。異なった視点の例はどこにでもある。例えば、倒産した大手エネルギー会社で大きな利益を上げたことがある。まさにぴったりのタイミングだったからだ。この話のどこが異なった視点だったのか分かるか。

キエフ　君はこの企業を信用していなかったと言っていたね。

イーサン　なぜか分かるのか。

キエフ　君は彼らの会計もビジネスモデルも信用していなかったが、みんなは信じていた。このベア相場の難しい局面で、マスタートレーダーは何をするのか。

イーサン　マスターは自分の計画に基づいて準備を整えている。彼らの行動には理由があるし、ボラティリティがないからと言って、ただ座って待っているわけではない。だから僕もすべきことをするし、そのためには積極的に外に出ていく必要がある。世の中には企業のことを理解している人たちがいる。利益を上げるためには、自分がトレードしている企業についてできるかぎり理解しようとしなければならない。家に帰ってからも三時間かけて準備したり、ほうぼうに電話をかけてアイデアを探したり、「どうして病院を保有するんだ、どうしてテクノロジー会社を保有するんだ」などと質問したりする。そうして得たインプットのなかで今日何が起こったか、それはマイナス材料か、それともプラスなのかと考える。探しているものは分かっているし、なぜそれがAよりBで、CよりDなのかも分かっている。ぶっつけ本番はしない。

キエフ　このアプローチを受け入れるためには、内面から変わらないといけないか。

イーサン　マスタートレーダーのもっとも素晴らしい点は、その柔軟性と勤労意欲だ。彼らは展望に基づいて全力を尽くす。普通のトレーダーも大きく儲けるときはあるが、もし退屈だと思えばマーケットが悪いとしてやめて家に帰ってしまう。しかし、マスタートレーダーは席に残ってほかに儲ける方法がないかと考える。

キエフ　これは動機付けの問題か、それとも性格の問題か。

イーサン　動機と構成の問題だと思う。知識や動機や焦点などを構成することは、マスタリーの重要な一部になっている。普通のトレーダーの多くは、（特に難しいマーケットやドローダウンのとき）焦点と構成を見失い、損失を抑えて勝ちトレードを伸ばすという基本戦略からそれてしまう。構成は、知識であり、欲望でもある。

キエフ　本物のマスターではない連中だって儲けたいに決まっている。彼らは怖いのか、それとも気が進まないのか。彼らは異なった視点に基づいたモデルを理解したり見つけたりすることができないと思っているのか。

イーサン　単に楽にすまそうとしているだけだと思う。電話がかかってくるのを待っているほうが楽だし、ある意味始め方が分かっていないから始められないのかもしれない。これは、大学で論文を書かない理由が書くのが怖いからというのと似ている。書き始めが分からないため、とりあえず書いてそれを直すのではなく、ただ座って書くことに対してイライラしている。トレーダーも「どうやって企業に電話すればよいかが分からない。ファーストコール（機関投資家向け情報サービス）の読み方が分からない」などと言いながら、それが高じて行動しないことが習慣になってしまう。そして「僕のせいじゃない、マーケットが悪いんだ」などと言う。一方、マスターなら「これは絶対的なもので、相対的ではない。言い訳はできない。チャンスを見つけよう」と言うだろう。

キエフ　だれにでもできる過程があることを理解していないのか。

イーサン　彼らにそれをさせないようにする障害がある。

キエフ　マスタートレーダーになるためにはやるべきことがある。

イーサン　マスタートレーダーはよく働く。ゴールにも準備にもコミットしている。

キエフ　つまり、マスタリーとは勤労意欲、工夫、強みを探すこと、チャンスを生かす意欲、これまでの行動を見直すこと、そして変化する状況に合わせて自己改革し続けることと言ってよいだろう。

イーサン　マスタートレーダーは周りをよく見て現実と雑音を区別する。

キエフ　現実とは現在の価格で、雑音とは価格に関してみんなが言っていることだ。

イーサン　マスタートレーダーは、そのときもっとも力強いテーマが何かを考える。また、同じ企業にさまざまな視点でアプローチしている人のデータと展望を常に吟味している。

キエフ　つまり、ほかのトレーダーの視点が入手できるかどうかで結果が変わってくるということか。それが問題になることはないのか。

イーサン　マスターは、ポジションを建てるときにほかの人を見る。違うスタイルを探していると、同僚や友人や同業者から一般的な見方についての洞察を得ることもあり、結果として彼らを利用することになる場合もある。

キエフ　ということは、才能のある人たちで周りを固め、彼らに自由にトレードさせてそれを観察するのもマスタリーの形のひとつと言えることになる。彼らのトレードする様子を見れば、マーケットのどの部分、あるいはどのスタイルがうまくいっているのかについて洞察を得ることができる。マスターはだれが長期プレーヤーで、だれが屈服するのかも分かっている。実際、これはトレーディング戦略全体の重要な部分になっている。そして、これが彼のトレーディングの大きな心理的インプットにもなっている。

イーサン　例えば、ファンダメンタルが悪いという理由でみんながその銘柄に対してマイナスの見方をしていても、マーケットのトレンドはプラスに向かっているときもある。でも、異なった視点を持てば、ぎりぎりのところでファンダメンタルはそれ以上悪くならないと考えることもできる。みんなは何らかの行動を起こし、それぞれの理由でポジションを正当化し、突然それが間違っていたことに気づく。そして、マスタートレーダーはそれをじっと見ている。

キエフ　異なった視点とは、ほかの人と違うマーケットの見方をして、それに基づいてトレードすることと言ってよいだろう。

この対話からは、現実と展望を区別することの重要性が分かる。マスタートレーダーは常に実際の企業価値とウォール街における評価価値の両方を調べ、その差を利用したトレードをしようとしている。ウォール街では株を実際の価値より高く評価することもあるが、マスタートレーダーはこの実態と違う価格や解釈を利用して、ウォール街（セルサイドのアナリストやブローカー）がプラスの見方をしている間はこの銘柄を買っていく。そして、この企業が価値を失ったり、ウォール街で言われていたより価値が低いことを示す何らかのニュースや収益発表

が出たりすると、すぐに手仕舞う。彼は、分析によって企業が問題を抱えていることを知っているため、値下がりしている間はこれを空売りすることもできる。

このアプローチでは、その企業にまつわる話やその分析にとらわれないことがカギになる。マスタートレーダーは、実際の価値よりもマーケットがそれをどう見ているかに興味があり、それによってロングとショートのどちらで利益が上がるかを見極めてトレードしようとする。また、彼は価値が上がる（または下がる）と思えば、長期の保有も考える。ただ、それらはトレーディング用の口座ではなくて、長期投資用の口座にとってあることが多い。

このような違いを見抜く能力は、マスタリーの特徴であり、高パフォーマンスを上げるためのカギとなる。人はストレスを抱えていると、うまくできなかったり自信をなくしたりしてこのような知的アービトラージを実行するのが難しくなる。すると安全優先になって、安心感を得られるコンセンサス思考を求めるようになる。

このような意識を構築するためには、リスクをとる能力を高めてくれるツールを手に入れる必要がある。小売業が専門のポートフォリオマネジャーのレニーは、これらのツールを使っていつも観察しているデータを分析している。これは、彼が企業をファンダメンタル的な検証に加えて使っているデータで、トレーディングにかかわっている人のセンチメントやマーケットでの動きや思考過程を測ることもできるようデザインされている。彼は次のような要素を観察している。

●ティッカーシンボル（株式コード）と株価
●ポジションの分類（コアポジション、長期ポジション）
●投資価値
●目標価格の上限
●収益倍率
●同業社の収益倍率
●きっかけの出来事
●最後にその企業と話をした時期
●最後にその企業の取引相手と話をした時期（販売業者、顧客、購読者など）
●次回の発表
●セルサイドのコンセンサス、予想転換点、コメントを評価する材料となるウォール街の格付けの数（「強い買い推奨」「中立」など）。

「それに加えて、シンボル、きっかけ、コンセンサス、バイアスなどを記す日々のシートもつけている」とレニーは言う。「これはウォール街の同業者がどのあたりにいるのかを知るためにつけている。彼らの考えが知りたい。もしみんながロングなら、コンセンサスバイアスはロングということになる。アイデアの頻度（だれかがインスタントメッセージを送ってきたり、セルサイドのセールスマンから連絡がきたりするたびに）も日々のバイアスとして書き留めておく。そうすると、トレードの混雑具合も分かり、そこから何かが起こることを予測できるし、その後の動きやコメントも予想できる。ポートフォリオのリスクをコントロールするためには、このような行動が必要になる。また、群衆がみんな同じようなトレードをしているときに、予定トレードの利益率を測るための手法も積極的に探しておかなければならない。

「そうしていれば、ほどなくしてほかの人たちの思考やトレードの混み具合についての感覚をつかむことができるため、コンセンサスに乗るか、その反対を行くかを判断できる。世界中が空売りだと考えていることが分かれば、あとはどちらのリスクが大きいかを考える。彼らが正しいかもしれないし、群集心理でそろって空売りしたあと、実はそれほど悪くなかったということで上がり始めるかもしれない。世の中の仕組みはこんなものだ。逆張り用バロメーターと言ってもよいだろう」

このような考えが、混み合ったマーケットで強みを持つことにつながっていく。ここでもっとも重要なのは、自分に合ったトレードの仕方をすることだ。自分のパフォーマンスを追跡して自分のスタイルやパターンに関する問題点を知っておけば、すべきことが分かったときに修正していくことができる。これは、マスタリーを目指すうえで非常に実践的かつ強力な方法になる。自分のトレーディングにどのような要素を取り入れたらよいのかを常に自問しておくとよい。必要なのはいわゆる「正しい方法」ではなくて、「自分にとって正しい方法」を探すことなのである。

普通のトレーダー（特に自分で考えないでテープやほかの人の意見に頼るタイプ）は、たいてい異なった視点を持っていない。異なった視点を持つ能力のなかには知性もあるが、それ以外に群衆の外に立って彼らを観察する能力、独自の視点、自信を持って常識にとらわれない考え方ができることなど、言い換えれば創造的思考の特性が必要になる。

結果を測定する

マスタリーには、損切りしたり自分のアイデアやポジションに引きずられたりしてはいけないときなどに自分の直感を信じる能力も含まれている。この能力を育てる方法のひとつとして、結果を測定し、パフォーマンスを追跡することができる。

また、目的達成までにどのくらい時間がかかるかも自問してほしい。このとき、あといくつトレードすればゴールに至るのかや、自分の戦略に沿って行動しているか、なども考慮しなければならない。

結果の測定には、トレードの成果を見直す以上の価値がある。こうすることで、トレーディングに影響を及ぼす要素に対する意識を高められるし、ムードや感情に対する自分の力を理解することもできるため、戦略に従えば正しくありたいという自分勝手な感情に振り回されないですむ。結果を測定すると、頭の中に自分の成功を書き込むことで、自信とはずみをつけたり、失敗から学んだりすることができる。

ケーススタディ――戦略を修正するために結果を測定する

結果を測定する理由のひとつに、目標を達成するためにはトレーディングのどこを修正すべきかを知るためということがある。何が機能して何がしていないかについて、手加減せずに評価しなければならない。自分の手法を過信してはいけない。

特に、マーケットが変化しているときは、利益率を維持するために自分のアプローチも変えていく必要がある。そして、損失の可能性を減らして潜在利益を拡大するため、トレーディングスタイルも修正していかなければならない。

次に紹介するのは第2章で紹介したアーロン（長期のバリュー投資家）との対話の続きで、さまざまな質問をすることがいかに役立つかを示している。

キエフ　調子はどうか。

アーロン　今、感情的になっている。携帯電話会社の株で二〇％以上の利益を出したが、僕が考えたこのアイデアがコンセンサスになりつつある。これからまた動きがありそうだし、勢いは僕のほうに向いているが、マーケットは転換した。押したのは少しだが、利食うべきかそれともこのままポジションを維持するかで迷っている。ゴールを考えれば、20％上げているのだから次の行動に移るべきだと思う。ただ、ここで新たにこの銘柄を買うかと聞かれたら悩むところだ。

キエフ　今月の目標に対してはどういう状態なのか。

アーロン　今月は二～三〇〇万ドル上回っている。現時点の問題は「この銘柄があともう一〇〇万ドル利益を増やしてくれるか」ということなのだが、この銘柄を評価している僕としては、今の二四ドルから三〇ドルには上がると思っている。

キエフ　なぜそう思うのか。

アーロン　マーケットは少し転換したけれど、すでに大きく上げているので、安く買い増しできると思う。僕はいつもこのように自問している。

キエフ　今は月の半ばだが、もしこれが月初でこれから三〇〇万ドルを稼がなければならないとすればどうするか。

アーロン　やはりファンダメンタルと仕掛けたときの価格を考慮する。月初の株価は二一ドルだったが、月末には三〇ドルになると思う。もしそうなったら、最後の二ドルはほかの人に譲って二八ドルで売り始める。今日は二四ドルまでギャップアップしたが、今は少し下げている。この銘柄は二週間で二〇％上昇したが、僕にとっては大きなポジションなので上昇幅のどこまで取るかということと、適正なサイズを決めなければならない。
キエフ　今月二度目の二〇〇万ドルをどのくらい本気で得ようとしているかが問題ではないか。
アーロン　それはどうしたら分かるのか、何を調べればよいのか。
キエフ　判断材料になる何を知っているのか。
アーロン　月初と比べて何か追加情報はあったのか。情報のランクを上げなくてはいけないのか。
キエフ　何週間かあとに株価を押し上げる要因があるのか。
アーロン　月初に分かっていたこと以上の情報はない。でもそのときから三〇ドルまで上がると思っていた。
キエフ　今もそう思っているのか。
アーロン　そうだ。マーケットでも知られているが、まだ三〇ドルになっていないということは完全に知れわたっているわけではないということだと思う。もしかしたら、マーケットの判断は三〇ドルではなくて二四ドルだということを認めるべきなのかもしれない。
キエフ　周りに聞いてみないのか。
アーロン　そうすることもある。そして自分たちのアイデアの競争力について考える。ただ、時期が早すぎることが多く、マーケットより一歩以上先を行っていることもある。ただ、先は行きたいが、行き過ぎてもいけない。あまり早いとマーケットはまだ気づいていないし価格にも織り込まれていないと思って、つい買いすぎたり売りすぎたりしてしまう。マーケットは、この企業が次の四半期に良い発表ができる可能性もあると見ているが、これは二週間前にはなかったことで、そうなると平均売値が上がる可能性もある。その場合、マーケットはこの観測を基に収益を予想するから、かなり低い数字になる。問題は、われわれが月初に気づいていた三つの点のうち二つにマーケットが気づいてしまった今、三つめのもっとも重要な点に彼らがいつ気づくのかということだ。

キエフ　もし上がらないのなら、手仕舞うことはできるか。

アーロン　できる。

キエフ　これについて、どう感じているのか。上がったことで前ほど考えなくなっていないか。月初はもっとデータを持っていたのではないか。

アーロン　月初は今より独自データが多かった。

キエフ　そういうデータをほかにも入手できないのか。

アーロン　常にアイデアを改善する努力はしている。

キエフ　もし月初だったらどうするか。二週間前、何かを知っていたと言っていたが。

アーロン　マーケットが知らない三つのことを知っていた。今残っているのはひとつだけだが、これでも十分だと思うか。

キエフ　三つ知っていたときのほうが自信があったのか。

アーロン　だれだってそうだろう。

キエフ　ほかの情報を得ることはできないのか。

アーロン　努力はしている。あと二つでアイデアは改善するのだろうか。あと二つの情報があれば利益率が上がるのなら、もっとデータを探せばもっと良い買い物になる。価格が上がったからという理由だけで利食うのは間違っている。でも、株価が上がって、まだ上がる余地があっても、ちょっと方向転換してみようとつい思ってしまう。そして、問題が起こる。三〇〇万ドルまで急騰したとしても、まだ上がるような気がしてしまうんだ。

キエフ　それはファンダメンタルバイアスといって、アナリストが必要以上にトレードを長引かせる原因になっている。その時点で、あと二週間保有することを正当化するためにさらに調べたか。

アーロン　あと何をしろというのか。二〇ドルの株に三〇ドルの価値があると思っているとき、その根拠となる三つの要素のうち二つが実現したら、あと何ができるだろう。ただ、いつまでたっても二四ドルのままなら、マーケットに逆らうつもりはない。

キエフ　いつもこの段階では何もしないのか。

アーロン　満足してしまう。

キエフ　君はまだマーケットの先を行っているということに気づいてほしい。月初にはその程度の調査では満足できなかったのではないか。

アーロン　そうかもしれない。
キエフ　もし今日始めたらどうなっていたか。
アーロン　今日買って、毎日それについて考える。
キエフ　今のポジションと同じくらい買うか。
アーロン　それは考えるところだ。今のポジションは五〇〇万株ある。
キエフ　さらに三〇〇万ドル儲けられるもっと良いトレードはないのか。でも、実際には今月はあと一〇〇万でよい。そういう枠組みで考えれば、どこで追加の一〇〇万ドルを稼ぐか。

この対話では、トレーダーに自分に足りないものや、もっとできることがなかったかを気づかせるため、筆者がどのように質問し続けるかを見てほしい。自分がトレードしている銘柄について新たな発見をし続けることができれば、トレーダーはポジションやリスクを大きくすることもできるし、もし自分の見方を支える根拠が見つからなければリスクを減らすこともできる。

このような対話をするメリットのひとつに、トレーダーが全力を尽くしていなかったり直近の成功に満足したりしていないか、また感情的反応のせいで戦略に従うのをやめてしまったのではないかなどということを考えさせるということがある。パフォーマンスに対する意識を保つために緊張感と集中力を高めることが目的であるこの対話に、うぬぼれや満足を許容する余地はない。

本物のマスタリーは、自分にとって可能なかぎり最高レベルのトレードをするための行動の先にある。このときスキルももちろん大事だが、自分のアイデアを示し、目標を実現するために努力していくことのほうがさらに効力がある。

ゴールに沿った努力ができているかどうかを知るためには、自分の結果をモニターし続ける必要がある。

自分の戦略に集中する

思考は常に心の中を通り過ぎ、かき乱していくが、自分と自分の思考が同じだという発想を捨てることで、集中力を維持することができる。確かにデカルトは「我思う、故に我在り」と言っているが、われわれは、われわれの思考ではない。この区別ができると、思考をもっとコントロールして必要な集中の度合いをプログラムできるようになる。

向上するには何が必要かを知りたければ、自分のパフォーマンスを測定したり進捗状況を追跡することは欠かせない。しかし、その記録を使って自分と他人を比較したり、ほかの人より結果が悪ければ価値がないとか、逆に結果が良ければ自分のほうが優れていると思ったりすることの危険性も知っておいてほしい。パフォーマンスの測定は、比較のためというより自分の進捗状況のベンチマークになることに価値がある。

集中力を育てる

マスタリーを育てるためには、過去の出来事にとらわれたり将来起こることを心配したりするよりも、たった今、目の前にあるリスクに集中するのが最善の方法と言える。目の前の課題の細部に気をとられているうちに、自分自身への不安をかきたてるような気持ちは消えていくだろう。

集中は、自分で培うことができる実践的なスキルで、これには次のようなメリットがある。

- ●強いところに集中できる
- ●衝動的に行ってしまう無意味な変更を減らすことができる
- ●何かが起こったとき、反対なら状況に合った答えが出たかのような反応を減らすことができる
- ●変えられないものを変えようとする労力を減らすことができる

●終わりのない戦いをやめることができる（問題を解決できないのに同じ対応を繰り返すなど）。このような行動は、他人の視点や習慣的に使ってしまうシナリオに従って何かを変更しようとすることでしかない

もし失敗や成功がどうしても気になるときは、自分の戦略の次のステップに気持ちを集中させるようにするとよい。結果を気にせず、エネルギーを戦略につぎ込んでいたら、良い結果が出たということは多い。

戦略に従うことについては、パフォーマンスの質が向上するとともに、意識しなくても行動できるようになってパフォーマンスが下がることがある点も考慮してほしい。これを修正するには、チャレンジを増やしたり、課題や競争のレベルを高くしたりするという方法もある。最高のパフォーマンスは、チャレンジレベルが低すぎて退屈したり、高すぎて圧倒されたりするようなことがない状態で、集中力を高めていったときに実現する。

今行っていることに注意を向ける、つまりゴールにつながる目の前の出来事に集中して自分がどんな気分かを自問することで、集中力を最大にすることができる。例えば、かなり近い将来起ころうとしている出来事に意識を集中していれば、それにどう反応するか作戦を立てておくことができる。これらの出来事をどう見てどう処理するかは重要なポイントで、ここで手を緩めるのか、それとも集中力を高めるかを考えておいてほしい。また、望んだ展開にならなか

った場合、それ以降の出来事に向かっていくつもりはあるのか、特定の出来事が望む方法で発生するよう行動を起こしているか、などといったことも考えておいてほしい。

なぜ長期でも短期でも戦略が重要なのか

マーケットで唯一コントロールできるのは、そこで使う手法や戦略しかない。マーケットがめちゃくちゃに動く日でも、習慣的に使ってしまうシナリオから何がしかを引き出すための方法を、常に考えておく必要がある。また、目指す結果に基づいて、自分の行動にはどんな規律が必要かも考慮しておかなければならない。これはデイトレードでも長期のバリュートレードでも同じように機能する。

マスタートレーダーは、新しい年を迎える前に、期待結果を記したスプレッドシートを用意する。もちろん将来を予想できるわけではないが、自分のゴールに合わせた戦略を立て始めることはできる。そして、時間の経過とともにこの戦略をマーケットの状態に合わせて調整していく。

でも、どうやって将来の利益が分かるのだろう。実は分からないのだが、分かるものとして考える。それがそこに到達する唯一の方法だし、戦略は特定の結果にコミットするという決意から生まれる。

うまくいく年には、いくつかの好調な月（または週、または日）があるが、それは目標を定めて戦略を立てるかどうかですべて決まる。積極的かつ意識的に数字（あるいはそれに達するために何をすべきか）を追求しなければ、そこにたどり着くことはできない。人はつい過去の楽なゾーンに逃げ込もうとしてしまうが、それはやめてほしい。

目標を見失わないようにするためには、自分で作った戦略の枠組みに意識を集中させる必要がある。しかし、実際には、前の晩や週末に準備したデータをアナリストチームと一緒に掘り下げたうえで、ほかの要素を加味して起こりうるさまざまな状況（正確な予想は難しいが）を予想する代わりに、テープや毎日かかってくる勧誘の電話で得たデータに頼っているトレーダーが多すぎる。

必要なのは、あと何ができるか、変化するマーケットの状況に合わせて調整するためにあとどれほどのデータが見つかるか、などということを常に探し続ける姿勢なのである。与えられたものだけで満足して「かなわぬ夢」をあきらめてしまったら、楽にはなるかもしれないが、展望を実現することはできない。

第４章 気を働かせる

プロ野球の通算本塁打王はハンク・アーロンではなく、二二年間で八六八本という驚くべき記録を打ち立てた日本の王貞治である。王の生涯打率は三割一厘で、三冠王にも二度輝いている。しかし、彼もジャイアンツに入団して最初の二年間は、大いに苦しんでいた。そして、このままベンチウオーマーに甘んじるのかと思われたころ、彼はマスターインストラクターに出会った。実は、このときのアドバイスに、テッド・ウィリアムズのような選手なら困惑したかもしれない。マスターは王に、自分の「気」（自分の中枢）を探すことが、スイングを向上させるプログラムの基礎だと言ったのである。また、東洋の知恵と武術における規律をバッティング練習に取り入れるとも言った。それから間もなくして、この若い打者は大きく花開いた。

精神の中枢がある状態になることができることは、マスタートレーダーの基本資質になっている。つまり、これはトレーディングに対する精神的アプローチの一環として、ぜひとも学びたい感覚ということになる。中枢は、現在の思考を強力な過去のイメージや先入観から切り離し、物事を新しい光の下で検証する状態を整えてくれる。中枢の状態になると、自分自身を物質や外部の目的や内面の原動力を邪魔するものといった精神的開放のための障害から切り離すことができる。かなり本質的な話に聞こえるかもしれないが、中枢状態になれることは、トレーディングのようにプレッシャーが大きいうえ、常識を一時的に捨てて即座に行動を起こさなければならないようなときに、非常に役に立つ。

結局、すべてを知ったうえでリラックスして行動できることが、トレーディングパフォーマンスを向上させる精神状態ということになる。この高い精神状態にあるときは、新しいデータに対して初めて見たときのような目で見ることができるし、普通は無視されたり封じられたりする刺激も行動に取り込むことができる。中枢を目指す過程では、まず合理的な思考や周りの世界から自分を切り離す。すると、新しくて直感的な枠組みで行動を起こすことができる。拡大した知覚認識が経験の密度を高め、冷静さを促し、エネルギーを回復させ、視覚イメージのテクニックを育ててくれる。

中枢の状態では、内面でリラックスしていて、株価テープや企業の財務諸表やアナリストからのｅメールを使って迅速でよどみない判断を下すことが可能になる。

中枢の状態に自分を置いて、今の仕事に集中するためには、恍惚の状態に入るのに似たスキルが必要になる。これは、禅僧のように段階的に集中力を高めていくことで、俗世から離れて内観を極めていくのと似ている。

でも、もしこれが昼寝と同じだと感じるならば、もう一度考え直したほうがよい。自分の知覚システムを外の出来事ではなく自分の内面に向けることができたら、「明瞭」「静寂」「開放」「無」「陶酔」などと表現されることが多い感受性を最大の状態にすることができる。これは、自分自身を「α状態」にすることで、脳の視覚中枢における電気リズムをゆったりさせて外部環境に注意が散るのを減らすことができる。

ゆったりとしたα波パターンは、ゆったりとした時間と関係がある。α状態では細かいところまで知覚することができる。そして、α波がゆったりとしているほど、たくさんの情報を処理したり、起こったことに正確に反応したりすることができる。

中枢は、日本語では「気」とか「腹」、中国語では「丹田」、ヨガでは「チャクラ」などと呼ばれている。これはエネルギーと精神両方の中枢で、精神と肉体を沈静させる効果がある。つまり、中枢とは活動やパフォーマンスに順応するためのバランスを探る方法と考えてもよい。この方法が王貞治にとって素晴らしくうまく作用したのは明らかだし、マスタートレーダーにもよく効いている。

気の状態は、視覚イメージやマントラ（信念）に極度に集中することで、外界に対する意識を消して脳が瞑想している状態を指す。この種の活動は、今やっていることに対する意識を高め、規律を順守する助けになってくれる。これは、時速一五〇キロ級の球に対しても、ニュージーランドの株に対しても、同じように機能する。

気の大きなメリットのひとつとして、心を静めて物事をあるがままの姿（つまりマイナスイメージを持たずに）で見られるようになることが挙げられる。また、このような見方をすると、誤解が減って正確な評価ができるようになる。ここまで来れば、気がどの文化圏でもだれにとっても価値があるということは明らかだろう。これは、トレーディング生活においても、三冠王を狙える選手になるための特質とも言える。

リラクセーション反応を理解する

リラクセーションは、トレーディングというストレスの大きい活動からくる緊張を緩めて気の状態になるための、もっとも役立つスキルのひとつと言える。また、これによって、ストレスから引き起こさせることもある強迫観念や駆り立てられるような行動などといった防御機構への依存も減らすことができる。もしリラックスすることを身につければ、心配が大きくなって抗しきれなくなる前に振り払うことができる。リラクセーションは自律神経系をゆったりとさせることで、身構えることなく心配をやり過ごすことができるようになる。心配とリラクセーションは同時にはできない。

リラクセーションの趣旨とテクニックを学べば、心と体をリラックスした状態にすることができる。そのうえ、ストレスにさらされて不安が募っていても、ほんの数分で体と心を緊張から開放された状態に変える方法も学ぶことができる。リラクセーションは練習を重ねるほど気の状態に速く入り込めるようになる。これはトレーディングのように複雑でストレスの溜まる仕事をしているときなどに役に立つ。実際、リラクセーションによって情報処理戦略を立てる能力が高まり、マーケットの変化や難問に順応していけるようになる。

リラックス法を学ぶ

集中力を高めたり緊張を抑えたりするには、呼吸に集中するテクニックが役に立つ。呼吸に合わせて流れることを学べば、純粋なエネルギーと最大の可能性から成る完全な静寂に近づくことができるのである。

本章の最後に、このリラックス状態になるためのテクニックを載せてある。練習を続けていれば、いずれ自分のなかの隠れた能力（特に創造的、合成的特質）が見つかるだろう。この練習は、椅子に座ったり床に寝たりしながらでもできる。あまり楽な姿勢では寝てしまうかもしれないが、目を閉じて目からの刺激を減らすのも効果がある。

リラクセーションは、筋肉を緩めていくことでも促される。これは最初に一連の筋肉を緊張させたあと緩めるということを額から足先（あるいはその逆）へと順次進めていけばよい。リラックスするためには、自分が静かでリラックスしたシーンのなかにいるイメージを視覚化するテクニックを使う。また、前述のテクニックを組み合わせてもよい。どの方法でも、心配やストレスを効率よく取り除かなければならないとき、すぐに気の状態になることができるようになることはいずれ分かると思う。この方法はコピーして持ち歩いてもよいかもしれない。意識的にリラックス状態に入ることができる多くの人たちと同じように、この状態を味わったり、必要時にはいつでもこれを実行できると思ったりするだけでも十分良い気分になれると思う。

あるトレーダーが、ヨガを使ってリラックスしたり気の状態になったりすることについて次のように言っている。

私は精神のストレッチにヨガを取り入れている。これをすることでいつもより気に近づいて、何に対してもこれまでよりうまくいくような気がするし、いつもより簡単に雑念を払うことができる。これをトレーディングの前に行うことは、長期的に役に立つ。頭がすっきりするからかもしれない。ヨガをするとほかのものをすべて遮断した状態になれるし、集中することで気の状態にいられる。これはストレッチングのおかげだと思う。この状態にあるときは、自分の体に何が起こっているのかを知るために、体と触れ合っているような感じがする。そして突然、まさにあの場所、ゾーンに行くことができる。もう何も心配しなくてよいような気分になるし、神経質にもならない。ただ無心で球を打ってベースを目指すだけだ。

気の状態になるためのテクニックはほかにもある。集中して祈ったり、展開を視覚化したり、自然の音を聞いたり、ダンスや体操で体を動かしたりしてもよい。

ケーススタディ――リラックスと気の状態になることを学ぶ

意識を積極的にひとつの焦点に向かって絞っていくことは、さまざまな気に関する共通の要素になっている。目的以外、外界の出来事に対する意識を遮断する過程そのもの以外のすべての思考を取り除くのである。特定の活動に向けて焦点を絞り込むことができればできるほど、力強い行動がとれるようになる。できれば、心を「空」にして一種の高揚感にいたる一心不乱の状態までいってほしい。次の対話では、これまでこのような手助けを追求することを躊躇してきたトレーダーと、リラクセーションテクニックの利点について話し合っている。

キエフ　中枢に意識を集中する練習をしたことがあるか。

ジェイコブ　一度もない。やろうとするが、すぐに考えがそれてしまう。視覚化がうまくいかなくて、思い描いてもリラックスに至るまでそこにとどまっていることができない。

キエフ　繰り返し同じ場所に戻ることはできないのか。

ジェイコブ　考えがあちらこちらに飛んでしまう。

キエフ　君はいろいろと思いをめぐらせてしまう傾向があるが、だからこそ習慣になるまで何度も練習する必要がある。毎朝一〇分間の瞑想でリラックスして、自分が海辺にいるとか静寂のなかにいるとかイメージするとよい。また、二〇万株を二五万株にしたり、別の一〇万株を一五万株にしたりするというイメージでも良い。心の中で何度も何度も練習するんだ。

ジェイコブ　ＯＫ、やる気になってきた。

キエフ　今、この話をしたからか。

ジェイコブ　そうだ。

キエフ　まず静寂の状態になる練習をして、あとはいつでもその状態に戻れるようになるとよい。いつも二〇万株を二五万株にすることをイメージしておくのもよいし、出勤前に心の中で練習してもよい。この間、中枢と静寂の状態を保ち、自分はすべきことをして、そのポジションは正当化できるものだと想定するんだ。自分を常に静めて、中枢から外れないようにしながらリラックスした状態を保つ。これは、自分のポジションがうまくいっているとき特に実行してほしい。心配事によって戦いを放棄してはいけない。

ジェイコブ　うまくできるような気がしてきた。

キエフ　静寂と中枢の練習を毎日行ってほしい。

ジェイコブ　そのとおりだと思う。

キエフ　毎日やる価値はある。もし心配になったら、「たった五分しかかからない」と言ってとにかく中枢に意識を集中しよう。心配になったときに心を静めることは、練習すればできるようになる。

毎日のリラクセーション体操で意識を中枢に集めることは、トレーディングのようにゴールを目指した活動において驚くほど効果がある。この対話でジェイコブが言っているように、このことを考えるだけでパフォーマンスを向上させる過程を想像し始めることができる。中枢を使ったリラックスの感覚は、過去にうまくいったパフォーマンスを思い出させる。また、視覚的なイメージを作る過程や自信をつける助けになりながら、過去のうまくいった経験を回想し、将来に備えてくれる。この方法を使えば、自分の結果を最大にできる。また、こうすることで、エネルギーを拡散させずに今ここで起こっていることに高密度の労力をつぎ込むことができる。

ゴールの価値は、方向を定めてトレーディングに刺激や外部の動機を与えることにある。そして、中枢に意識を集めることは、そのゴールを実現するための必要ステップを容易にしてくれる。

さらに、これらのことすべてが相まって、物事を無理やり起こしたり画策したりするのではなく、自然に促すという発想が生まれる。中枢を使えば、出来事をコントロールしたり意図的に起こしたりする必要がないため、これがもっとも簡単な方法であることは明らかだろう。本当に最後まで到達するためにはエゴを捨てる必要があるが、そのためには意識を中枢に集めることと注意深くなることを多少練習しなければならない。

無執着または手放すことを学ぶ

無執着は、分離したり撤退したりすることではなく、先入観や秩序に縛られずに参加することで、完全に今を中心に考えることでもある。無執着になるには、気を働かせながらも結果に対して意識的に関心を持たないようにする必要がある。トレードにかかわればかかわるほど、結果に対する心配も減るし、勝敗に対しても潔く対処できるようになる。

気を働かせることは、客観性を高めてくれる。そして、前進しながら調整を重ね、一定の見方に執着しすぎたり、自分のポジションにとらわれすぎたりせずに、常に今に目を向けておくことができる。ある有望なポートフォリオマネジャーは、このことについて次のように説明している。

マスタートレーダーは、うまくいくこととといかないことを見分ける生来の感覚を持っている。彼はどうすれば戦わずにすむかや、どうしたら望む出来事を起こせるかを知っている。彼は起

こったことを観察はするが、論理的な疑問をはさんだりしない。その代わり、もしそれが理にかなっていればそれに乗るし、かなっていなければやり過ごせばよいことも知っている。マスタリーは彼の客観性のなかにある。

彼は問題を避けるのもうまいが、どうしようもないように見える日の取り組み方にも一見の価値がある。彼らはどうしたら巻き返せるのかを解明しながら、結局は巨大損失を回避してしまう。もっと買ったり、必要分を売るなどの調整をしながら損失を最低限に抑えることで、相殺されたり押し出されたりすることなく結果的にこの戦いに踏みとどまるのである。

彼は客観的で、感情的に安定している。戦場で落ち着いている兵士に似て、物事がはっきりと見えているし、何をすべきかも分かっている。彼は周辺視覚でも持っているかのように状況を予測できるたり、プロのクオーターバックのように目の前のフィールドを見てこれからの展開が読めたりする。

イーサンが書いているとおり、無執着は気に至ったり、厳格かつ正確に管理しすぎる姿勢を放棄したりする過程における重要ステップになる。これはボブスレーにも似ていて、大事なことは動きにできるだけ余裕を持たせておけば、ソリはもっとも自然なコースを走ってくれる。ドライバーはボブスレーを操縦するというよりも、スピードを維持するために調整することが仕事になる。もしハンドルを切りすぎると、過剰な反応によって不必要な動きが生まれ、もっとも自然なラインから外れることでスピードが落ちる。そこで、操縦は最低限に抑えてソリのパフォーマンスを最大にし、引力によって加速しながら滑降させることがドライバーの課題になる。

実は、トレーディングにもこれと同じことが言える。第3章で述べたとおり、計画を立てるためにはゴールや展望が不可欠なように、パフォーマンスを最大にするためには設定したゴールへのこだわりを放棄しなければならない。つまり、自分のすべてをその活動にささげなくてはならないのである。過去や将来に注目しすぎると、不快感や不満が増すことになる。目標は達成すべきときになったら達成できる。大事なのは出来事や過去や将来をコントロールしようとしないことであり、そのような経験は必要ない。

ケーススタディ——不快感に打ち勝つために意識を中枢に集める

ゴールへの執着を解き放つとともに、中枢には自分の思考過程を知るという別の一面もある。一歩下がって、思考の流れのリズムや強さ、あるいはそれに伴う感覚や、考えを変える能力があるかなどを観察してほしい。要するに、自分の意識を意識することで、特定の課題に適切に焦点を向けているかを知ることができる。これについて、若いポートフォリオマネジャーのマイクと話をしたときのことを紹介しよう。

マイク　ポートフォリオのサイズが大きく変形していくと、どうも落ち着かない。

キエフ　何が気になるのか。

マイク　どのポジションを大きくして、どれをもっと良い時期まで待つのかがよく分からないからだと思う。

キエフ　落ち着かない気持ちについて、もう少し教えてほしい。どんなことがあったのか。

マイク　僕は、自分がやったことについて、ついあとからとやかく言ってしまう。自信があると、うまくいかなくてもさらに続けてしまうことも多い。本当はうまくいったことを増やすべきだということは分かっている。少し長びかせて価値が出ることを期待してしまうのだと思う。

キエフ　ほかにも落ち着かないことはあるのか。

マイク　心配したり、ポジションについて考えすぎたり、細かいことまで管理しようとしてしまう。

キエフ　それにはどう対処しているのか。

マイク　気持ちを静めて考えをまとめようとする。

キエフ　心配は、次のステップに進む前に自分のアイデアについてもっと確認をとれというサインだとは思わないか。

マイク　先生との話のなかで、マイナスエネルギーやマイナス思考は生産性を落とすということを学んだ。これに対抗するためには何をすべきかも考えなくてはならない。心配することも、居心地の悪さを感じてそのサイクルを繰り返すことも必要だと思う。そうすれば、心配になり、そうなることが分かったり、予期したりできるようになる。このサイクルを避けることはできないが、積極的になるだけで少し切り詰めることはできる。

キエフ　実は不安になったり心配したりするのをやめたくないのではないか。心配していないときは競争力を失っている。その状態を抜け出したいどころか、乗り越えるか利用できる指針として認識しておこうとしているのではないか。

マイク　静かすぎたり横柄すぎたり否定的すぎたりする人は、痛みなど感じない。大きなトラブルに見舞われたら、元に戻って再確認するなど、痛みは鎮圧するより利用したい。これは不快感を乗り切る良い方法ではないか。

キエフ　そのとおり。不快感を取り除くのではなくて、逆に利用している。マスタートレーダーは、不快感から逃れることはできない。そこで彼らはこれを刺激にして、あと何をすべきかやどんな助けが必要かを考える。ハードルを高くしておくということは、いつも不快感を持っているということでもある。そこで問題は、どうやってそれをマスターするか、つまりこの水準で戦うためには何をすべきかということになる。この感覚を捨てるべきではないし、逃げ出したり撤退したりするわけにもいかない。でも、マスターして使いこなせるようになれば、非常に役立つツールになってくれる。

マイク　自分のアイデアの質が低下して、望んだほどたくさんのアイデアが見つからないような気がするときの不快感にはどう対処すればよいのか。僕はいつもそのことで落ち着かない。それに、もしうまくいったら、次はそれに変わるものを探さなければならない。この仕事に対する最大の不安はそこにある。次のアイデアはどこで探せばよいのか。何も浮かんでこないとき、僕はまずあちらこちらに電話をかけて「どんなことなら関心があるか、会議で出たアイデアについて、何か聞いていないか」などと聞いてみる。それでもし興味をかき立てられるものがなければ、次はセルサイドにもかけてみる。そして、そこでもだめならマクロの視点に戻ってもう一度考えてみる。いくつかのアイデアを繰り返し使う方法もあるが、僕はあまりなじめないし、時間枠も短い。僕には合わないと思うから、このやり方をあえて目指そうとは思わない。

キエフ　君は自分の望むレベルのアイデアを出し続けるために、適当な構造と手順を整えているようだね。

マイク　学生時代は成績が良かったから優等生の気分でいた。イタリア語でも数学でも理科でも、良い成績を収めるためにすべきことが十分に分かっていた。生徒として何をすれば良い点をもらえるかを知っていたから、大して勉強しないでもたいていは大丈夫だった。今もあのころのような感じの仕組みを探している。ただ、変数の数はこちらのほうがずっと多い。このなかに無視したほうがいいものはないのか、すべてについてさらにたくさんの変数があるなかで、必ずしもその多くを学ばなくても成功できるのではないか、ということを知りたい。でも、その方法が分からない。

キエフ　テクニカル分析とかマクロ経済データなどといったテクニックを使うということか。

マイク　そうだ。

キエフ　今の手法でどの程度目標を達成できるかということを基準に判断する方法もある。必要に応じて調整しているか。

マイク　学校では宇宙全体が分かっていた。

キエフ　でも、今はある程度未知のものにも対処しないといけない。

マイク　前に、自分が知らないことを知らないと認めるという話が出た。

キエフ　準備をすればするほど、自分が知っていることすら知らなかったということを知ることができるようになる。差がつくのはそこかもしれない。単純なデータに見えても、それ以上の構造があるのかもしれない。それぞれのアイデアに正しい質問を投げかけ続けていれば、そこからデリバティブのアイデアが三つ浮かぶかもしれない。そのうえ、もし長期と短期の展望を持っていれば、ひとつのアイデアが六つになる。さらに、長期と短期の保有パターンがあれば、ひとつのアイデアがさらに何倍にもなる。つまり、手法によってアイデアは何倍にも膨らんでいく。経験をつづったノートを常に持ち歩いていれば情報が蓄積されるとともに、自分のテーマの妥当性が分かるようになる。試みがすぐに成功しなくても、二年後にはうまくいくかもしれない。星の並びも似たようなもので、同じようなパターンが見えることもあるかもしれない。そして、心の中や紙の上にそれを描くことができるようになるに従って、経験から得ることも多くなる。マーケットは変化し続けているが、君もマーケットの仕組みについて学び続けている。これから一生観察していくマーケットは、今日、君がマーケットに対して使ったレンズを通して見ていくことになる。そして、それが自分のもっとも強力なレバーになる。見えているものは、実は自分の頭の中にある。外で起こっていることは関係ない。株とは関係ないように見えるかもしれないし、株は単に二次的なものでしかない。言い換えれば、ポジションを安心して建てるためには、銘柄にかかわりなく、いくつか知らなければならないことがある。

これはトレーダーに対して行う典型的な対話で、質問を重ねながら自分が設定したゴールに沿ってチャレンジさせたり、ゴールから逆算して戦略を立てさせたり、ゴールを使ってすべきことを探させることができる。また、この過程で彼らは最先端の状況において必然的ともいえる不快感を乗り切ることができるし、想像もしなかったようなことを学ぶチャンスに恵まれる領域に入ったことを認識することもできる。マスタリーの視点でトレードすることは、このような領域に入る無数のチャンスと、それまでの予想をはるかに超えた結果を生み出す隠れた可能性をもたらしてくれる。

本書で繰り返し提案しているように、トレーディングに合わせてこれらの質問をしていけば、近い将来マスタリーの視点でトレードし、スキルとアプローチの向上に合わせて素晴らしい結果を生み出せるようになることに気づくだろう。

結果にとらわれすぎると、今を大事にしたり、物事を展開させたりすることができないなどといった困難を招くことになる。それを避けるためには、過度の取り組みは問題を生むということを知っておかなければならない。気の状態になると、忍耐ともう少し頑張ることを強調する文化的価値観に合った一見「正当」な傾向に対処する手段も手に入れることができる。

また、中枢を目指すことで、頑張りすぎないほうが良いパフォーマンスになるということも分かる。次の動きに集中することと、経験不足、疲労、ストレスの拡大、スキル不足などといった要素に集中することは、同じではない。むしろ、後者は自然に素早く集中するための妨げになる。

昔の努力を自分に貫流させることが気のカギとなる。マスタートレーダーは、夜のうちに計画を立てておくため、朝起きたときには準備が整っている。また、準備を整えたら、それを使って素早く断固とした行動をとる。このとき、余計なことを考えてはいけない。

すべてのシステムが稼動しているときに完全な瞬間を探す。この水準で機能し続けることは難しいが、結局はそれが中枢にあることの印になる。アプローチを完璧に整え、さらに難しい課題に挑戦していけば、いずれはその過程に完全に入り込めるようになる。

小型ライフルの元世界チャンピオンであるスー・アン・サンダスキーは、完全な瞬間について次のように話してくれた。「自分のすべてが利用されているような感覚で、すべてがその行動に向けられている。（中略）頭も体もすべてそれに捧げ、体の隅々まで使っている感じがする」

パフォーマンスを最大にするためには、内面の過程を理解することで競争意識を捨てる必要がある。こうすることで気を働かせ、トレードに向けるエネルギーを高めることができる。

気を実践に生かす

気を働かせることとは、データを感覚的に取り入れて情報を中央で処理することで、これは緊張を生んで実際にパフォーマンスを下げてしまう行動を減らすことによって可能になる。気には、すでに持っている知識やスキルを拡大する機能があるが、結果を出そうと必死になっているときにはそれが発揮されないことが多い。彫刻家は、大理石の塊に自分が作り出そうとしているイメージが「見える」という。そして、作業を始めると、完成品のことはいったん忘れて、そこに「あるべきでない」部分をすべて削り落としていくことに専念する。つまり、知識を拡大させると同時に、すでに持っている気の知識の周りにある余計なものを削り取った状態が、気の状態と言ってもよいだろう。

もちろん、これは結果を考えるなということはないが、せいぜい頭の中でイメージする程度にとどめておいてほしい。あまり追求しすぎてはいけないが、イメージすることでその過程に集中できるのならそれは価値がある。

気を働かせるためには、無意識の自信喪失と抑制的な思考と創造的思考（展望を作り上げること）を区別しなければならない。展望に基づいた具体的な結果を明確にしたら、自己不信や迷信に惑わされることなく、それに沿った行動をとらなくてはならない。

視点をほかに移すことは可能だし、そうすることで物事に対する見方や反応の仕方が変わる。そうすれば、子供のころに心にプログラムされた概念やその後のトラウマではなく、世界を基準にした概念のもとで生きられるようになる。

気を働かせることは、マスタリーの過程の一部と言える。まずは、次のことを自問してみよう。

●何が手放せないか

不安感をぬぐうために過去の信念や迷信にしがみついていないか

望みを追求することを恐れていないか

ほかの人とかかわって自分を消耗することを恐れていないか

自分がもっと大きな存在になると、ほかから拒否されると思っていないか

●自分の展望のもとで生きることを妨げている思想は何か

自分自身に対する間違った考えに執着していないか
自分が「良い」人だと思っていないか、またそのことを受身でいることの言い訳にしていないか
自分を「特別」だと思っていないか、そしてそのために普通の行動をとれなくなっていないか

●目的を追求することの障害になっているのは何か
目標を達成できないとき、どんな言い訳をするのか

「どうなっても関係ない」「こんな小さいことにかかわる気はない」「自分ほどの人間がやることではない」「やる必要がない」「愚か者には見られたくない」など、無意識の思考（抵抗やチャレンジを前に直面したときに思い浮かぶことで、恐怖や自己否定の元にもなっている）に閉じこもってしまうことがどのくらいあるだろうか。

過去の経験を元にして、今後の出来事に対する考えを理解することが、現実の受け止め方やさまざまな状況におけるかかわり方に影響を与える。そして、この考えを元に、実はかなり以前にいくつかの状況を避ける判断をすでに下してしまっている。経験に関しては、展望や予想や最終的には経験までもまったく変えてしまうような新しい概念を作り出せることを知っておいてほしい。

自分の展望を語ったり、それにコミットしたりすればするほど、その実現に近づいていく。大事なのは、それをできるだけ明確にしたうえで、他人の反応や抵抗が怖くて前進できないときでも観察を怠らないことだろう。本当の気持ちを語れば、もっと自分を解放できる。だから真実を語ることを恐れず、他人の言うことを想像してそれにおびえていてはいけない。自分の展望を明確にしておけば、いずれそこに向かって前進し始めることができる。

ケーススタディ――展望を分かち合うことに集中する

気は、企業の強力な概念とその方向性（組織のさまざまな面を発展させていく枠組みとなる）を取り入れるときの手助けとなる頭の体操の重要な一部を担っている。次のヘッジファンドマネジャーとの対話では、彼自身と彼のチームを力づけることについて話し合っている。ここでは、対象企業に対してもっと大きな展望を立て、それを自分のチームのアナリストやトレーダーと共有することが課題になっている。これは、気を働かせることと日々のトレードから自分を切り離すことで、マネジャーひとりでも担当企業をもっとうまく管理し、結果の質を部分的に改善することができるという好例と言える。

話し合っていくうちに、このヘッジファンドマネジャーは、自分が趣旨を理解していても、間違いを恐れて自分のチームにはそれを伝えていないことが明らかになった。彼が足踏みポイントを超えるためにコーチングを必要としていたのは、実はこの部分だった。

ベリル　気を働かせて計画から感情を取り除くと、感情が入っていたときよりずっとうまくいくようになった。このテクニックを発見するのに七年かかった。実際、会社にいると細かい管理をしすぎてしまうため、いないほうが日々の流れはうまくいく。

キエフ　なぜそう思うのか。

ベリル　四月の終わりから五月の初めにかけて二週間余りディズニーワールドに行って、そのときに気づいた。そのあと大学に二週間の夏期講習で行くことになったとき、面白い試みをした。チームのメンバーに一五分ごとに勝ちトレードと負けトレードの損益をメールしてもらい、それについてどうすべきかを書き留めていったんだ。ただし、何を書いたかはチームには知らせていない。結局、僕が書いた六つのコメントのうち五つは間違っていた。勝ちに対しても負けに対しても、間違っていた五つは感情的な反応だった。でも、実際にはチームが完璧に処理してくれていた。

キエフ　このことは、チームに伝えていないのか。

ベリル　結局伝えなかった。でも、僕の感情を抜きにしたほうが会社はうまくいくと気づいたから、日々の処理には手を出さないことにした。マイケル・ルイスの『マネー・ボール――奇跡のチームをつくった男』（ランダムハウス講談社）について以前に話したことがあるが、このなかでオークランド・アスレチックスのゼネラルマネジャーであるビリー・ビーンが一度も野球の試合を見なかったことに感銘を受けた。彼は携帯機器でスコアーをチェックするだけで、けっして試合自体は見ない。そうすることで、判断に感情をはさまないようにしていたんだ。

キエフ　何が君をそうさせるのか。リーダーだったらこうすべきだという意識か。これが良いファンドマネジャーとしての行動だと思うか。

ベリル　習慣だと思う。選択記憶、つまり前にうまくいったときのことを思い出して、そこから絶対に外れないようにしようとしてしまう。でも、うまくいかなかったときのことは忘れてしまう。

キエフ　君は、日々の管理よりも先の展望を見るほうが得意なようだが、企業訪問に関してはどうか。それは得意か。

ベリル　それについてもかなり話し合った。企業を訪問すると混乱する。知り合うのは得意だが、これには良い点と悪い点が同じくらいある。企業に電話すると、自分ではその会社についてよく分かっているつもりになる。それで、株価の動きに入れ込みすぎてポジションを手仕舞わなくてはならないのにそれができなくなってしまう。

キエフ　感情が邪魔をするときもある。でも、君のマクロ的展望と、君が勧める見方は、企業にとって役立っている。チームにとっても、どのような見方をすべきかを教えることが、きみができる最大の貢献だと思うよ。そうなると、君の本当の目的は何になるのか。

と思う。

ベリル　短期トレードと長期投資を組み合わせることで、もう何年も取り組んでいる。いつもトレードを探しているのではなく、投資過程に沿ったトレード計画を立てることがカギになると思う。

キエフ　すべての偶発事項に対応した計画か。

ベリル　セクターやポートフォリオに応じて銘柄を探し、どのようなポジションをとりたいかを判断する。つまり、特定のマーケットの反応ではなくて、自分たちがどうありたいか、どのレベルを目指してその範囲内でどのようなポジションをとりたいのかということを考える。

キエフ　君はどの部分から外れようと思っているのか。

ベリル　個人的には、僕がかかわらないでいればすべてがうまくいくと思っている。

キエフ　彼らにいくつかのパラメータを与えて、あとはコーチングを行ったらどうか。

ベリル　そうすればずっと簡単になる。時間はかかったが、彼らは僕が意図したことをうまく実行してくれるようになった。

キエフ　それに対してどう思うのか。

ベリル　ほっとした。

キエフ　自分が設定したことに対して、それはどういうことか。つまり、良い骨組みを作ったのに、それを全部自分で背負わなければいけないと思っていたのではないか。

ベリル　明確に考えるということは、だれにでもできるわけではない贅沢なことだ。

キエフ　君にはそれをする能力がある。つまり駄馬ではないということだ。

ベリル　そのとおりだと思う。

キエフ　君は結果を出すために、彼らには彼らのすべきことをしてほしいと思っていて、そのために彼らを管理したい。でも、もし日々のトレーディングにはかかわらないことが結果につながるのであれば、だれか君を止めてくれる人が必要になる。なにしろ、君はトレードしたくてたまらないのだから。つまり、もっと大きな枠組みでもゴールを達成するためには、君をトレードにかかわらないようにさせてくれるなどして管理してくれる人が必要になる。

ベリル　同感だ。

キエフ　このようなサポートが必要だということを認識し、それを利用して自分を押し上げていかなくてはならない。戦略を準備して、トレーディングにかかわらないよう管理してくれるチームを作るのと同様に、会社の方針をチームに伝えれば、全体としての方向感をみんなで共有できるようになる。これはとても大事なことで、自分の展望を会社全体で共有しなければならない。力を含むすべてがアイデアのなかにある。

ベリル　だんだん分かってきた。

キエフ　まずは、五年後や一〇年後にこのファンドがどうなっているかを思い描いてほしい。少し時間をとって考えれば、あとは自然に展開していく。数字を決めて戦略を立て、それを指揮する。どうなるかを心配するのはやめよう。展望を作り始めると、物事が思ってもみなかった形で見えてくる。そしてつきつめて考えていれば、まさに考えていたとおりの人材が現れるだろう。無理に起こそうとしなくても、力ずくで試さなくても、力はアイデアのなかにある。

ベリル　言おうとしていることは分かる。

キエフ　気を働かせて展望に集中していれば、あとは自然についてくる。これまでもっとも大変だったのは、このヘッジファンドを作り上げることだったと思う。今はもう出航したのだから、ボイラー室で石炭を補給する代わりに、元々の展望にどれだけ新しい視野を足していけるかが重要なのではないか。

ベリル　ポートフォリオに関して似たような話をしている。

キエフ　そのことにばかり時間を割いてこなかったか。

ベリル　まさにそうなろうとしていた。しばらくは混乱していたが、一歩下がってみたら、かなりずさんだったことに気づいて、もともとのデザインに戻した。つまり、会社は僕がこの仕事を思い立った三年前とまったく同じで、当時の展望のままやっている。

キエフ　何かをつかみかけたようだね。そこで今度は、一度出来上がってしまったあとで、展望を作ることにどれだけの時間をかけてきたかを自問するといいだろう。

ベリル　十分とは言えない。

キエフ　気の状態で展望に集中することは、自分の時間の九八％をこれに費やしたのと同じ効果がある。

ベリル　ここでは、みんなができること、やってよいことに対しては権限を与えることがカギとなる。このなかには、トレードを拡大するときに、結果を約束してそれを果たすことなどが含まれる。

キエフ　君が展望を作り、それをみんなに知らせる。すると、みんながその展望のどのあたりにいるのかが分かるし、それを常にモニターしておくこともできる。これは彼らを追い立てるということではなく、「われわれはここを目指している。みんなついてきているかい。それなら、この数字を上げるために何をすればよいのか」と言うようなものだろう。

ベリル　今、チームは展望についてほとんど知らない。これについて、彼らとちゃんと話したことがない。一番大事な人たちを暗闇のなかに置いておくなんておかしなことだ。

キエフ　展望を分かち合うことで、組織に驚くべき影響があると思う。

ベリル　それは分かる。

キエフ　言ってみれば、君は「彼らを奮起させる」という才能を生かしていない。でも、彼らがもっとも必要としているのはそのことなんだ。一週間に一度集まって、どこを目指していて、今どこにいて、軌道修正したりパワーアップしたりするためには何が必要かを話し合うとよい。みんなそれを望んでいる。君はまだ自分を出し切れていないし、彼らがそれを求める体制もできていない。そして、彼らの能力も引き出していない。自分が興奮したことを分かち合って彼らの感情の中枢に触れたら、何かが起こるかもしれない。感情を抑制するのはよくない。それよりも、もっと大きな目的のためにそれを利用するほうがよい。君がそう信じれば、彼らはそのことを君の声から感じ取って一緒の船に乗ってくれる。そして、展望の力にゆだねたことで、戦いが変わっていく。

ベリル　すごく理にかなっていると思う。

キエフ　家に帰って幾何の問題を解けと言っているのではない。君にとって何がもっとも自然なことか、つまりスイートスポットがどこかということだ。これは仕事ではなくて展望だと思えば取り組みやすいのではないか。

ベリル　この展望の話になると、うまく実行できるかどうかでいつも不安になる。本当の展望には、実行が伴わないといけないと思う。だから、この仕事を始めて以来、これらのことを考え始めると、素晴らしいと思いつつどこかがかみ合わない。

キエフ　展望には特別な力がある。競争に巻き込まれて消極的になるのは簡単だが、とにかく同じ考えの人たちを集める必要がある。

ベリル　もしかしたら、だれかにだめだと言われたり、そんなことを考えたりするなんておかしいと言われることを、恐れているだけかもしれない。もし強要したり分担したりすると、いつか自分が強要されるかもしれないと恐れているのかもしれない。

キエフ　それは分かるが、それが展望にどう影響するのか。

ベリル　少し軽くなる。つまり、すべてのトレードを自分で背負うと考える代わりに、展望全体を背負うと考えると、それはパズル全体のほんの一ピースでしかなくなる。

キエフ　抵抗にしがみついているのは、これがいずれ自分のなかから出てくると思っているからだろう。展望を背負っているだけでなく、抵抗も一緒に背負っていて、幅広い反応を受けることになる。

ベリル　先生はずっと前に、何を知らないかを知らないことが限界なのだと言われた。ソクラテスの哲学のポイントもそこにある。人は、何を知らないのかを知らない。そして、その答えは、「私は何も知らない」と言うことから始まる。あとはできるかぎり学び、考えることで、何も知らないことを証明していけばよい。このことが、ファンドを立ち上げたときには非常に力強く作用してくれた。僕は「二〇〇〜三〇〇万ドル調達する」と宣言し、まず一〇〇回以上のマーケティング会議を実行した。そして、さらにあと何百回かをこなし、結局は何億ドルもの資金を調達できた。これが最後にみんなで展望を分かち合ったケースだと思う。みんなが一五時間も一六時間もマンハッタンのオフィスでただで働いてくれて、マーケティングや入金のノルマをこなして投資家の要望に応えることができたのは、展望があったからだと思う。蒸し暑くて汗臭いオフィスで残業代も出ないのに耐えてくれたのは、精神的に報いるものがあったからなのだろう。みんな何が可能か分かっていたし、僕にも迷いはなかった。今、僕は隠れている。一九人の部下は窮屈で多少臭っても、前よりは広いオフィスにいる。でも、彼らには何を目指しているのかが分かっていない。たぶん毎日の損益のために働いていると思っているのだろうが、本当の目的はそんなことではない。

キエフ　彼らに五〇億ドルを四年間運用するという展望を示したら、絶対に四年もかからずに調達して運用を始められると思う。もしかしたら三年以内でできるかもしれない。数字を掲げてみんなに知らせれば、それは達成できる。そのくらい強力なんだ。やってみればいい！　すでに一度やっているのだから、これがうまくいくということは分かっている。この発想は持つことができれば、生み出すことだってできる。五〇億ドルだって四億だって大した違いはない。ちょっとゼロの数が違うだけではないか。

ベリル　本当だ。たったひとつ違うだけだ。

キエフ　これを聞いて怖いか、それとも興奮したか。

ベリル　面白いことに、何が僕を怖がらせるのかについてはまだ話し合っていない。僕にとって怖いのは五〇億ドルではない。これは単に達成可能な数字でしかない。

キエフ　二年でできるか。

ベリル　それは怖い！

キエフ　ゴールを達成するためには、数字を上げるか、かける時間を減らせばよい。やり方はいろいろある。わくわくするほうがよいが、怖がりすぎないほうがよい。ミーティングを開いて、みんなに四年後にどうなっていたいかを話し、あとは定期的にそれを繰り返せばよい。

ベリル　今週そのミーティングを開くことにする。

キエフ　こういうやり方をしないのは傲慢だ。まるで世界中の時間が自分のためにあると思っているような傲慢さだ。あと三〇年かけてやればよいと思っているのかもしれないが、いつ始めるんだ。せっかく神から授かった才能を出し惜しみしているみたいだ。君はそんなに偉いのか、それはエゴというものだ。自分は自分のやり方でやる、ゆっくりやる、だれにも知られずにやる、などという考えは、単なる自分勝手な言い訳で、それよりもただ実行すべきだ。

このケーススタディは、気を働かせ、展望を作り、それを周りの人たちと共有して協力を得ながら実現に向けたステップを踏み出すことが、いかに力になるかを劇的に示している。展望と、それを会社のみんなと共有することの力を重視すれば、みんなももっと大きな、会社本来の目標にかかわっていくことができる。行動の背景に目的や意味があると、単に利益を上げるためだけのとき以上のエネルギーを持って仕事にかかわっていけるようになる。

しかし、魂のもっとも深い部分をさらすことは、否定論者にあざけられたり拒否されたりするというリスクもはらんでいる。これは、自分自身が心に抱いている懸念を他人から指摘されるという危険をあえて犯すことでもある。展望に光を当てることで、アイデアはさらに強力になるし、会社や人生を励ますマスタリーに似た感覚をつかむことで、自分も周りも力を得ることができる。

気を働かせれば、このような対話で得たことを自分が取り組んでいる活動（会社のことでも、ポートフォリオマネジャーとしても、日々のトレーディングに対しても）のさまざまな局面に応用する力がつく。ただ、この対話からも分かるとおり、気を働かせることは相当の自省と探求を必要とする非常に複雑な過程だということは知っておいてほしい。また、そのためには展望に対する抵抗にも、否定的な反応を受ける可能性にも正面から対処する意欲、そして最終的には展望によって生きていくのだという信念が必要になる。

練習1　リラクセーション反応

一．まず、呼吸に集中する。自分の自然な呼吸をよく観察して、体の自然なリズムと同調する。呼吸とともに空気が無理なく体に入って出て行くのに従って、まるで空気が呼吸を促し、自分はただそれを受け入れているだけという気分になってほしい。

二．体中の筋肉をリラックスさせる。それには、まず緊張させてから緩めるとよい。これができるようになると、一度緊張させなくても、リラックスできるようになる。

三．まず、砂浜か渓流の景色を思い浮かべる。そこに座ったり寝転んだりして気持ちをリラックスさせ、自然の音やにおいや空気に包まれている状態を思い描いてほしい。

四．この状態になれば、心配するほうが難しい。試しに、まずリラックス状態になったあと、トラブルにつながりそうな状況や、いつもならパニックになるような場面を思い浮かべてほしい。ストレスを生むイメージが呼吸を速めたり、体を緊張させたりするのに気づいただろうか。次に、気持ちのいいリラックスした景色をもう一度呼び起こすことに集中する。力が抜けて呼吸もゆったりしたと思う。

第５章 成功を思い描く

極寒のチベット高原には、何世紀にもわたって修行を重ねた聖者によるトゥモ、または「内なる炎」という秘術がある。この術には激しくて長い瞑想と呼吸訓練が必要だが、それと同じくらい大事なのが頭の中で炎の視覚的なイメージを作り出すことなのだという。チベットの宗教成就者（マスター）がトゥモを行っているところを見た多くの旅行者が、この純粋に精神的かつ視覚的な熱によって、マスターはヒマラヤ山脈から来る極寒の気候でも簡単な木綿の袈裟とサンダルで耐えられるのだと証言している。

なかには、内なる炎を示すために、弟子に濡れた袈裟を裸の背中にのせて見せるマスターもいる。それまで疑ってかかっていた西洋の見物者も、聖者たちが「想像上の」内なる炎（つまり身体の熱）で何枚もの袈裟を乾かしてしまうのを実際に見たと報告している。

このなかには誇張もあるかもしれないが、それでも物質ではなく気力によって乗り切ることができる力というのは興味深い。また、ここには身体的に驚くべき成果を上げるテクニックとして、視覚化することの効果もはっきりと現れている。零下の土地で、背中で服を乾かせなくてもよいが、どんなゴールであれ、精神的な成功イメージを作り出すことが成功を生むというチベットのマスターの例から学べることはある。

何を考えるべきか判断していくことで、感じ方や姿勢だけでなく、出来事さえ変えることができる。筆者は長年の観察によって、視覚イメージのリハーサル（これから起こることに対して、頭の中でパフォーマンスに関連する要素を正しい「感覚」がつかめるまで練習すること）が自分自身を成功するためにプログラムするうえで非常に効果的だということを知っている。

視覚を利用する

ゴールを視覚化することは、トレーディングの経験を向上させてマスタリーを目指すうえでものすごく力強い方法になる。経験は思考によって支配され、特に強い視覚的イメージから生まれた考えの影響は大きい。目覚めた状態でも眠った状態でも継続的に浮かぶイメージは、それを望むかどうかにかかわらず、行動の動機になる。毎日の習慣（着替えて朝食を食べ、通勤する）も、強力にプログラムされた視覚イメージに従って行われている。

視覚イメージが自分の一日を構成していることを理解するため、突然予期しなかった出来事

（車やバスが止まってしまったり、しばらくぶりの人に出会ったりすること）によって毎日の流れが中断される居心地の悪さを考えてほしい。それまで持っていた視覚イメージのパターンは破壊され、それが不安を引き起こす。

思考するイメージの選び方を学ぶことができるのと同じように、行動の目的やエネルギーもこうしたいという強力な視覚イメージを伴う思考を注ぎ込むことで高めることができる。自分についてどう考えるかを決めることで、自分の感覚や姿勢を修正できるだけでなく、起こる出来事さえ変えることができる。

つまり、視覚イメージのリハーサルというテクニックは、マーケットで偶発的に起こるさまざまな出来事に備えることで、素晴らしい結果を生む力を高めてくれる。このテクニックは、トレード中に起こる不安の一部に耐えるためにもかなり役に立つ。

視覚イメージは、新しい「知覚器官」を作る手助けをしてくれる。特定のイメージを繰り返すと、それに対して親近感が生まれる。ありそうもないことであればあるほど、通常の文化の範囲では考えられないような素晴らしい成果を想定するために頭の中で新しいパターンや分類を作り出していく可能性が高い。イメージは、頭の中をこれまで知らなかった非線形のルートに導いてくれる。さまざまな経験によって新しいパターンを開発することで、普通とは違って、こうする以外には知ることができない現実的な側面を知覚できるようになるのである。

視覚化すると、出来事が実際に起こる前にそれを頭の中で思い描くことができる。このイメージは言葉による思考を回避することで、隠れた潜在意識を刺激してくれる。また、メンタルイメージは、自分自身に対して不必要な判断を下さなくても理想的な標準によって自分を観察できるようになる意識のテンプレートや、明確なパターンを提供してくれる。こうすると、視覚化は自己認識を高め、そのことがパフォーマンスを最大にする手助けになる。自分自身の行動の観察者になることで、その行動に労力を集中できるようになり、そうなると自意識が減って現在の水準を超えたパフォーマンスが上げられるようになる。

三つのバスケットボールチームを使った有名な研究でも、心構え（心の中で周到に準備が整っていれば目標とするパフォーマンスは達成できるとある程度楽観できること）が極めて重要だということは認識されている。この研究では、試合を控えた三つのバスケットボールのチームにそれぞれ、①試合に備えて通常どおりの練習をする、②まったく練習しない、③練習を視覚化する（それぞれの選手が心の中でコートのなかでしようと考えていることを思い描く）――という指示を出す。その結果、視覚化したチームは、実際に練習したチームと同じ好成績を収め、練習しなかったチームが最下位になった。

これから起こることに対して、心の中でパフォーマンスにかかわる要素を正しい「感覚」がつかめるまで練習するという視覚イメージのリハーサルは、自分を成功に向けてプログラムするための決定的な方法になる。

もちろん、視覚化は成功イメージや理想の形に対するイメージに集中できたときにもっともうまく機能する。自分が勝利したことを思い描くほうが、負けたことをイメージするよりよいに決まっているし、プラスイメージを持つほうが、マイナスイメージが意識の中心に居座るよりよい。当たり前のことのように聞こえるかもしれないが、実はトップトレーダーでさえプラスイメージを視覚化するのを忘れて過去の低パフォーマンスにとらわれ、自分自身をマイナスの自滅的イメージに追い込んでしまうことがよくある。

ケーススタディ――視覚化と瞑想

次は、ディランが瞑想によって感情を抑えたトレードができるようになった話を紹介する。このとき彼は、昼の瞑想に朝の瞑想と同じくらいメリットがあることを発見した。また、これから起こることに備えて特定のシナリオを視覚化することのメリットにも気づき始めている。

ディラン　感情的になり始めるとミスを犯す。でも、ヨガの練習を始めてから、状況に対して感情を抑えた反応ができるようになった。もっとできるようになると思うし、そうすればもっと明確に見られるようになるだろう。これは常に儲けられるということではない。間違うときもあるし、それはだれにでもある。でも、間違ったときにそこからどうするかについて、良い判断ができるようになる。感情的な間違いは、繰り返して起こる。

キエフ　日中に五分間休んで瞑想してから、また仕事に戻れるか。トレーディングの環境はこのような純粋な思考には向いていないし、この状態は無理に作れるものではない。
ディラン　僕はときどき試している。うまくいくときもある。
キエフ　瞑想状態はどのくらいもつのか。
ディラン　そのときによって違う。
キエフ　ヨガのマスターは、さまざまなものが入り乱れた環境でも瞑想できるのか。
ディラン　普通は一瞬のことだが、人によっては持続できる。これが理想だ。安定を保つことができるので、物事に対して冷静に対応できる。
キエフ　いつ安定が崩れるのか、自分で気づいて体制を立て直すのか。
ディラン　考えることはできるが、実際にやるのは難しい。
キエフ　トレーディングに対して非常に感情的になっているときはどうか。それを自分で察知して瞑想状態に入れるか。
ディラン　努力はしている。そして、やったときはたいてい助けになっている。
キエフ　それなら毎日やるほうがよいのではないか。
ディラン　やろうとはしている。でも、そうするつもりでも集中するのが難しいときもある。最近は会社から一五分だけ抜け出すことにしている。外にちょっとした座れる場所があって、そこに一〇分間座って頭をすっきりさせるのはなかなか効く。あと、一二時から一時の間に三〇～四五分くらい体操するときもある。日中に自分のノルマ以上のトレードをしてしまうこともあるから、一時間くらい持ち場を離れても大事にはならない。

キエフ　難しい局面でも、成功トレードの真っただ中にいるとイメージすることがとても助けになることもある。

ディラン　そのとおりだ。

キエフ　パフォーマンスも向上する。瞑想しながら「もしこうなったら」シナリオに対して準備を整えることができる。「もし一七ドルから二一ドルに動いたらどうしよう。一七ドルなら一〇万株買って、一八ドルになったらさらに一〇万株買おう、でも、二〇ドルになったら段階的に手仕舞おう」という具合だ。

ディラン　今月はそうできた。

ディランが言っているように、瞑想と視覚化が集中力を高め、自信をつけ、抑圧をはねのけ、通常の限界を超えたゴールを達成させてくれる。視覚イメージの練習によって思考過程をコントロールしやすくなり、自分が望むイメージをプログラムしてマイナスイメージを排除することができる。

新しい光の下で状況を見直すと、実際にそれが起こる前に、間違いを繰り返す自己達成型の悪循環を取り除いて、過去の抑圧された習慣や姿勢に制約されない客観的なトレーディング判断を下す力を伸ばすことができる。視覚化することによってより効果的に準備を整えることができるため、予期しない事態や日中立て続けに起こる事態にもより敏速に適応できるようになる。

ここでは、心の赴くままではなく、自分が見たいものを選ぶということをぜひ覚えておいてほしい。ヨガのマスターは、何世紀も前からこのことを知り、実行してきた。インドの苦行僧のなかにもこの技を会得して、驚くほどの痛み（背中に爪をつき立てたり焼けた石炭を足に当てたりするような）にも、注意を向けないことで耐えられる者がいる。大部分のトレーダーも、視覚的な思考と行動がどれほど密接につながっているかについて考えるのをやめると、このアイデアをすぐに受け入れられるようになる。

焦点を決める

人間の頭にはイメージや情報を蓄えるための容量は十分あるが、集中力に関する能力は非常に限られている。一度にほんの少しの対象またはイメージにしか焦点を当てることができない。一方、自分の思考過程は、視覚化することによって分かる。そこで、一歩下がって思考の流れを観察し、そのリズムと密度とそれに伴う感覚を確認したり、思考の周辺を探ったりしてほしい。要するに、自分の意識を意識することで、特定の課題に適切に集中できているかを知っておくことができるのである。

人間の精神は、継続して大量の情報を見ていくことができる。そして、そのなかからほんの一部をさらに注目するために選び出す。また、選ぶことによって、目を通したり選択したりする過程を非常に積極的に行えるようになる。パフォーマンスを向上させたり、もっとよい人生にしたり、自分の限界を超えるために、意識的にイメージや思考に焦点を当てることができる。メンタルイメージは何層にもなっていて、それが行動や賢く選択することの学び方に影響を及ぼす。また、そのなかから賢い選択の仕方を学ぶことは、思考過程だけでなく行動までもコントロールする方法を会得するための重要な一歩になる。

集中する過程をコントロールできるようになれば、もっと中枢の働きを今に合わせたり、トレーディング生活のなかの出来事に一定、あるいは優先的な対応を強制されたりすることなしにもっとかかわっていくことができる。ダルビッシュ（イスラム教の神秘主義の一派）の古い諺に、「沈黙を守るときは沈黙し、話をすべきときは話し、努力すべきときは努力する。そして、何をしてもよいときには何をしてもよい」というものがある。この格言の真意を理解できれば、自分の最善の努力を受け入れやすくなる。そうすることで、努力が、あらかじめ思い描いておいた努力の結果のイメージを反映する結果につながる可能性が高い。

集中力を高めるためのリラクセーション

視覚化を行う過程では、リラックスできればできるほど多くの情報を処理し、走査し、選択することができる。つまり、自分の現状に合った選択がしやすくなるということになる。

目を閉じてスムーズかつ均等に呼吸するのは、精神的な受容力が最大になっている落ち着いた状態に入るための非常によい方法で、この手法はすでにさまざまな文化圏で認められている。自分の呼吸を簡単かつ自発的に観察することは、インドのヨガ学校（プラナまたは呼吸コントロールは、すべての体操の基本とされている）やアジアの武術学校（血または活力を抑えることで自分を落ち着かせる）で行われているリラクセーションの基本テクニックになっている。もし意識のなかの心地良さや不快さのイメージをプロジェクターに映し出すことができるなら、呼吸のコントロールはプロジェクターに油を差してフィルムを思いどおりのところで止めたりするようなものだろう。

本章の最後に記した「練習2　リラックスして集中力を高める」のステップに従うだけで、この簡単な方法を試すことができる。この練習は、第4章で紹介した「練習1　リラクセーション反応」と似ているが同じではない。練習2は、「練習3　トレードに集中する」の指示に従ってトレードするときに使うとよいだろう。

ただ、リラクセーションによって気持ちが大きくなる（小さくではなく）点はパラドックスとも言えるため、注意してほしい。リラクセーションと眠気を同じだと思っている人は、この点を誤解している。実際、リラックスした人が寝ぼけたような行動をとることは、緊張した人よりずっと少ない。

学習の過程でリラックスして集中すると、記憶を容易に蓄えたり呼び起こしたりすることができるようになる。もしとっさの情報量を増やしたいのなら、情報を取り入れる時点でリラックスする必要がある。練習でも本番でも、楽にして自然の流れにまかせたアプローチのほうが、「どんなことをしてでも勝つ」といった神経質なアプローチよりたいていよい結果になるのはそのせいだろう。

ケーススタディ――視覚イメージと集中

次の対話では、パトリックが週末に挑んでいる自動車レースと株のトレードを比較している。彼が意識的に自分が集中したいイメージを選び、それが取り組んでいる課題の達成に役立っている点を見てほしい。

パトリック　いつも事前にレースについて視覚化するようにしている。車の中にはカメラが取り付けてあって、その映像を夜にビデオで見ると、コースを見ながらレースについて考えることができる。また、夜寝るときはコースを思い浮かべ、どこに向かっているのか、カーブの前にいつブレーキやステアリングやギアチェンジをすればよいのかを考えながら、頭の中で何周も走る。

キエフ　視覚化したレースについて具体的な経験を話してほしい。

パトリック　三九度近い熱があってひどい気分だったので、土曜日のレースを休んだことがあった。日曜日は土曜日の結果でスタートするので、僕は五九台中五九位の最終走者になる。そして、レーストラックはすごく狭い。それでも僕の車は速かったので、前を行く連中と十分戦えた。僕はスタート時点では半マイルほど遅れていたので、前を行くある一台を抜くことだけに集中することにした。実際には見えていなくても、先を走っているのは分かっている銀色の車に全神経を集中し、みんなが驚くほどの猛スピードで左右の車やときには二～三台まとめて追い抜いていった。時速一四〇マイルで飛ばした結果、最初の一周でなんと一五台も抜いてしまったんだ。無線の連絡で、三周目と四周目には二三位から一八位へと上がっていることが分かった。でも、追いかけていた銀色の車のバンパーが実際に目に入るまでは、純粋に視覚化の世界での戦いだった。トレーディングの準備にも、同じような視覚化を取り入れている。まず、何をすべきかを分析する。トレーディングは感情的なものだし、毎回違う。正しいときの感覚がどんな感じだったかについて考えてみる。マーケットは手強い相手で、感情を煽って儲けられなくなるよう仕向けてくる。レースの経験はトレーディングに生かせる。どちらも大事なのは継続してコントロールしていくことだ。

キエフ　一分も気を抜けないのか。

パトリック　毎分とは言わないが、毎時間、あるいは毎日確認する。コントロール状態を維持して常に損失を抑え、勝ちトレードを伸ばしつつ調整し制御していく。もし気を抜いたり、ずさんになったり、負けトレードを放置してしまったりしたら、トラブルに巻き込まれる。レーストラックの先を行きたいように、ポートフォリオも先を行きたい。そのためには、脳が自分のスピードについていかなくてはならないし、自動車やマーケットが思考より先に行ってしまってはいけない。僕はポジションをひとつずつ見直して、それが正しいかどうかを自問しているし、チェックリスト自体も定期的に見直している。それがコントロールするということだと思うし、もし不精したり疲れたりしたらコントロールを失う。

キエフ　みんなの動きが予想できるくらいマーケットの構造が見えているか。

パトリック　マーケットの先を行くよう努力はしている。

キエフ　心理的なスキルがトレーディングを向上させる。

パトリック　忍耐と規律と自信だと思う。自分で行った評価や分析に自信がなければ、視覚化できるかどうかは分からない。

キエフ　中枢を働かせれば、成功に近づくか。

パトリック　それより集中することだ。これは欠かせない。まず、集中することの価値を信じなければならない。もし信じられなければ、集中し続けることはできない。S&Pのチャートを一日中眺めているのにはかなりの集中力がいる。気を働かせることで大きな満足感は得られるが、やはり大事なのは成功することだ。

キエフ　レースに勝つことと、プロセスに積極的にかかわることのどちらが大事か。

パトリック　かかわることは楽しいし、もっとも大事なことだと思う。そしてこれが勝率も上げてくれる。勝つことはほんの一瞬で、プロセスは継続的な感情と言える。走りを思い出せるゾーンでは、成功確率も高い。

パトリックとの対話は、出来事に対して準備を整えることができることを示している。実際の状況を迎える前に、頭の中でとるべきステップを練習すれば、不測の事態に対しても、適切な準備を整えることができる。

プラスの状態を維持する

ここまでは簡単に聞こえるかもしれないが、視覚化というテクニックにもまったく問題がないわけではない。実際、多くの人にとって（特にこのテクニックを知らなかった、あるいは初めて使う人は）、頭の中で何かをやってみることは、開放より罠になりかねない。心の奥底で失敗を望んでいる場合には、視覚化がベストを尽くさないことに対する完璧な言い訳を用意することにもなり得るからである。

視覚化の実習が失敗をもたらす原因は、われわれがどんなイメージにでも集中できるわけではないことにある。普通、われわれは自分に何か特別な意味のある対象を選ぼうとするため、もしこれらのイメージが失敗や低パフォーマンスと関連していれば、それがこれからの努力を阻害する可能性もある。ウィリアム・ジェームスが「精神活動の関連原理」と呼んだ心理は、最大の努力のためになることも、それに反することもある。

例えば、非常に才能があるのにある水準を超えられない運動選手を思い浮かべてほしい。彼の平凡な成績は、子供のころに勝利を成功ではなくて、なじみのないスポットライトの世界に無理やり追い立てるものとしてとらえていたことからきているのかもしれない。この問題は、小さいころに成功したことで、両親が過熱して恥ずかしい思いをした経験がある人によく見られる。そして、これが視覚的イメージを使おうとするときにさらなる問題を引き起こす。

視覚化を最大限利用する

なぜ関連原理を効果的に使える人もいれば、それで最大チャンスを潰してしまう人もいるのだろう。答えはひとりひとりの心理状態によって変わってくるが、共通しているのは後知恵、あるいは正当化だと思う。頭の中で流す映像が一番望んでいるエンディングになることを拒否し、まだカメラが回っている間にフィルムを編集して統一性や流れを壊してしまうのである。

この効果を確かめるため、本章最後に掲載した「練習４　最大の強みを視覚化する」を行いながら、もう一度意識の流れにまかせてみてほしい。この練習からは、思考がまったくランダムに高揚するのではなく、はっきりと識別できるリンクがあるということが分かるだろう。このリンクの存在を理解することが重要で、もしこれがなければ、ひとつのアイデアから次のアイデアに合理的なステップを踏みながら移行することはできない。この思考のリンクと特別感情的な対象に集中しようとする傾向が組み合わさると、注意がそれる原因になり得る。例えば、「何が起こったのか」「どうすればもっとうまくできるか」「なぜそのミスを犯したのか」などと自問しながら習慣的に思考や行動を分析していると、そうなりやすいかもしれない。この種の理由づけは、防御と抑制の深刻な要素にもなり得るのである。

なぜそうなったのかを考えるとき、人は自然に自分を防御してしまう。自分の進歩を分析することが役に立つ場合もあるが、失敗について悩んだり「最善」を尽くせなかったことを非難ることを非難するのがよいことはけっしてない」

リスクマネジャーがトレーダーに「ポートフォリオをヘッジしてロングとショートをバランスさせるのを忘れないように」と声をかけるときがあるかもしれない。このフレーズ自体はまったく無害で、むしろ有益とも言える。しかし、ヘッジを気にしすぎて目的を忘れたり自信に見合うサイズのトレードを実行できなくなったりしてしまったら、問題が生じる。あるいは、思いどおりにならないとパニックを起こしやすければ、失敗や損失の可能性にばかり気をとられて、不安のあまりマーケットが反対に動くたびにポジションを減らしてしまうかもしれない。

これはいわゆる「青い兎のことは気にするな」という警告と同じことで、だれかに止められると、その禁止命令と共にまさにその禁止されたものをやれという隠された（「埋め込まれた」と言ってもよい）メッセージを無意識に聞いている可能性が高い。「青い兎のことは気にするな」というのは単に表面的なアドバイスで、意識のなかでは「青い兎」という埋め込まれたメッセージしか聞いていない場合がある。そして、この隠れたメッセージを無意識に記憶したとすれば、どれほど正しくて強い意思を持っていたとしても、もともとのアドバイスに従うのは難しい。

では、この困難にどう立ち向かえばよいのだろう。過去（または将来）の失敗に縛られないために、精神的にどのような準備をしておけばよいのだろう。失敗を約束するようなマイナスイメージではなく、成功につながるプラスイメージをうまく取り入れるにはどうすればよいのだろう。ここでも、一度にひとつのアイデアにしか集中できないという事実が答えになる。ある瞬間に思いをはせることができるのは、たったひとつの視覚イメージしかないのだから、意識的に「悪い」イメージを追い出すよりも「良い」イメージを埋め込むことに専念すれば、悪いほうは自然に追い出される。つまり、無理に「青い兎」について考えないようにするのではなく、意識的に白い兎のことを考えていれば青い兎は自然にいなくなってくれるのである。

これは視覚化を利用するときの重要な二面で、望まないイメージに「向かって」考える必要がある。「避ける」思考がうまくいくことはまずないが、望むイメージに「向かって」考えるのではなく、「避ける」のではなく、「向かって」いく思考はたいていうまくいく（これは、脳には二つの矛盾した考えを同時に持つことができないという特異な性質があるため）。そこで、気を今に集中して、「青い兎」のような自己防衛の心的装置が入る余地をなくすことこそがゴールになる。

脱感作を通して否定性をマスターする

視覚化のゴールは、ある出来事を実際に行う前に多少経験してみることと、その行動の楽しい側面を経験する準備を整えることにある。視覚化の練習は、何かに駆り立てられるような考えや強迫観念など、パニックや不安や防御的反応を引き起こす状況を克服するのに特に役立つ。前にも書いたが、過去の損失やマイナスの経験についてくよくよ悩みたくなければ、それを乗り越える方法を早急に探さなくてはならない。

もし過去の失敗や負の感情による動揺からトレードする気になれなかったり、ポジションを適正なサイズに調整できなかったりするならば、脱感作という過程で視覚化を使うとよいかもしれない。ただし、この過程は決められたステップを守って行わないと、最大の効果を得ることができないし、さらなるマイナス予想という逆効果を生んでしまうこともあり得る。

恐ろしい状況に少しずつ慣れていくためには、その課題を最小単位に分割して少しずつゆっくりと取り組んでいき、最終的には怖いと思っていたことができるようになるような方法がよい。本章最後の「練習5　マイナスをマスターする」を試してほしい。この練習には特定の時間枠は設定していないが、これを実行すれば以前なら問題を生んでいたような状況（恐れたり動揺したりしてしまう困難な場面）に立ち向かったり、思ったより素早く対処できたりするようになっていることを発見して、満足感を得ることができると思う。できれば、ぜひ試してほしい。

視覚化を練習すると、自分を実際の状況にさらす心構えができる。ここで重要なのは急がないことで、まずは一度に吸収できる分のみで練習してから実行してほしい。ほんのわずかなプラス経験からでも得ることはあるし、すぐに自分の限界だと思っていた以上の能力を発揮できるようになるだろう。

新しい自分への展望にコミットし、リラクセーションと視覚化の練習を組み合わせれば、これまでの習慣をやめたり修正したりすることができる。リラクセーションは不安を和らげ視覚化を容易にすることで、展望をより明確にしたりその実現に向けて準備を整えやすくしたりしてくれる。

前後関係を明確にする

マスタリーに向けたステップは、自分が選択した行動を一瞬ずつ積み重ねていく作業になる。できればそれぞれの一瞬にフレッシュな気持ちで臨み、トレーディングの過程に全力を注いでほしい。これは過去の情報に頼らないというわけではないが、そういう考えからは独立してほしい。これは自分がどう見えるか、何を着ているか、ほかの人がどう思っているか、などといった「自己認識」に頼らないということでもある。今の瞬間に集中できるようになると、特定の行動に自分の資源を集められるようになる。

自分がすべき行動の流れを決め、それを明確にすることは、まず結果とそこに至るまでのステップを一瞬ごとに踏んでいくという作業になる。しかし、結果を気にしすぎてゴールに対する集中力を持続できなかったり、頑張りすぎたりしてはいけない。ここはコースを修正しながら望む結果を目指してトレードし続け、到達するつもりのゴールに見合ったサイズのポジションをとっていくしかない。逆説的に聞こえるかもしれないが、次の瞬間（自分に与えられた唯一の瞬間でもある）に完全に移行するにはこのやり方しかない。そして、そのためには、気持ちを表現するだけでよい。それがマスタリーだ。自分自身の外から何かを期待する必要はない。ゴールに合わせてテンプレートをデザインしたら、あとは行動するのみ。このテンプレートを使って目の前に現れてくるパターンは、これまで目指してきた視覚的イメージとリンクしている可能性がある。

ケーススタディ――株の将来を視覚化する

次の議論からは、視覚的イメージのリハーサルが株価を動かす変数を予想するうえで重要になることが分かると思う。メルは、さまざまなシナリオをイメージすることをアンナに教えていて、ここではそのために行っていることを説明している。シナリオには、特定の銘柄に対するさまざまなセンチメントや心理や知覚を組み入れていく。メルは、過去のパフォーマンスを基にして将来のトレードに関するメンタルイメージを作り上げることを教えるために行っていることについても語っている。このメリットは、トレードが計画どおりにいくことよりも、さまざまなシナリオに対して準備したり、代替戦略を用意できたりすることにある。

メル　アンナと僕は二つのアイデアを使って考えていった。まず、僕がアイデアを詳しく見て「知覚」「数字の心配」「評価額だけで買う理由」という三つの要素に分類した。そして彼女に「これを空売りするべきか。この数字は、もっと下がるように見える」と言った。彼女はもう一度調べ直してから、この数字はもっと下がるはずだと答えた。これが彼女の結論だったが、さらに続けてこう言った。「下限はここよ」。僕は、なかなかの分析だったと思った。僕は彼女にさまざまな可能性を視覚化してみなければならないことと、将来この手法を自分で繰り返すことができるように、今やっていることの理由を明確に理解しておかなければならないことを伝えた。将来は、彼女自身が分析に知覚と予想を組み入れて結論に達することができると思っている。今日は僕がチャートや原理を紙に書いて彼女の机の前に貼り、毎日見られるようにしておいた。でも、彼女はおそらく自分でも同じことができるだろう。できないわけがない。

キエフ　彼女はパラダイムシフトが起こったことを理解しているのか。君の目的が物事に対して別の見方ができるようにさせることだと分かっているのか。

メル　分かっている。彼女には、この方法がさまざまな業界や状況に適用できることがよく分かっている。彼女には、「数字を見ているだけでは、利益を上げ続けることはできない。二年前にうまくいったとしても、今は機能しない。だから知覚とセンチメントを取り入れないと、継続的に利益を上げていくことはできない」と言ってある。この前、彼女が「今後、数字はこうなっていくと思う」と書いてきたので、「この銘柄がどうなると思うかが聞きたい。今後、どのようにトレードしていったらよいか提案してほしい」と応えた。でも、それを採用するかどうかは言わなかった。ここでのポイントは、これからの展開がどうなるのかを考えていく過程を、最前線の立場で体験させることだった。一週間後、彼女が自分で提案書を書き上げてその出来事も終わったところで、実際の展開と彼女の予想を比較した。実は、これがよくできていた。もう彼女はこのとき何が必要かを理解していたので、次もまたこの過程を繰り返すことができる。もし僕がアプローチの仕方を教えていたら、この教えは定着しなかったと思う。彼女は強い学習意欲を持っているので、あとは実際に目や耳を働かせているかどうかを確認することが僕の仕事だと思っている。最高のアナリストというのは良い聞き手であり、聞いたことをきちんと理解できる人だと思っている。彼女はインパクトを与えようとして自分が知っているやり方を何度も試しているが、新しい手法を探求しようとしていない。もう少し時間はかかるだろうが、さっきのような対話をしたのは良かった。

キエフ　こうすることで次の出来事を視覚的に考えられる。言い換えれば、視覚化した株価の軌道のデータから今後の動きを推定できるようになる。ヒストリカルチャートを見るメリットは、将来の予測の枠組みを得られることで、まったく同じ展開になるわけではないが想定すべき手がかりをつかむことができる。そうなれば展開が見えてくるし、チャートにつけることもできる。それに対しては「ＯＫ。ここまで来たら、その先はどうなると思うか」と問いかければよい。

メル　それがメリットだと思う。みんなは怖がるだろうか、どんな反応が返ってくるのか、もし怖がってもそれは起こるのか。このビジネスの複雑さを考えれば、予想にも限界がある。だからよく考えてシナリオを視覚的にイメージする以外にできることはない。八五％の時間はある事実に対してみんながどのように反応するかを解明することに使う。つまり、多くの時間を潜在的なシナリオとそのさまざまな展開について考えることに割くべきだと思う。

キエフ　代替シナリオだね。

メル　彼女は綿密だし、ほうぼうに電話をかけて話を聞く意欲もある。そうすることが、ほかの人の状況を計る目安になっているようだ。ただ、レポートが多くなってきているので、もっとマーケットに対する知覚や恐怖、あるいはトレーダーの反応といったことに集中するようプレッシャーをかけている。それに、歴史に対する見方も直していこうとしている。まだ疑問視する点が十分ではないし、自分が提示したアイデアについてさらに検討する力もつけてほしい。

キエフ　彼女は反論しないのか。

メル　彼女は、利幅や成長率や過去のデータを見ることが正しい方法だと思っているが、今後は「正しい方法」が状況によって違うことも分かってもらいたい。

この対話からは、ポートフォリオマネジャーがどのようにして視覚イメージのリハーサルという概念をファンダメンタルアナリストとしての仕事に取り入れているかが分かると思う。彼らはさまざまな潜在シナリオを試して、どのような追加データが必要かを調べ、いくつもの戦略を立てていくことが求められている。これこそがマスタリーへのカギとなる。

ここに出てきたアンナとのコミュニケーションの問題は、どれも新人アナリストに視覚イメージのリハーサルというスキルを教えるとき必ず出てくる。ここでは、相手がどのようなアプローチをとるのかを理解したうえで、リラックスして防御的にならずに取り組めるよう仕向けることが重要になる。

ケーススタディ――ポートフォリオマネジメントに視覚化を利用する――

気を働かせてポジションの動かし方を視覚化し、もし株価が目標値に達したらとるべき行動のシナリオを幾通りも用意しておくスキルは、ポートフォリオを運用するうえで非常に役に立つ。次は、株価の動きに対して身がすくんでしまうことが多いことで相談に来たヘッジファンドマネジャーのミッシェルのケースを紹介しよう。

ミッシェルはこれまで好成績を収めてきたトレーダーで、現在は大口のヘッジファンドを運用している。彼は、アナリストに頼るようになってから保有する銘柄について自分でトレードしていたころのような確信が持てなくなっていた。そこで、気を働かせる価値についてと、ポートフォリオから離れて視覚イメージのリハーサルを使って戦略を立てておけば日中のトレーディング時間中でも客観的にすべきことが分かることについて、話をした。

　このケーススタディは、ポートフォリオマネジャーが視覚化を使うとポートフォリオをうまく処理できるため、マーケットでより高い利益をつかみとることができるようになることを示している。

ミッシェル　もっと痛みを受け入れられるようになることと、長期と短期をバランスさせることができるようにならないといけない。そのうちどこかがつらくなってくるのは分かっている。そうしたら、たぶんポジションを小さくしてマーケットが好転するまで待つことになるだろう。つい自分のポジションを正当化して、反対に動いている空売りポジションを手仕舞う代わりに保有し続けてしまう。身がすくんで何もできなくなってしまうんだ。自分を切り離すことを学んで、ひるまず、もっと柔軟にポジションを調整できるようになるためのアドバイスがほしい。

キエフ　さまざまなシナリオに対処するための視覚的イメージや計画を持っているか。それがあれば株価が一六ドルに上がってもさらに空売りするのか、それとも買い戻してリスクを減らすのかを決めておくことができるから、痛みを避けられる。計画や戦略とマーケットの動きを重ね合わせることができれば、株価がストップに達したときすぐに対処できる。そうなれば、マーケットの動きにうろたえたりせずに準備しておいた計画のひとつを実行に移せばよい。リスクを増やすのか、割高になっていたり一時的に玉締めに遭っていたりする銘柄に、さらなる展望や自信はあるのか、あるいはポジションを削ってリスクを減らしたいのかなど、いくつかのステップのなかから事前にどれを実行するのか決めておいてほしい。計画を持っておけば、状況が展開したときに自分の感情に圧倒されるのではなく、客観的に行動することができる。状況を見守っているばかりでは、吹雪に巻き込まれることにもなりかねない。

ミッシェル　僕はまだそのなかにいる。もし事前に設定を考えておけば、もっと小さなポジションにして収益発表の直前まで買い増しはしなかった。そうすれば、今より良い成績になっていただろう。もし発表を聞いて自分が間違っていたと思ったら、どちらの場合でもたぶんポジションの三分の一を手仕舞ったと思う。でも、そのどれも実際にはしていないということは、完全にすくんでしまったからだ。

キエフ　マーケットが予想のつかないものだとしても、何かしらの規則を決めておくことはできる。トレードの前に視覚的なイメージを持っていたか。さまざまなシナリオを思い浮かべて、もしそれが起こったらどう反応するか考えておいたか。

ミッシェル　何も計画しておかなかった。コントロールなしでトレードしていたようなものだった。

キエフ　計画があれば、マーケットの状況に応じて柔軟にサイズを変えることができる。

ミッシェル　そのとおりだ。たぶん僕はその瞬間に焦点を合わすことに時間をかけすぎていた。一歩下がってポジションの動かし方を考えるべきかもしれない。

キエフ　それが視覚イメージを持つメリットだ。チャートの動きによってどうトレードするかを考え、もし上がればもっと空売りするし、下がれば一部を買い戻せばよい。計画を用意しておいて、展開をよく見ることがカギとなる。

ミッシェル　さっきも言ったように、僕には悪い癖がある。

キエフ　悪習慣というよりも、どのスタイルに従うべきなのかが分からないのではないか。

ミッシェル　僕がひとつのアプローチに絞っていないことも原因だとは思う。もし手法がはっきりしていれば、これほど多くの問題にはぶつからないだろう。なかでもよくないのは、トレードを実行してそれが失敗だったと分かっても、正当化して保有し続けてしまうことだ。

キエフ　君は長期のポートフォリオマネジャーと短期トレードの両方をやっている。ずっと保有し続けるべきものをトレードしたり、手仕舞うべきものをそのままにしたりしていないのか。

ミッシェル　完璧な例だ。大部分は間違いたくないという気持ちからきていて、それがパフォーマンスを悪化させている。僕の問題は損切りで、これについては本当に分からないし、不可能なことのように思える。問題のひとつは、すぐ正当化しようとしてしまうことにある。

キエフ　対象企業について知らないときそうなるのか。

ミッシェル　そうだ。あるいは驚くべきことではないことで驚いたときもそうなる。それに断固として切り離すのが得意ではない。

キエフ　そうかもしれないが、知らなければ断固とした態度はとれない。君は知識があるときは非常に決断力もあるし、直感も働くように見える。

ミッシェル　それは簡単だ。僕はポーカーに凝って、一時はずいぶんやっていた。毎週末アトランティックシティでプレーして、ほぼ毎回勝っていた。最近また始めて、以前の調子を取り戻しつつある。みんながポーカーで失敗するのは、アマチュアのように感情で動いてしまうからだ。僕がリードしているときは、どれくらいのチャンスがあって、どの戦略でいくかがはっきりと分かっている。相手がはったりを言っているのも見抜ける。マーケットも同じようなので、知れば知るほどそれぞれの確率もあらかじめ分かるようになる。何がチャンスかや、起こり得る出来事や起こり得る結果も分かるようになる。だから、第三者的立場でプレーすることができる。

キエフ　それならそういう方向に持っていけばよいのではないか。なぜそうできないのだろう。君は計画を立ててそれを実行しなければいけない。どうなるか待っていてはだめなんだ。

ミッシェル　でも、間違えるのは怖い。

キエフ　計画を指針とすれば、自分と切り離して取り組める。そうすれば、計画を実行するだけでよくなる。もし計画があれば、従えると思うか。

ミッシェル　思う。

キエフ　それならよく知っている企業をひとつ選んで、株価ごとにポジションサイズを記したスプレッドシートを用意してほしい。例えば、もし株価が三四ドルならばポジションを二～三％以上にすることと、その理由を記しておく。どんな要因（リスク・リワード、流動性、自信、正しい確率）でポジションのサイズを決めるのかも考えてほしい。もしその答えが見つかったら、さまざまな株価におけるポジションサイズをモザイクのように当てはめていく。もちろんこれらすべてが世界の変化とともに変わっていくが、マスタートレーダーは常にこれらの要因とポジションサイズを検証している。今、君は計画を持たずに自分の力に頼ってトレードしている。自分の知っている企業に自分の知っている方法を当てはめて儲けようとしている。このやり方は、長期のポジションを建てるときには役に立つ。

ミッシェルとの対話をまとめると、①気を働かせることとトレード日が始まる前にやろうとしていることについて客観的に考えること、②株価が特定の方向に動いたときすぐに対処できるよう何らかの視覚的イメージか戦略の構想を事前に持っておくこと――になる。これは、トレード経験はあってもアナリストに頼りすぎて受容的な姿勢をとるようになってしまったミッシェルのようなタイプにとって役に立つ。

言い換えれば、もしトレーダーとポートフォリオマネジャーという二つの役割を持っているのなら、ポートフォリオ内のさまざまな銘柄をどのようにトレードしていくのかについて注意深く計画を練ることが重要になる。そうすれば、アナリストの分析をもとに長期ポジションをトレードしたり、不利な展開になっている短期トレードを長期で保有したりすることを正当化してしまうという落とし穴を避けることができる。

繰り返しになるが、視覚化することは思考をコントロールし、将来のトレードに備える助けになる。メンタルイメージのテクニックを使うと、さまざまな状況におけるさまざまなイメージを選んで集中できるようになる。また、行動に合わせた視覚イメージに集中することで、実際のパフォーマンスに向けて精神的な準備を整えることもできる。

このような行動によって、メンタルイメージがどれほど自分の知覚や経験や行動に影響しているかを知り、自分が望むイメージをプログラムしてマイナスイメージは取り除いていくことを学ぶことができる。このようにリラックスした精神を生み出すことで、不安や疲労を払いのけ、集中力を高め、気持ちをかき乱すような記憶やそのほかの刺激を遮断することができる。そのうえ、新しい情報を受け入れやすくなることで、将来のシナリオをより効果的に計画できるようになる。

視覚イメージは肉体的な痛み（ストレスの多さが原因のものなど）を乗り越えたり、リラクセーションテクニックを学んだり、忍耐力を高めたり、パフォーマンスに対する不安を和らげたり、労力を使いすぎてミスを増やすリスクを避けるために自分の行動をモニターしたりするのにも効果を発揮する。視覚的イメージは集中力と自信を高め、抑圧を乗り越える勇気を生み、通常の限界を超えたゴールの達成を可能にする。

視覚化は、ミスを修正したり正しい手順を再構築してパフォーマンスを改善したりするために出来事を見直すときにも役に立つ。また映画の例で言えば、連続した出来事を映画のフィルムのように見直したり編集したりすることができる。この編集手順は再評価したり、再構築したりパフォーマンスを再現したりするときに役立つ学習ツールになる。つまり、視覚化は反応を教えてくれるメカニズム（ビデオの再生のようなもの）であり、ゴールやパフォーマンスを調整する助けになってくれる。

もし初めて瞑想やリラクセーションや視覚イメージを行うときは、毎日のスケジュールに組み入れておくと、これらの練習を生活にうまく取り込むことができる。毎日同じ時間に一五分間この練習をすることにしてほしい。トレーディングシステムに、休憩したり瞑想したりオフィスの外に出るようハイテクのサインを組み込んでもよいだろう。こうすることで、落ち着けるだけでなく、良いトレードや悪いトレードを観察するのと同じように自分のムードや気性を観察することもできる。また、定期的に時間をとって気持ちを静めると、リフレッシュした気分でデスクに戻ることができることに気づくだろう。

視覚化することで、自分の時間の使い方が分かり、自分の行動の成果を検証し、非生産的な行動パターンや習慣を変え、ゴールを明確にし、部下を効率的に管理できるようになる。そう考えると、視覚化はこの戦いを前進させるためにさらなるスキルと行動を得るための重要なツールと言ってよい。

練習2　リラックスして集中力を高める

一．軽く目を閉じてゆっくりと規則正しく呼吸する。無理したり息を止めたりせずに、自然な空気の流れにまかせる。体は、いつもの楽な呼吸を知っているのだから、リラックス呼吸を練習するときは自分の体のメッセージに耳を澄ますことが唯一のコツになる。

二．リラックスして呼吸が整ったら、以前に訪れた楽しい場所を思い描いて、そこに神経を集中するか視覚化する（本当にある場所でなくてもよい）。そこに自分がいて、景色も香りも音もフィーリングもすべて自分に取り込んでいるところを想像してほしい。多くの人がこの練習によって非常に落ち着いた気分になることができる。この短時間の練習を定期的に行うと、外部ストレスにさらされたとき自分の体がどう反応するかや、呼吸、思考の順番で整えていくことでこの反応が和らぐことに気づくだろう。

三．メンタルイメージを、自分の外で今まさに起こっていることから自分の内面に起こっていることにシフトしていく練習をする。こうすることが、今起こっていることに耳を傾け、観察する助けになる。この「安らぎに満ちた機敏さ」の状態に近づければ近づくほど、効果的な行動がとれるようになる。

練習３　トレードに集中する

一．今、目の前にある外部環境、つまり自分のトレードに起こっていることに神経を集中する。

二．次に、思考をシフトして、体の感覚に神経を集中する。

三．このシフトを何度か繰り返し、自分の思考の変化をよく観察する。


意識の流れにうまく入り込めるようになったことに気づいただろうか。リラックスした楽な状態で自分の感覚に集中すれば、自分のなかにある「プロジェクター」が気分を鎮めてプラス思考の生産的なシーンを映し出してくれる。

練習４　自分の最大の強みを視覚化する

一．何か特定の課題について考える。

二．どのくらいその考えに止まっているか、あるいはどのくらいの頻度で別の思考に移っていくかを観察する。ひとつの考えがどのくらい続くかも考えてみる。

三．ほかの考えよりも集中できる考えがあることを確認したうえで、特定の考えを選択し、ほかを拒否してしまう理由を考える。

四．自分が拒否した考えについて、次のことを検討してみる。
●愉快な考えだったのか、それとも不愉快なものだったのか
●愉快な考えのほうを不愉快なほうより長く考えていたか
●自分の思考はどのように展開していったか

練習5　マイナスをマスターする

一．トレードでいつも気が動転してしまう状況を観察する。

二．トレードで不安を引き起こす状況にランクを付ける。最初にあまり不安にならなかった状況を書き出したあと、見直しが苦痛だったトレードを加えていく。思い出すかぎりすべて書き出す。

三．すべてを書き出したら、ランキングの見直しをする。なかには当たり前だと思っているトレードや、リストに含めたくないもの、あるいは認識すらしたくないものもあるかもしれないが、それもきちんと含める。リストは三〇項目以上になるかもしれないし、五項目しかないか

もしれない。

四．もしある経験にいくつもの側面がある場合は、それぞれを独立した項目としてランキングに含める。この作業は、恐怖心に向き合ううえで非常に役に立つ。恐怖をランク付けすることで、それを客観化し、自分と切り離すことができる。そして、これはやればやるほど簡単にマスターできるようになる。自分の恐怖心を認識すると、それを覆い隠すためにどれほどのエネルギーを消耗していたかが分かる。同じことは、失敗や欠点、強迫観念、衝動に関しても言える。対象をはっきりと特定することで、避けていた経験を別の方法で処理できるようになる。

五．まずは一日一五分間、自分が恐れている活動のひとつに取り組んでいるところを視覚化してみることから始める。イメージのなかでは、不安を持たずに取り組んでいるものとする。もし視覚化の途中で不安になったら、中断してリラクセーションの練習をする。練習することによって、怖いと思っていることでも不安を抑えて視覚化できるようになり、いずれはそこに楽しみを見いだせるようになる。

六．ひとつの状況をマスターしたら、リストの次の項目に移る。すべての項目において、簡単にその状況にいる自分を視覚化できるようになるまで続ける。

第3部

何が邪魔をしているのか

第6章 すべての恐怖の源

ハムレットは正しかった。「もともと世の中に善悪があるのではない。それは人の判断で決まるのだ」――周りの出来事や状況に対する意味合いには、その出来事に対する無意識の思想や感情が反映されている。過去の経験が、今の経験を支配したりゆがめたりする思想や生命原理の元になっている。実際、人は目の前の出来事に対してそれ自体からではなく、過去の経験を再生してそこから意味を探す。そのため、何ごとも思ったとおりにはいかないし、自分の経験を説明するための理論もさほど有効ではない。

自動思考と反応

うのみにするのは不安な考えかもしれないが、あえて強調しようと思う。人はすべての状況において、過去からの生命原理を持ち込む。これが予想にも、知覚にも、反応にも影響するため、今見えているものは必ずしも最初に思ったようなことではなく、実際には自分の理解を超えたものなのかもしれない。

こう書くと非常に当惑するかもしれないが、筆者が言ったから信じてほしいわけではない。ただ、このことについてぜひ考えてみてほしい。世界をそれが正しいものとして見る。今、見えているものはすべて過去の経験というレンズを通しているため、この「レンズ」の存在を認識しないかぎり真実は見えてこない。この新しい視点を受け入れれば、少なくとも一時的には自分の人生と経験における思想メカニズムの影響を認めることができ、世界とのかかわり方を極めて強力に変えることができるようになる。自分の意識と、過去の経験に基づいた思考パターンとモデルが現在に与えている影響を意識できるようになる。それができれば、人生や活動の状況にさらなる力を吹き込むことができるし、強い自意識を持って機能したり、新たな方向に踏み出すリスクをとったり、トレーディングマスタリーに至る過程で達成したいことを見つけたりすることもできるようになる。

トレーダーの生命原理と自動思考が恐怖を作動させる例を見てみよう。このように感じることや、同じような思考過程をたどることがどのくらいあるかを考えてみてほしい。ある朝、バイオテクノロジーセクターのトレードが専門のヘイデンは、中規模の医療検査会社の株のトレードで損失が出始めると、「損失を出すこと」に対して不安を感じ始めた。そして、手が汗ばみ、頭痛がこめかみに忍び寄り、心臓の鼓動が速くなったヘイデンは、売ることを決めた。しかし、これは調査に基づく妥当な理由で株価が下がると考えたのではなく、株価下落というコントロール不能な状況に対する恐怖に彼自身の過剰反応が加わって倍増した不安から下した判断だった。実は、取引終了の一時間前になって株価は少し上がったが、ヘイデンはすでにひどい頭痛と混乱とパニックの状態に陥っていた。

残念ながら、このような売りはトレーダーが耐えられないマーケット環境を切り抜けるときに、あまりにもよくある危険な行動の好例と言える。神経をいら立たせたヘイドンに起こった体の徴候が、間違ったタイミングの売りを招いたのは、客観的なデータではなく、感情で行動してしまった結果と言える。

もしヘイデンがこのような出来事について普通の精神科の診察で話していたら、精神科医は彼の不満を聞き、彼の生活についてよく理解しようとしたうえで、彼の苦悩の原因を過去のさまざまないきさつを含めて説明しようと試みる。また、この過程で、医師はヘイデンの苦痛を再構成して過去の経験をよりよく理解したうえで苦悩を乗り越えさせようとするだろう。こうすることで、それがどのようにして起こり、どうすれば別のもっと効果的な対処ができたかなど、過去の経験についてたくさんのことを学ぶことができる。

ヘイドンのようなトレーダーにマスタリーを目指す一環としてコーチングを行うときは、どのようにして自分の感情（特にそれが判断の妨げになっているとき）を観察し、対処すれば、手に負えない状態でも意識的にマスタリーを目指すための大きな枠組みを作れるか模索する手法をとることが多い。

コーチングの目的は、感情的反応を一歩下がって見ることを学び、自分の感情とトレードを切り離して考えることで、トレードを続けたり手仕舞ったりする自信を深めるために何ができるかを考えさせることにある。大事なことは、不安を乗り切ることを学ばせることで、トレードを感情的な反応度というレンズを通して見ることではない。人は必要性や生命原理のままに動けるわけではないし、株価の変動を完全にコントロールできるわけでもない。

多くのトレーダーはそう思っていないが、感情や不安が必ずしも悪いというわけではない。実際、問題を生じさせているのは感情自体ではなくて、感情に対する反応であることも多い。そこで、感情がどこに源を発しているのかを知ることや、自分が経験している感情を特定する方法や、それをどう乗り切るのか、そしてそれをどうやって意欲につなげていくのか、について学ぶことは非常に役に立つ。

内面の地図

本書の最初に、生命原理という概念について紹介したことを思い出してほしい。これは、気づかないうちに行動や感情を支配している可能性がある。例えば、どのようなときでも「役に立ちたい」とか「強くなりたい」などと切実に思っている人がいたとする。このような必要性とそれに伴う行動パターンは、その人の生命原理に由来していることが多い。もしかしたら、小さいころに親が役に立たなくてはいけないとか、強くなくてはいけないという発想を叩き込んだため、不安になると子供時代の教えがまず脳裏に浮かぶのかもしれない。しかし、生命原理は目の前の事実を見る妨げになることも多く、周りの世界を未知の、そしてたいていは間違った方向に導いていく。人は、目の前の現実から注意をそらし、外部からの刺激に適切に反応させてくれる内面の概念体系に基づいて生活しているのかもしれない。そして、この内面の地図はどこへ行くときもついてくる。

以前、コーチングをしたトレーダーは、周りから好かれ、高い評価を得ることを強く望んでいた。彼は常に上司の許可を求めようとし、それがかないそうもないときや必要としている関心や資源が得られないと、ひどく傷ついたり不機嫌になったりした。もし彼が評価されたいという生命原理とは別の自分を見つけて行動すれば、自分自身のなかに必要な資源を見つけて目的を達成でき、自分以外のことに気をとられて時間を浪費することもないのかもしれない。答えは外ではなく彼自身の中にあるのだが、彼にとってはこの基本的な事実を認識することが難しい。

不安やトレーディングにかかわる内面の地図について、少し詳しく述べておこう。人は、自分が思っている理由で恐怖に陥ることはない。動揺したのは株価テープを見て落ち込んだり、下した判断について腹をたてたり、それ以外の十分な理由があると思うかもしれないが、そんな説明は間違っている。不安になったのは何かが起こったせいだということにしたいのかもしれないが、実は、動揺することを受け入れる態勢はすでに整っていた。この知覚システムは、悩みの原因に見える出来事が起こるずっと以前から存在していたのである。結局、現在の経験が過去の経験を始動させているのだが、実はそれがさらに以前の経験を始動させていた。

もし外部の状況が不安の原因でなければ心配はいらないし、反応する必要もない。それよりも、無意識の解釈に頼るのではなく、それを観察し、ありのままの状態にかかわってみるとよい。自分が思った説明が正しくなかったことに気づけば、今経験している状況がもっと中立の意味を持ち始め、さほど苦痛にはならなくなるだろう。

われわれはみんな自分の思考で自分自身を動揺させる力を持っている。もしみんなと同様、飛ぶのが怖いならば、それは自分の思想（コントロールを失う恐怖）を外部の出来事に反映させていることになる。本当の問題は、自分自身の考え方にある。本章では、マスタリーへの道の巨大な一歩である不安な思考の原因に対処する方法をについて紹介していく。

考えることでそうなる

生命原理はもともと不安から身を守るために生まれたのに、それと同じくらい恐怖感も生んでいる。そもそも痛みや緊張やそれ以外の不快な感覚を最小限に抑えるためのデザインになっているのだが、実はこれらの感情を認めるのを拒むことが問題を長引かせている。生命原理は、「社会的自己」を投影させることで本当の感情を覆い隠すようプログラムされている。

防御的な「社会的自己」を放棄することについて切り出すと、体の調子が悪くなる人もいる。第2章で述べたように、それが防御的な一面、つまり外殻または真実の自分を隠して世間に対して見せている顔でもある。筆者がヘイデンに社会的自己を放棄することを提案すると、彼は明らかに動揺した。「心臓が一〇倍になって、体中が震えているような気がする。困った、もっと手放さなければならないものがあるのに、とてもできそうもない」

「それこそわれわれが露呈するのを恐れているものだ」と筆者は答えた。これは、きちんとコントロールできているイメージを捨てることなのだが、もちろん簡単ではない。また、自分が人間だということを認めるということでもあり、それは自分が怖がりだということを認めることでもある。だから心臓はドキドキするし、唾はたまるし、呼吸も苦しくなってくる。自分の本当の気持ちを明かしたくないのと同じように、このような反応もさらしたくはない。

ただ、自分だけがこのように感じるのだとは思わないでほしい。実はみんなそう感じているのに、怖くないし、恨んでもいないし、ねたんでもいないし、怒ってもいないようなふりをして、そのような感覚とは無縁なような顔をしているだけなのだ。みんな感情をコントロールすることが正しいことであるかのように、自分を正しくコントロールしようと努力する。しかし、それは本当の自分ではない。

筆者はいつも相談に来るトレーダーに、自分の感じたままの感覚を持つことに何ら問題はないという話をする。自分の感情を仰々しく解説する必要はない。それぞれの感覚は過去の感情を呼び起こし、それがさらに深い意味を引き出してくるが、そのことに大した意味はない。

われわれはただの人であり、人間ならば居心地の悪さを感じたり、自分の感情を隠したりしたくなる。このことを理解して、自分自身から逃げようとしなければ、もっと自分自身や他人を理解できるようになる。世間から自分自身を隠そうとする非常に人間的な行動にエネルギーを費やす必要はない。

ヘイデンはさらに混乱して「怖いし、そう感じるのもいやだ」と告白した。筆者はそれがとても自然な反応なのだと答えた。

そして続けてこう言った。「私たちはみんな自分の感情をコントロールしろと教えられて育った。でも、君は君の感情ではない。感情は不安やアドレナリンが血液中に放出されたもので、それを知性や防衛心で覆い隠そうとする必要はない。どんなものにせよ、君の前に現れて怖がらせようとするものなど実際には存在せず、それは自分で作り上げているだけなんだ。過去の印象はすべてのものに対する君の見方に影響を与えていて、君はその印象と共に生きている。もしその事実をしっかりと理解して、感情をやりすごしながら周りの世界の見方を修正できるなら、不安に押しつぶされることは二度とないだろう」

最後に、筆者はヘイデンに、不快な感情に抵抗する労力は激化することが多いという話もした。感情は、否定すればするほど持続する。感情的な反応を隠そうとすることは、緊張を高める効果しかない。他人の批判を避けるために、防御的な行動をとって自己イメージを守ろうとしても、何かを隠そうとしているという誤解を深めるだけだろう。これは、すごく大変で必要のないことなのだ。感情は生活の一部であり、抑えこむのではなく、流れに任せてやり過ごすほうが楽に付き合っていける。

アドレナリン、恐怖、そしてストレス反応

なぜ人はこれらの状態に直面すると体の調子が悪くなるのだろう。実は、恐怖には生物学的要素があり、恐ろしい思考はアドレナリンとかストレス反応と呼ばれる体内の爆弾に火をつけてしまう可能性があるということを知っておくとよいだろう。これが副腎、（脳の）下垂体、胸腺、視床下部、そしてもしかしたら甲状腺まで始動させる。このような身体的反応は、われわれの進化的背景に深く根付いている。これは、脅威によって呼び出された生き抜くためのメカニズムで、人間を含むすべての動物種に備わっている。これはよく「闘争か逃亡か反応」と呼ばれ、われわれの体には、必要時にアドレナリンが補充され、この追加ホルモンのエネルギーによって危険な状況に立ち向かうか、それとも逃亡するかという反応が起こる。

アドレナリン反応は、激しいときもあれば穏やかなときもあるし、長いこともあれば短いときもある。全身で反応してすべての適応機構が活動することになる場合もあるし、体のほんの一部だけが反応してそれ以外の大部分は普通に機能しているときもある。ただ、非常に役に立つものではあっても、アドレナリン反応がいつもひたすら好ましいものというわけではない。さらに、外部の有害因子によって密度と長さは変わってくるが、この反応は体の組織をかなり消耗させる。

この反応が起こる頻度が上がると、外部の有害因子の影響も大きくなって、マイナスの反応に傷つきやすくなる。外部の有害因子のなかでも一番の例と言えば、毎日直面するマーケットだろう。もしストレスの増加と共にそれをコントロールするための能力も上がらなければ、適応機構は混乱し始め、神経質になったり自信を失ったりする。そして、ストレス反応のこのようなマイナス面が、低パフォーマンスの要因になっている。

しかし、プラス面もある。闘争か逃亡か反応は適応可能だし、ときには命を救ってくれることもある。例えば、ナチスの強制収用所でほんのわずかな可能性しかないなかでも生き延びた人は、極度のストレスにもプラスの反応を示したからだとビクター・フランケル博士は言っている（**訳注**　フランケル博士は収容所の体験をもとにさまざまな分析を行った精神医学者）。収容所というまったく耐えられないような環境のなかで、彼らは状況に合わせて肉体的にも心理的にも適応していったのである。

このストレス反応は、これほど極端な状況でなくてもプレッシャーのもとで迅速に作業したり、必要時に肉体的な強さや精神的な強さを発揮させたりすることで有利に働くことがある。体がアドレナリンを分泌させると、筋肉や脳の血流が良くなり、新陳代謝が活発になるし敏捷性も高まる。このような身体的反応は、何らかの行動やパフォーマンスが必要な場面では非常に役に立つ。

ただ、この反応は不安や恐ろしい思考によって起こることもある。人間の脳の奇妙な性質が潜在能力のすべてを発揮することの邪魔をする例を紹介しよう。もし子供時代の恐怖体験に対して過度の身体的反応を示したり、それが終わったあとも反応が残ったりしている場合、それが自己防衛の生命原理に発達していく。記憶のなかでこの体験が生きていて、日々の出来事に対して自己限定的な反応をする基になる。これがストレスの勢いを煽ることで、精神的にも肉体的にも消耗してしまう。

不全感

多くのトレーダーの生活は、想像上の不全感を隠すことが中心になっている。若くて才能のあるアナリストのライアンは、これについて言いたいことがたくさんあった。成功したいという気持ちが強い反面、自分にその価値があるのかと苦しみ、この矛盾した感情の間で彼は行き詰っていた。

そこで、手始めに筆者は「成功するかどうかは君の見かけではなくて能力にかかっている。でも、君は見かけの競争にずいぶんエネルギーを費やしている。君は、自分が怖がっていることを知られるのが怖くて多大なストレスを自分自身に与えているし、それが君の力を奪っている」。

「君は、能力があるように見えなくてはいけないとあせっている。君は自分が成功したのは才能があるからではなくて、すごく見えるように行動したからだと思っている。そのため、もし力不足に関する話題が出たら、自分の仮面もはがされるのではないかと恐れ、せっかく成功してもそれによって成長できていない。君の芯と自尊心とパフォーマンスは統合していない。君の成功は、君が欺瞞的だと感じているイメージとリンクしているから、それが露見しないよう特定の見栄えを維持しなければいけないと思っている。自分が何者か分からないまま成功しても、緊張が募るだけだ。君は成功したのに成功感を味わっていない」

「僕はまだごまかしているような気がしている」。ライアンはきっぱりと言った。「ＭＢＡは修得したけれど、学ぶべきことをすべて学んでいないような気がしている。つい自己批判して、これではだめだといつも自分を責めてしまう」

この姿勢が罠だった。そこで筆者はこう言った。「君は成功しないと良い気分にはなれないが、成功を追えば追うほど自分自身がいやになっている」

ライアンは、自分のジレンマについて語った。「会社のみんなが僕はこういう人間だと決めつけていて、それが僕を囚人のような気分にさせる。どんな状況でもついそのイメージに頼ってしまうし、それに合わない感情を隠そうとしてしまう」

筆者は、不全感がすべての状況において彼を抑えつけているということを簡単に説明した。「今の君は限られた時間とエネルギーを、君の可能性を引き出してくれるもっとも重要で意味のあるゴールのために使えていない。君の時間は自分の社会的イメージや自我や防御機構、自分のシナリオ、会話、そのほかのシステムで手いっぱいになっているのに、これらを手放すことを恐れている」

「君は、不全感を覆い隠すために必要だと思っている幻想を捨てるのを怖がっている。自分の守りやポートフォリオマネジャーにどう思われるかなどという心配を捨てることができない。実際には正しいことと正しくないこと、あるいは確かなことと不確かなことなど存在しないという事実を受け入れることを恐れている。さらに言えば、自分の生活を取り巻く状況に立ち向かって、自分の選んだ目標を目指してコミットしていくことを恐れている」

彼の防御機構が、ライアンを予想可能な世界に止まらせている。防御機構が自分自身の過去のモデルを現在の自分に押し付けて、日々の出来事に対処させてきた。こうすれば、事前に自分がどのようにみんなとかかわり、みんながどう彼とかかわってくるかが予想できる。

しかし、防御機構が安定することは、実はライアンを欺くことでもあることに気づいてほしい。これでは自発的になったり、独自のことをしたり、創造的になったりする余地はない。ライアンの防御機構は、子供のころに両親やそれ以外の人に批判されたり、仕事上何らかの形で拒否されたりした記憶からの不全感を前面に押し出している。

自分の防御機構を認識することは非常に重要だ。社会的な自己には否定的な記憶が詰まっていて、その多くは新たな課題にとりかかろうとするときに首をもたげてくる。これらの記憶は思考のなかの「会話」として現れ、「その先に危険がある」と警告したり、何かをしようとすると「まずい」などと呻いたりして、結局過去のパターンに閉じ込めようとする。

ライアンのように自分を信じられないタイプは、この否定的な会話（昔の自己評価）に頼ってしまう。自分の心の動きがどのように自分の生活を支配しているのかが理解できていないと、このように自己達成的予言にまかせてしまうことになる。

ライアンのようなタイプは、ストレスに打ちのめされる。これは、生命原理のなかの喪失感がゴールと資源に集中して、自分自身から引き出した力の見返りとして、世界から期待できる成果を過大評価してしまうことも理由のひとつになっている。

過去の信念と迷信に基づいて行動しているライアンには、自分の展望を持ち続けることができない。

自分が常に昇進や高級車、さらなる豪邸などを追い求めているかどうか考えてみてほしい。権力や成功の外見的な象徴を追及することは、人生を作り上げていく十分な力がないということとを強調しているだけだということに気づいただろうか。指針とする生命原理として外部の力に頼れば頼るほど、見通し（過去に操られた現在）も変わらず、ストレスのかかった人生が続いていくことになる。ストレスは、出来事に対して生命原理がもたらす解釈をすることで、悪循環に陥った生活から生まれる。出来事に対して、過去のトラウマと同じ意味があるかのような反応を示してしまうことで、人生のほとんどを過去の経験を基にした自己達成的予言のなかで生きることになってしまう。しかし、過去には適切だったかもしれない反応が、今でも通用するわけではない。それぱかりか、現在どのように反応するかを選ぶ自由まで制限してしまう。ストレスは、頭の中で聞こえる「おまえには何かが足りない」という声を聞いて不全感を隠すことで作り出されているのである。

繰り返しになるが、もう一度、次のポイントを強調しておきたい。「不安の元は、自分の思考のなかにある」

「間違いを犯したに違いない」

トレーダーのジョッシュは、あるときうっかり悲観的な自動思考の力を露呈してしまった経験を持っている。「ある日、上司が変に静かだったので、自分が何かしたのだろうかと思った。そこで、その上司に寡黙になっている理由をたずねた。自分ではもっとコミュニケーションをとったほうが良いと思ったんだ」

そこで筆者は、彼にこう言った。「つまり、君は自分が失敗したせいで何かが起こったのではないかと思った。でも『僕が間違いを犯したのだろうか』という知覚は単に君の頭の中だけの発想でしかなく、上司が口数が少なかったり引きこもっているのは、彼自身の理由によるものだ。でも、自分が何かしたかと聞くことで、君の頭の中では責任を逃れることができる」

ジョッシュは、上司に寡黙になっている理由を聞くことで、間接的に自分が何かしたかどうかを聞いている。彼は、自分が「間違っている」という自動思考と自分の行動という二つの無関係の要素を、無意識のうちにリンクして考えていた。

同じような思考のジャンプをして、他人の行動を自分のマイナス思考が反映したものだと解釈していないだろうか。もしジョッシュが自分の思考に気づいてもそれが過ぎ去るまで黙っていれば、自分の行動と上司が寡黙になっていることに何の関連もないことに気づいただろう。もし自分の思考が消えるまでそれを見守っていれば、このような間違ったジャンプは起こらない。何百万もの思考が浮かんでは消えていく。脳細胞は思考を量産し続けるが、それは必ずしも意味のあるものばかりではない。

例えばジョッシュが「僕が何か（失敗）したのですか」と上司に聞いたように、これらの思考に意味を与えているのは自分でしかない。彼は、自分の思考と外部の何かを混同してしまっている。そのため、上司が「何でもない」と答えると、自分の思考と「外部の」出来事（上司の寡黙な様子）とを関連づけて考えていたジョッシュは混乱してしまう。

生命原理は思考の塊で、人はそれに無意識のうちに支配され、相当のエネルギーを消耗している。自分の思考に気づいてそれを最後まで見守っていれば、「外部の」出来事（他人の姿勢、振る舞い、ときには脅威ともなる判断）はいずれ消え去る。

もしジョッシュのケースに共感したのなら、傷ついたループ状のテープを何度も繰り返して再生するようなことをしていないか自問してほしい。出来事に感情的に反応して自動的に意味付けをしてしまい、そうして生まれた解釈が特定の判断につながる。これによって、それまでと同じ生命原理に拍車がかかり、結局は現在の出来事に対しても過去と同じような反応を繰り返すことになる。

このような一連の出来事や反応や解釈が累積され、もともとの出来事とそれに対する反応に影響を与え、そこから不安が生まれる。本書を読んで、紹介した練習をすると、この過程の構成が理解できるようになる。もし「なるほど、自分はいつもそう反応していたのか」と思えるようになれば、この過程を単なる中立的な出来事として見ることができるようになる。ループを断ち切ってはっきりと中立の出来事として認識できれば、それぞれの場面で違った反応ができるため、不安も減っていく。

恐怖は過去に生きる

生命原理は、「もしそうなったらどうしよう」という領域（大失敗やパニックや何かが起きたり起こらなかったりしたら、コントロール不能な状態になることなどについて考えすぎること）を作り上げることで不安を組み立てていく。しかし、過去の経験の否定的な検証に基づいた将来のイメージには注意しなければならない。恐怖は現在ではなく、過去と将来にある。

不安というのは、「過去」というラベルが貼ってある屋根裏部屋に、捨てられないガラクタの山と一緒に閉じ込められているようなものだと考えてみてほしい。ここに隠したすべてを維持するために全エネルギーを費やさなければならなかったらどうだろう。ガラクタを守ることに手いっぱいで、人生を歩めなくなりかねない。

気づいているかどうか分からないが、人は「ガラクタ」思考に驚くべき執念で固執している。自分を傷つけた相手に対する不満に固執して、その過程で前述の世界の豊かさを受け入れず、手を差し伸べるふりをして、他人への敵意を強めていく。屋根裏の隠しごとに後ろめたさを感じているため、自分が無力で価値がないと信じこんでいる。そして、価値のない自分の考えにはみんなの支持が得られないことを恐れ、自分の展望を示すこともない。

過去に縛られていると、間違った信念によって自分が受け入れられないとか「異常」であるとか思うようになって自分を隠そうとしてしまう。もしからしたら一〇代のころに両親と親密な関係を築くことができていなかったり、ずっと対立したりしていたからかもしれない。いずれにしても、何らかの関係が破綻したつらい経験があるのだろう。

過去に縛られて現在を無力に過ごす

現在の出来事に過去と同じようにかかわることは、緊張を生む主な原因のひとつになっている。こうなると、実際には目の前にあるものを見るかわりに、過去の視点で自動的に反応してしまうため、日々の生活における誤解が過去の恐怖と反応を再起動させてしまう。そして、極端な状況では、これが後悔と無気力につながっていく。

過去のイメージは、現在の出来事を細部まで検証する能力を削減する可能性がある。そのうえ、感情的なコントロールも失って、大きなプレッシャーがかかる状況では体が凍り付いてしまうことも多い。過去の予想のなかで生きようとすることは、新たな決断を下して将来にコミットする能力の妨げにもなる。

時には生命原理に全面的に支配されて災難の幻想にのみ込まれ、ゴールを見失って完全に混乱してしまうこともあるだろう。

失敗を恐れて執拗にそのことに考えを巡らせることで、恐怖を払拭する代わりに増大させてしまうことがある。不確実性とコミットするリスクを避けるために解決策を用意しすぎて、計画と手順に麻痺してしまう人もいる。あるいは、ずっと先の最終ゴールを気にするあまり、現在できることを無視してしまうこともあるかもしれない。

筆者はトレーダーがこのような行動をとるのを、直接見て知っている。例えば、アルコールと薬物の問題を抱えて情緒不安定だった父親を持つクリストファーは、そのことが原因で結婚が破綻し、職を転々とし、一度はホームレスにまでなった。彼が遺伝によって自分もいずれ父親のようになるのではないかと恐れながら育ったことは想像に難くない。

仕事以外のクリストファーは、少し衝動的で、お酒と危険なスポーツにのめりこんでいた。結婚しようとしたこともあったが、遺伝的継承を恐れる気持ちから逃れることがどうしてもできなかった。気持ちを抑えようともがいたが、これにはかなりの困難が伴った。

彼は三七歳になっても過去にしばられていて、父親の人生を繰り返すことを恐れるあまり、現在にコミットできないでいた。彼の生命原理は完璧で間違いがないことを求めていた。とにかく正しくありたいクリストファーは、すべてのトレードについて熟考に熟考を重ね、完璧主義が高じてトレードを始められなくなってしまった。ほんの少し実行しても、それらはいつも中立だった。

生命原理は、どんなことをしてでも失敗を避けようとすることが多い。結果を気にしすぎるトレーダーならなおさらだろう。彼らは、結果が自分自身を反映していると信じている。クリストファーのように、ミスするかもしれないことが気になって目の前のゴールや長期展望にコミットする不確実性に耐えることができない。彼らは他人の意見に頼りすぎるが、残念ながらこれは恐怖と自分の目的を認識できない可能性を強調するだけでしかない。

失敗に対する恐怖の裏側には、成功に対する恐怖がある。成功すると同僚のなかで孤立したり拒絶されたりするのではないか、などという過剰な心配から、自分自身を妨害し、ベストを尽くさなくなる。もし成功すると居心地が悪いと感じるのなら、勝利への道筋で気づかないうちに自ら失敗を招いているのかもしれない。あるいは、自分の能力未満の働きしかしていないことで、成功や失敗を完全に避けているのかもしれない。

ここでは、失敗の恐怖と成功の恐怖が融合している。なかには、成功の見通しによって失敗の恐怖が強まってしまう人もいる。そのため努力を減らし、気持ちが乱れていくのを感じ、結局は自分で考えた努力の「限界」を受け入れてしまう。そして、この「限界」を、潜在能力を最大限生かせていない言い訳にしてしまう

どこかで聞いた話ではないだろうか。若いトレーダーのリーは、このシナリオが間違いなく真実だと感じた。「自分の損益を更新できると感じても、やっぱり無理かもしれないなどと考えてしまう。それに、持続できなくても怖いし、不確実性とか成功とか失敗といった激しさも怖い。これまでの人生で、エクスタシーと失敗以外の感情をだれも教えてくれなかった」

拒絶に打ちのめされる

自分の不安を認めようとしない二人のトレーダーがいる。そのうちのひとりのロバートは、自分のほうがうまくヘッジファンドを運用できると思っていたため、他人に雇われていることが不満だった。そこで、彼は大手企業をやめて自分でファンドを始めることにした。

数カ月が経過したが、彼はいまだにファンドを立ち上げる話をしているだけで、行動計画も立てていなければ立ち上げに必要な準備もしていない。彼は何度も「絶対に成功する」と宣言していたが、実行は遅れ、引き伸ばすばかりで躊躇していた。表向きは起業の熱意にあふれていても、実は怯えきって何も行動を起こすことができないのだった。

もうひとりのバリーも起業家を目指していたが、彼は他人の失敗を見つける能力と、自分で達成する能力を混同していた。しかし、自分の会社を立ち上げる準備を始めると、彼はそれまで他人にしていた厳しい批判を自分自身に向けるようになった。そして、失敗の可能性を恐れて自分の過ちを厳しくチェックした結果、生まれたばかりの企業を始動させる計画を実行に移すことができなくなってしまった。バリーの完璧以外は受け入れない批判的な視点が、この計画を実現させようという気力を削ぐ原因になっていた。

ロバートもバリーも自分が抱える不確実性を拒絶することで、真実が見えなくなっている。他人に対する批判的な意見が、実は自己批判を投影していることも分かっていない。結局、マイナスの生命原理によって計画が弱体化していたため、彼らの会社は失敗する運命にあったのだった。

自分の持つ不確実性と不安を認め、自信喪失に直面することによってのみ、ロバートとバリーは拒絶に膨大なエネルギーを浪費している状態から開放されることができる。もし彼らが不安を受けとめ、自己批判の声に惑わされずに自分の展望に基づいて行動していれば、成功していたかもしれない。

このような状況や体の反応（手のひらが汗ばんだり鼓動が速まったりする）という現実を無視すれば、ミスを犯すリスクは高まる。ミスを自ら認められるようにならなければ、パフォーマンスは向上しない。問題点を拒絶することで一時的に不安はなくなるが、結果は変わらないという思いが展望に向けた努力を止めてしまうこともあり得る。エネルギーを、結果を出すための行動ではなく、能力があるふりをすることにつぎ込んでいるのかもしれない。否定的な人はたいてい柔軟性がないため、他人から学んだり、最高の結果を出すために手順を調整したりすることができない。

労力を惜しんだり避けたりする

生命原理は、展望を実現するための努力を惜しんだり避けたりさせるときもある。過去を繰り返さなければならないという思いに支配され、なじみのある楽な領域に止まろうとすると、自分を抑えて最大限の努力をしなくなる。実は、この根底には「自分は成功できない」とか「成功すると問題が起こる」などという信念がある。

父親のようになることを恐れているクリストファーも、高校時代は非常に優秀な成績を収めていた。しかし、大学に入るとさぼり出し、単位が足りなくなると、失敗したのは勉強をしなかったからだと言い訳した。彼は、無意識のうちに高校時代のような成績を上げることができないのではないかと恐れ、落ちこぼれる設定を自ら作っていたことに気づいていない。

クリストファーも、中間試験や期末試験に向けた勉強をしていないほかの生徒も、このように画策することで、短期的には来るべき失敗による痛みや苦しみから自分を守ることができるように見える。しかし、これがしり込みするパターンを強化し、最終的に本当の失敗につながっていく。

この回避パターンの一部は、人間の神経系から来ていて、マイナスの感情を抑えて上限や下限を定めてしまうことにかかわっている。成功したことによる興奮が撤退や失望といった痛みの感覚に転換することも多いのは、この神経パターンのせいかもしれない。多くの人が成功を拒否するのは、良い気分は続かないと信じているからで、彼らは成功したあとは落ちていくことしかないと思っている。

致命的な現状

生命原理は、勝敗について予想し得る見込みを受け入れ、それに合わせて自分の行動を調整するため、現状を維持することになる。それほどひどいことのように聞こえないかもしれないが、実はそうではない。これでは、どんなに準備を整えても、将来は過去によって運命付けられているような行動をとることになってしまう。そうなると、チャンスに挑んだり素晴らしい結果を生むために力を尽くしたりすることに価値がないことになってしまう。これではあたかも自分の展望を信じていないし、それを達成するために全力でぶつかっていくことはないと言っているようなものだろう。だからいつも同じレベルのパフォーマンスにとどまり、それを超えることはない。慣れた領域を超えるのが怖いため、先頭集団を抜こうとはしない。競争の激しい状況では、序列を受け入れ、ナンバーワンの地位は競争が始まる前にすでに決まっていたかのように振る舞ってしまう。

マスタートレーダーの輪のなかに入っていくことが可能なことは、経験上分かっている。しかし、残念ながらわれわれの多くは過去を引きずって生き、勝算は変えられることに気づかない。そして、疑問を持つこともなく、今ある序列を受け入れてしまう。

序列という言葉の由来を考えてみてほしい。これは、例えば農家で飼っている家畜でも、ランクが高いほうが低いほうをつつくように（低いほうが高いほうにつつき返すことはない）、人間の世界でも力のあるものが優先されることでできる恣意的なヒエラルキーなのである。つまり、ＡはＢを支配し、ＢはＣを支配している。スポーツの世界では、ナンバーワンのプレーヤーは常にその位置を維持し、次にうまい選手がナンバーツーになるといった具合に序列が決まっていく。この序列は不可侵に見えるため、新人がトップテンに食い込もうとするのは心理的に非常に難しい。

しかし、幸いなことにわれわれは家畜ではない。しかし、序列は過去のパターンを支持し、望みをかなえるためにさらなる努力をすることなどまったく価値がないと強調する。過去が生命原理を支配することを容認することは、将来を作り上げていくためのさらなる努力や信念の妨げになる。

現状維持しかしていないと、生命原理が最高の結果を生み出していないことを正当化することになる。もし最大限の努力をしないで失敗したらどう感じるだろうか。実際、序列を受け入れることは、自己破壊的な傾向と言える。これによって慣れ親しんだ過去のパターンを、それが満足いくものではなくても繰り返す。このパターンが失敗のリスクを減らすことにつながるという考え方もある。未知のものや予想できないものにコミットするリスクをとるより、過去に経験のある範囲だけで行動すればよいというのである。生命原理は、枠の外に飛び出したり、楽な範囲を超えたりすると傷つくという間違った意識に基づいている。

ときには痛みを伴うこともあるが、一〇〇％の力を注いだ結果の失敗は、成功したときには得られない真剣な努力の末の満足感という新たな世界を開いてくれる。努力をしなかったり負けると分かってあきらめていたりすれば、一時的に敗北の痛みを軽減することはできる。しかし、最大限の努力をしなければ、自分を出し切った満足感を得ることはできないし、自分の能力についての感覚をつかむチャンスも無駄にしてしまう。安全なトレードしかしないトレーダーは、本気で参加することで得られる大きな自信やマスタリーの感覚をつかむことはけっしてない。

多くのトレーダーは、何の保証もなしに将来の結果を約束するのを最初は恐れる。しかし、それは恥ずべきことで、約束をせずに努力をしても、自分の信念や自分が感じている成功率とはまったく関係なく起こる驚くべき現象に気づくことはできない。素晴らしいものを作り上げることができないのは、このような決断が人生のさまざまな場面で自分を抑えてきた自己限定的な概念の外にあるからなのである。

現状を受け入れず、一〇〇％の努力を捧げれば、大きな見返りを得られる可能性がある。

理由づけ――失敗のレシピ

それ以外にも、生命原理による縛りによって、人は自分に対して理由付けをしたり正当化したりして、行動に対する責任を最小限にしようとする。しかし、ここでもその報いがあるように見える。なぜそうなったのかを説明する能力は自分がその出来事をコントロールできているという錯覚を与え、不安を減らす。しかし、理由付けは単に現実を歪曲しただけでしかない。ゴールを目指して真剣に努力できなかったことに耐えるために、結果に大して関心がなかったとか状況が悪かったなどという言い訳で自分を納得させる方法もある。自分自身に対して「できることは何もなかった」などといってみるのは、実は失敗に備えているだけでしかない。理由付けはフラストレーションや無力感を長引かせるだけでしかない。

　理由づけは、ある出来事の象徴ともいえる部分を支配することで、その出来事全体をコントロールしようとする迷信的な儀式のようになっていることもある。例えば、三週間にわたって木星が後退するように見える「木星の後退」という現象が一年に数回ある。星占いではこれをコミュニケーションが混乱する期間として、契約などに署名すべきではない時期と解釈している。あるトレーダーは、一〇年間もこの時期はトレードしないようにしてきたが、彼がこの迷信を信じることで数多くのチャンスを逃してきたことは間違いない。

　そのほかにも、机の上の赤いインクをすべて片付けなければトレードしないとか、机の上を片付けて資料がすべて整っていなければ仕事を始めないなど、さまざまなケースがある。彼らにとっては、準備が儀式の役割を担っている。ただ、こうすることで一時的に不安を減らすことはできるかもしれないが、儀式にとらわれて実際に行わなければならないことがおろそかになることもある。儀式的な行動が、実際の努力やリスクに立ち向かう意欲に代わることはない。

最終結果ではなく、その過程の詳細に執着することをジェーン・アダムズ（アメリカのソーシャルワークの先駆者）は「準備の罠」と呼んでいる。結果と無関係な詳細に時間を浪費して、それを「戦略上の考慮事項」などと正当化していないだろうか。もしそうならば、もうすでに準備の罠にはまって自分で自分を妨害している。すべての関心を無関係な細部に（それも唯一の重要事項のような扱いで）向けてしまうと、スキルを押さえ込んで自分の潜在能力を引き出せなくなる。同時に、その取り付かれたような行動は、自分がコントロールできているという誤解も招く。

「勝利」のジレンマ

「勝利はすべてではない、唯一絶対的なものだ」というアメフト監督のビンス・ロンバルディの格言を何度も耳にしたことがあると思う。しかし、有名フレーズが常に役に立つわけではない。生命原理が、われわれを結果や成功や勝つことに過剰に執着させて生産性の邪魔をする。そして、結局は自分の結果と自己認識を混同して、創造する自由を阻むことになる。どんなことをしてでも成功を優先したいのなら、自分に大きなプレッシャーをかけ、努力したことから満足を得ることもないし、常に他人からどのようなイメージで見られているかということばかりを気にして過ごすことになる。

ケンというトレーダーもそんなひとりで、彼は男らしさを証明するためにいつも成功を追いかけていた。彼は、自分が臆病者だというイメージを隠さなければいけないと思っていた。しかし、成功すればするほど心の奥にある自己喪失の感情は強まり、前述の悪循環に陥っていった。子供のころに力不足だった恐怖が忘れられないケンは、けっして自分の弱点を他人に見せなかったが、自分について発見したり、自分が上げた成果によって成長したりすることもけっしてなかった。自分には、これほどの価値があるということを証明するために、望む成功以上の成功を収めても、彼の頭の中は次に自分を認めさせることですでにいっぱいになっている。

元サンフランシスコ49ナーズのクオーターバックだったジョン・ブローディは、ロンバルディの「勝利はすべてではない、唯一絶対的なものだ」とグラントランド・ライス（アメリカの著名なスポーツライター）のこちらも有名な「勝つとか負けるかとかではなく、いかにプレーするかだ」の間に位置する賢いアプローチを考案した。自伝の『オープン・フィールド（Open Field）』のなかで、ブローディは次のように書いている。

勝つためにプレーしていることは間違いない。しかし、勝つことが最大かつ唯一の目的なら、負ける可能性が高い。完全かつ熱意を持って試合に臨むことを第一の目的としたとき、勝率はもっとも高まる。一番重要なのは熱意だ。もし私が熱意を持って試合に臨み、楽しみながらも持てるかぎりの力をつぎ込めば、勝てる可能性はもっとも高くなる。それに、このような戦い

方をすればベストを尽くしたということで、負けてもそれを受け入れられる。負けに対処できなければ大勝利は得られない。負けることは簡単ではない。しかし、自分の持てる力をすべて注いだのであれば、あとは勝っても負けても大丈夫だ。

まとめ――すべての恐怖の源

マスタリーへの道の最大の障害に、生命原理の基となる抑圧、恐怖、自分自身に対する幻想などがある。これらの概念は、頭の中でテープのように過去のことを何度も再生して同じ反応を繰り返させようとする。しかし、これでは自信を持つことはできないし、過去の解釈や経験に基づいた反応をすることによって、自分のなかに矛盾を抱えることになる。

生命原理から脱皮するには、自分のなかにあるこのような防御的反応に対する脆弱さを認めることが最初のステップになる。自分の不安や不確実性や間違いを認めることができれば、これらの守りに固執する必要はなくなる。これまでコントロールを得るために頼ってきたものが、今ではマスタリーへの取り組みの障害になっているのである。

生命原理を表面化させることができれば、これを解き放つことができる。もし何もしないことや失敗を正当化しようとしたり、脅迫的あるいは儀式的思考に陥ったり、結果に固執しすぎたりする傾向があれば、ぜひそれに気づいてほしい。生命原理が自分をプログラムしようとしていることを察知できれば、その先を行ってまったく新たな視点でゴールをデザインすることができる。

また、自分の感情をマイナスに解釈することでも、不安は続く。感情は感情でしかないのに、それをどう解釈するかは過去によってゆがめられた視点が基になっている。現在の出来事とは何の関係もないし、役にも立たない思考とは決別しよう。出来事に対して防御的思考や身体的異常がありすぎるのを待っていれば、反応も消えていく。もし不愉快なことが起こったら、自分の思考や意見や反射的な判断に注意して、その罠にかからないようにするとともに、その出来事や問題に対して別の見方を考えてほしい。そうすればするほど、さらなるスキルが身につき、習慣に支配されにくくなれる。

不安の一部は、物事を新たな視点で見ることに対する恐怖から来ている。これは不確実性の領域に踏み込むことだが、ぜひ受け入れてほしい。屋根裏部屋に住む過去というお化けを恐れるのはやめにしよう。

考えることをやめることはできないが、生命原理と一線を画すことを学ぶことはできる。観察することもできる。恐怖心を隠すためにエネルギーを使い果たす必要はないし、不快感を持った途端逃げ出す必要もない。これらのサインは、行動という新しくて刺激的な領域を部分的に表しているにすぎない。

不安は個人的なものではない。不安を感じるから「欠点」があるとか、どこかが「悪い」とかいうものではなく、これは単に人間が経験することのひとつでしかない。この不安を管理したり隠したりすることにエネルギーを割くのをやめれば、目の前のことにもっと力強くかかわっていくことができるようになる。

次章では、不安、気分の変動、そして感情を覆い隠す鎧に対処するためのアプローチを紹介していく。

第７章 感情に対処する

変動が激しいうえに、予想もできないことが多い環境で膨大な金額をトレードしていれば、不安を抱くのは正常なことだと言える。つまり、これは日々のトレーディングの世界でもっとも普通に経験する感情ということになる。しかし、ｐ因子（体の痛みの原因）と同様、不安も適切な見方をすれば非常に役に立つ。

痛みを感じない人は、非常に危険な状態にあってもまったく気づかないということがあり得る。出産間近の妊婦が、分娩室に行くべきときを知らせる陣痛を感じなかったらどうなるかを考えてみてほしい。あるいは、重病なのにまったく症状がなければ、病院に行くことすらしないかもしれない。

痛みは、注意を促すサインになっている。痛みというとマイナスのイメージでとらえてしまうことが多いが、必ずしもどこかが悪いわけではない。例えば、体操をしたあとの適度な筋肉痛は、体にほど良いトレーニングを行ったというサインで、これによって意図した結果が得られたことが分かる。

不安も、ストレスに対する自然な反応と言える。時にはトレーディングのミス（用心しすぎ、衝動的、完全主義、撤退など）につながるときもあるが、それでも不安とそのあとのトレーディングに対する間違った反応は認めなければならない。これは、冷静になってトレーディングの状況を検証し、できるかぎり客観的な判断を下せるようになることで実現できる。自分の仕事特有の不安に対処できるようになれば、自分の現状とこうありたいと思う位置の間のギャップでバランスをとることができるようになるし、結果にとらわれすぎずに責任を果たしていくことができるようになる。つまり、マスタリーのもうひとつの課題は、感情とうまく付き合って、それをマーケットの出来事を知るためのサインとして使えるようになることでもある。

マスタートレーダーは、自分の感情の状態を使ってマーケットの特徴やほかのトレーダーの動きを判断している。彼らは自分の感情を消すのではなく、それがトレーディングのゴールを達成するための指標や手がかりになるよう自分を訓練する。実際、感情がわくということは、目の前の目的によりかかわり、チャレンジし、それを達成するためにすべきことを見極めようとするリスクに自分をさらすことでもある。

これはだれにでも習得できる。しかし、それを成功させるためには、自分の感情と、それに対する反応を区別する方法を理解しなければならない。それから、このことが目的追求を止める理由ではなく、過程の一部になるような全体を包み込む大きな枠組みも必要になる。

不安の同調者を探す

マーケットの出来事は、不安、反応、マイナス思考などの引き金になることが多く、結局はトレーダーが情報を処理したり、健全な判断を下したり、状況に合わせて柔軟な調整を行う能力の妨げになる。

マスタリーの一部には、頭の中で矛盾を生み、戦略的な行動の邪魔をするマイナス思考や感情を乗り越える能力も含まれている。正しい選択をするために状況をよく検証し、次の瞬間に踏み出していかなければならない。

筆者の使命は、感情的な経験を再構成する方法を習得する手助けをすることで、そうすればトレーダーは苦悩も単なる反応のひとつだということに気づくことができる。実際に、反応から解釈、判断過程へと移行する興味深い三部の周期応答が存在する。

一連の流れは、ある出来事に対する感情的な反応から始まり、その出来事自体の解釈と感情的な反応に対する解釈をへて、反応の瞬間の判断（「もうかかわらない」とか「応酬しよう」とか「逃げ出そう」など）へと移行する。そして、最後の反応は、そもそもこの過程を始めた昔ながらの生命原理と一致する。このサイクルからは、感情が判断の誤った指針になっていることが分かる。それぞれの反応をもう少し詳しく見ていこう。

●反応度　ストレスの大きい状況で起こる典型的な反応。自分の最初の反応がどのようなものだったか、そのときどう思ったか、体はどのような感覚だったか、などということを自問してほしい。これらはその出来事が起こった結果生まれた思考と感覚（肉体と精神の両方）なのである。

●解釈　多くの場合、この局面で事実からフィクションへと移行する。ここでその出来事に対して実際に反応したあと、その思考や感覚を基に解釈する。「自分の感覚に基づいてどういう結論を出したのか」と自問してみてほしい。

●判断・反応　出来事に対して反応した結果の解釈（正確かどうかは別として）に基づいてとろうとしている行動。無意識のうちに、この出来事に対する感覚から生まれた判断と反応。

この一連の流れのなかで、徐々に事実（実際に起こっていること）の領域から離れて、ゆっくりと信念（自分が感じた結果から起こったと思うこと）の領域に移行していることに気づいてほしい。こうなると、この空想が混じった最初の出来事に基づいて、判断を下したり反応したりすることになる。そして、このような状態でトレーディングを行えば、実際に起こったことではなく、それに対してどう感じたかを基にして判断を下すことになる。例えば、悪いトレードは頭痛や汗ばんだ手のひらや荒い息づかいを引き起こす。そして、自分でコントロールしきれない不安に押しつぶされそうになりながら売ることを決めてしまうのである。

しかし、この一連の反応について理解し、新しい指針の枠組みの下、新たな視点で行動すれば、もっと自信をもってトレーディングの判断を下せるようになる。そして、そうなれば自分を抑制する用心すべき恐ろしいアプローチを克服することも可能になる。マスタリーとは自分の行動に一〇〇％の力をつぎ込むことであり、自分がやったことを見直し、コースを修正したうえで次の行動をとることでもある。そして、このような行動が飛躍的な発想と飛躍的な結果を生み出す。

●反応より過程　何かが起こると、マスタートレーダーは単に反応するのではなく、その出来事の関連情報を処理する。出来事の結果に対する感情に注目する代わりに、その出来事に関する事実を意識的に記録していくよう努力する。例えば、「何が起こったのか」「この出来事の根本的な原因は何なのか」などということを考えてみるとよいだろう。

●解釈より観察　マスタートレーダーは、出来事に関する感情を基に解釈を繰り返す。自分の反応（と周囲の反応）を観察することを学べば、この情報を分析に生かせる。自分（あるいは他人）がこれほど不安な気持ちになった理由を解明しようとするとする視点で、出来事に対処するのである。ここでは「なぜ不安を感じたのか」「ほかのトレーダーも同じように感じたのか」「観察の結果、どのような結論に達したのか」「判断を下す前に、まだ集めるべきデータはあるか」「現在ある選択肢は」などと考えてみるとよいだろう。

●判断・反応　この時点で、マスタートレーダーは判断を下すうえで非常に望ましい位置にいる。判断は、出来事自体に対する感情的な反応ではなく、その出来事の背景にある事実に基づいて下さなければならない。ここでは「集めたデータを基にして、次にとるべきステップは」「ゴールに近づくために、この時点でとるべき行動は」などということを考えるとよいだろう。

出来事とそれに対する解釈や反応を区別することで、過去の経験に基づいた反復的でもしかしたら否定的な見方ではなく、可能性にあふれた新たな生命原理を作っていくことができるかもしれない。

状況をもっと大きな目標の下で再構成することができれば、出来事や自分の反応はほんの一瞬のことで特別な意味はなくなる。そうすれば、マイナスの出来事や周りの反応に直面しても、また焦点を合わせて進んでいくことができると考えてみてはどうだろう。自分の感じ方に重大な意味があるという考えを捨て、感情的な反応にとらわれないようにすれば、もっと自信を持つことができる。自分や他人の反応とは別のところで、さまざまな可能性や結果を生み出すこともできる。結局はこれがマスタリー、つまり身の回りの課題に（スピンをかけたりしないで）

集中するための青写真になる。

練習6——不安を乗り切る

自分の不安を認識し、これが単にトレーディングというストレスの大きい出来事に対する反応だということを理解するためのテクニックを学ぶ必要がある。やりすごして不快感を乗り切るにはどうすればよいのだろう。

一．不安を感じ始めたら、それを書き留めておく。頭の中で記憶するのでもよいが、もしかなり苦しんでいるのなら小さいノートに実際に書き込んだほうがよい。このとき、日付、時間、感じたことやその理由などをメモしたら、あとは待つ。

二．次に、不安感が引いてきたら、その時期を書き留める。書面にすると、この経験が変化を伴うものだということを記録に残すことができる。また、通常、感情が一時的なものだということも理解できるようになる。感情は、心地良くても悪くても、必ず一過性のものであり、不安は時間と共に消えていく。

繰り返しになるが、トレーディングに関する判断は感情の状態と関係なく下すことを学ぶことがマスタリーへのカギとなる。感情のまま戦いから退いたり、不当に心をかき乱されて規定のコースを外れたりするようなことがあってはいけない。また、不安を観察したり、その知識を他人の感情を解釈するのに使ったりして、彼らが感情に反応して犯した心理的な間違いを利用することも訓練次第でできるようになる。

ケーススタディ――不安をコントロールする――

ゴールを達成するためのステップに集中しているマスタートレーダーは、衝動的に手仕舞いたくなってもトレードを続けることができる。頭の中で常にゴールを意識しておくことは、不安を乗り切る助けになるため、耐えられずに早めに手仕舞って利益を減らすこともなくなる。

これが損失を減らすために必要なスキルの表側と言ってもよいだろう。負けているトレーダーは、いずれ転換することを期待して今のトレードを続けたいという自然な気持ちがあっても、手仕舞って損切りしなければならない。勝ちトレードを続けるときでも、負けトレードを早めに手仕舞うときでも、トレーダーは自分の不安レベルではなく、ゴールを基準として行動しなければならない。

なかには、利益を確保できるかどうかが不安で、勝ちトレードを早めに手仕舞ってしまうトレーダーもいる。次のダンとの対話からは、早めに手仕舞いたくなる不安に耐えることの必要性が分かるだろう。

キエフ　君はなぜか自分の分析を信じてトレードを続ける冷静さに欠けている。これは、テストの選択問題のようなもので、いつも五つの選択肢のうち三つは明らかに違っても、あとの二つは正しく見える。特にひとつはいかにも正解に見えるが、実はこれはカモ用の答えで、テストという不安の真っただ中にいると、ついそれを選んでしまう。でも、この選択肢にはほんの小さな疑問点が含まれている。

　そして、少し不安が残る選択肢が常に正解なのだが、それを選ぶためには多少違和感のある答えを選ぶ練習を繰り返す必要がある。そのうえ多少のリスクもある。すでに上げた利益をリスクにさらすのは少し居心地が悪いが、それが君のすべきことだ。

ダン　それは理解できる。しかし、われわれは非常にリスクを避けたがる文化のなかにいる。暗雲が立ち込めてきたら、リスクを最小限に抑える価格を決め、実行するしかない。

キエフ　少し長く保有し続ける勇気を持って、四または六ポイントにするんだ。マスタリーとは、勝ちトレードに乗り続けるときの居心地の悪さを経験し、耐えることでもある。その時点で練習すべきことは、実は心理的なスキルなんだ。深呼吸して、リラックスして、すべてが整っていることを確認すれば、トレードを続けられる。もし君の理論が正しければ、あわてて利食わないで、もう少し乗り続けてみればよい。

ダン　僕もそう思う。でも練習が必要だ。

キエフ　君は、居心地の悪い状態に慣れることを学ぶ必要がある。その方法を教えよう。不安や自己喪失、手仕舞ってすぐ利食わなければならない、などと感じたら、それを書き留めておく。例えば「このトレードを実行しなければいけないような気がする」など、自分が経験したことを日記のようにつづっていくんだ。「すごく不安になってきた」など、とにかく書いて、モニターする。間違いを犯す理由は、楽なほうに行こうとするからで、頭が悪いからではない。問題は、腹を決めて耐え、不快感を乗り切ることができるかどうかだ。そのうちに、「四時間たったが僕はまだここにいるし、死んでもいない」と言えるようになるだろう。

ダン　分かっている。負けトレードは損切りして、勝ちトレードには乗り続けなければならない。

キエフ　感覚のタイミングとそれを追跡することの重要性が分かっただろうか。感覚の力は非常に大きくて、君は明らかにそれを乗り切ることができていない。感情がどのくらい続くのかも、自分の銘柄が目標額に達するまでにどのくらいかかるのかも分かっていない。深呼吸して、散歩して、瞑想してその時間を計るべきだ。タイミングが分かれば、「前回は六時間で不安が消えていった」とか「二日かかった」などということが分かるようになってくる。

これは苦しいけれど、練習によって習得できることでもある。途中で居心地が悪くなっても耐えることをとにかく学ばなければならない。ただ、もしどうしても我慢できなくなったときは、一部を利食って残りの三分の二を保有し続ければよい。自分の感情に対処してトレードを続けることができるようになるまでは、段階的に進めていけばよい。

ダンとの対話では、先に紹介した練習が強調されている。不安や不快感や強迫観念など、すべての過程について時間を計ることは、非常に価値がある。時間を知ることで、自分の経験を枠にはめることができるようになる。悲惨な感情にも時間制限があることが分かると、次に悲惨な思いをしたときにリラックスする助けにもなる。それに、記録を付け始めると悲惨な気持ちの継続時間がだんだん短くなっていくことにも気づくだろう。この再構成テクニックは、多くの不快な瞬間を平静心で乗り切るのに驚くほどの力を発揮する。

陶酔感にひたる

陶酔感は、われわれが経験する最高かつもっともプラスの感情だと思うかもしれないが、それは正しくない。トレーディングで成功すれば、だれもが陶酔感にひたるが、それが災難につながることも多い。せっかくの利益を失うのが怖くてパニックを起こしながら勝ちトレードを手仕舞ってしまうこともあれば、陶酔感にひたったまま長く保有しすぎて最善策とは言えない行動をとってしまう場合もある。実際、陶酔感は欲望や自信過剰につながっていくことがよくある。

陶酔感はどのようにして最善策に反するのだろう。自信がありすぎると、利食う代わりにポジションを倍にして、結局は儲けた以上の負けを出すリスクを抱えてしまうこともある。また、陶酔感が無頓着につながることもあり、そうなると退屈したり、勝ち戦略から離れて競争力を失ったりすることにもなりかねない。

陶酔感にひたっているトレーダーは、成功と能力を混同して自分の才能を過剰に評価してしまうことが多い。マニーはこれを非常に危険なことだと言っている。ベア相場が長引いて、一九九〇年代のブル相場ほどの結果は出ないことに一部のトレーダーが気づき始めた二〇〇二年秋に、彼がマーケットについて述べた文を紹介しよう。

陶酔感にひたると、人はそれを努力の結果だとか、自分にはその価値があるなどと思ってしまうが、これは良いことではない。まだ、多くの人が財産を作ることと知性を混同しているが、それは賢明ではない。お金を儲けることはロケット工学とは違う。これは流れを理解し、マーケットに参加し、同調することであり、大事なのは正しい視点を持ち続けることだ。過去の行動からあまりにもかけ離れた結果を想像することはできない。成功するためには、成熟期間がいる。悪い日については笑い飛ばすことを覚え、良い日を楽しみ、明日もまた戦いを続けなけ

ればならない。プロとして優秀な成績を収めたり仕事で成功するためには、自分の戦い方を状況に順応させていかなければならない。もしそれができなければ成功ではなく、自滅することになるだろう。感情をうまく乗りこなすことができる者だけが、一〇年、一五年先まで生き残っていける。

あるトレーダーの言葉に、「成功するのは簡単だ。ただ、力みすぎて自分が間違うはずはないなどと思ってしまうと、自分の力を過信して、同じ賭けがいつも同じ結果を生むと誤解してしまう」。

人は勝利すると、自意識を壮大なまでに誇張させる。エネルギーに満ち溢れたような感覚に陥って、睡眠をとらなくても大丈夫だと感じたり、何かにとりつかれたように饒舌になったり、ハイな気分になったりする。

残念ながら、トレーダーがこのような精神状態におぼれ、その状態を維持したいがためにトレード判断を下してしまうことは非常によくある。そのような理由で下した判断がときにはパフォーマンスに悪影響を及ぼすこともある。通常、陶酔感は悪い判断につながることが多い。

ケーススタディ――「ゴールデン・ドル」

ブレイクは、まさにこの陶酔感の問題と闘っていた。価格が底に近づいているのに、買い戻す代わりに空売りポジションを積み上げ、底に達しても利食って買いに転換するかわりに、まだ売っていた。彼にとって、最初に売るという満足感は何にも代えがたく、リスクが高まってきても売るのをやめられないのだという。このようなトレーディングに伴う知的満足感や感情的満足感にひたりたいため、彼は底に達する前に空売りを積み上げること、つまり早目に売るより最後の資金を搾り出すことに価値を見いだしている。彼はこの概念を「ゴールデン・ドル」（利食っていったん手仕舞い、次のチャンスを待つべきときに、パニック売り状態で儲けたドル）と呼んでいる。これは心の会計の一種で、彼はほかのトレーダーより賢く行動して儲けるという点を重視している。

ブレイク　すべてが思いどおりになって自分は何て頭が良いのかと感じるときがある。そういうときは「素晴らしい！」と思いながら、多少陶酔感に浸っている。でも、実はこれがまったく間違っている。例えば、僕は今ベアの気分になっていて、相場が下げればさらに売っていく。

キエフ　底に近づいたら本当は売るべきではないということか。

ブレイク　昔はこのようなときに、もっと売っていた。今は多少改善して少ししか売っていないのに、それでもかなりリズムが崩れる。

キエフ　それはいい気分になりすぎて、基準や指標をいくつか無視してしまうからではないのか。

ブレイク　自分の本能的直感には注意しなければならない。頭の中で「僕が世界一だ」という声が響き渡るときがいつなのかを知っておき、その声を蹴散らして、自分がやりたいことの反対をすればいい。自分が素晴らしく思えているときは、トレードの大きさも倍になってしまったりする。損失の大きさも大事だが、僕にとっては低点から底までのドルのほうが天井から低点までのドルより一〇倍の価値がある。本当は違うと分かっているのに、そう感じてしまう。

キエフ　それが知的満足感だ。

ブレイク　知的満足とは、今から称賛を浴びるという感じだと思う。僕が一番で、それが分かっている。僕は正しくて、みんなは間違っている。そこまでいくと、それ以降に上げた利益は栄光のお金ということになる。これは説明するのが難しい感覚だが、いつも追い求めしまう敵であり、失うのは怖い。合理的な考えとはいえないが、同じお金なのに、はるかにこちらのほうが欲しい。でも、この加速点に達してしまうと、あとは自分がとても浅はかに思えてくる。

キエフ　これは簡単なことではない。君だって「間違っているのは分かっているが、仕方がない」と言っているではないか。

ブレイク　これは、さらなる利益を追求するための枠組みなんだ。パニックが起こるのは手仕舞わなくてはいけないときで、もしこのとき僕を落ち着かせて「今、利益が出ているけれどどうするか」と聞いてくれれば、「手仕舞ってくれ。ロングでもショートでも、みんながこのポジションを欲しがっている」と答えるだろう。パニックが収まるまで待つつもりはない。そのうちみんなやりすぎたことに気づき、パニックがパニック価格を作り出す。もちろんその場にいたくはないが、もしそれが正しいサイドのポジションならそこから立ち退くのはかなり難しい。平均して三カ月か六カ月か一年あれば、こういうことが起こったり反転して上げたりして再度仕掛ける良いチャンスが何度もあるだろう。前にも言ったとおり、僕にとって今回の利益はほかの利益の一〇倍の価値があると感じている。だから手仕舞わない。可能性は低くても、このお金は僕にとって「ゴールデン・ドル」なんだ。とてもバカげた話だということは自分でも分かっている。

キエフ　話せば話すほど自覚できるようになる。

ブレイク　僕にとっては最大のチャレンジだが、それができるようになると自分の考えを客観的に見られるようになる。体制に縛られるのはもうあきた。僕を支配するものはもうこれだけしか残っていない。そこまで行き着いて陶酔感にひたると素晴らしい気分になって、僕はその虜になる。僕は長いことこんなふうにしてきた。

キエフ　そのことで、君は二〇年間にわたって墓穴を掘ってきた。でも練習すればできるようになる。体に覚えこませるんだ。

ブレイクは陶酔感を感じ、彼にとっては損益より重要な知的満足や先発者としての満足を追い求めている。しかし、この会話から明らかなように、彼も自己認識を持ち始め、一歩引いて自分の行動を観察する気持ちになっている。これは、感情をコントロールするためのスタートであり、マスタリーに向けた第一歩でもある。

スランプを見極める

トレーダーは、負けたとき、特に大きな損失を出したり、頻繁に損失を出したりしたことでスランプに陥ることが多い。しかし、スランプ（あるいはそれと密接な関係がある悲しみや恐怖）は、必ずしも損失と関連があるわけではない。人は、個人的な問題や不穏な世界情勢がもたらす感情から逃れることはできない。さらに残念なことに、マスタリーがこれらの気がかりな感情の予防になるわけでもない。しかし、もし不安と同様、これらの感情を避けられないのであれば、それがトレーディング戦略を邪魔しないように処理しなければならない。

ケーススタディ――九・一一（同時多発テロ）からの復興――

二〇〇一年九月一一日にワールドトレードセンターが崩壊したあと、人々が悲しみや恐怖やスランプを経験することは予想できたし、それが正常な反応だと思う。もちろん、九・一一は、トレーダーの精神状態にも多大な影響を与えた。マーケットは予想以上に素早く回復してそれまでのV字底から抜け出たが、悲しみとトラウマに似た感覚は多くのトレーダーの胸に残った。このなかには、この事件で友人を失ったトレーダーも数多くいた。ランセルの弟は、ワールドトレードセンター第二ビルから間一髪で逃げ出すことができたが、第一ビルに事務所があったカンター・フィッツジェラルドでは、たくさんの知り合いが犠牲になった。彼は、事件のあとも休む気にはなれなかったが、二年が経過してもまだこのときの感情を忘れることができないでいる。

キエフ　まだあの事件に対して動揺しているのか。

ランセル　まだ大丈夫とは言えない。あのことに対して自分がひどく怒っていることは分かっている。怒りと拒絶があるが、思い出して泣いたりするわけではない。

キエフ　友人が巻き込まれたのか。

ランセル　知り合いはいたが、すごく親しかったわけではない。仕事の関係もあった。四〇〇

第7章　感情に対処する

〇人もの人が亡くなって、その人たちの子供やもろもろのことを考えると、悲しくなる。僕も前に三二二階で三年半働いていたことがある。弟は二〇階で働いていて、飛行機が突っ込んだとき階段を上がっていたが逃げ出すことができた。彼はもう大丈夫だ。でも僕にとってはあの事件は破滅的で、これからのことを考えても、旅行するにしても、人生のすべてに大きく影響している。

キエフ　炭疽菌の事件のほうはどうか。

ランセル　炭疽菌やウイルスを受け取る確率は比較にならないほど低い。でも、攻撃は、移動するにしても、旅行するにしても、とにかくあらゆることに影響してくる。あれ以来、飛行機には乗りたくないし、ずっと家にいたい。あの事件はわれわれの行動を本当に大きく変えてしまった。

キエフ　それがトレーディングのほうにも影響しているのか。

ランセル　最初はトレーディングをする気になれなかった。でもそのままではいけないし、事件に負けてはいけないと思った。

キエフ　それでどうしたのか。

ランセル　事件に対する怒りをトレーディングに持ち込まないようにした。トレーダーとしては、トレーディングのチャンスを広げてくれる通常のマクロ的な出来事と同様に、あの事件に対するマーケットの反応を織り込んでいった。イラク戦争や世界的なテロの脅威など、不安定

329

な世界が人びとに与えている影響は非常に大きいと思う。でも、僕はすべての出来事の重要性を計りながら自分の仕事を続けている。

キエフ　九・一一で君が感じた怒りやフラストレーションはどうか。

ランセル　ときどき思い出すが、日中トレーディングをしているときは、それを持ち込まないようにしている。それよりも、損益の心配をしなければならない。

キエフ　ほかのトレーダーも君のような見方をしていると思うか。

ランセル　そう思う。

人は一年を通して、トレーディングだけでなく、人生や世界に起こる出来事に対してさまざまな感情的反応を経験する。

トレーディングには相当の集中力を必要とするし、これ自体がさまざまな形の相当激しい感情的反応を生み出す活動であることから、これらの感情が激化したり押し殺さなければならなくなる前にだれかに打ち明けることが望ましい。また、自分を表現して、経験を分かち合ったり、精神的苦痛の影響を中和したりするためにはコミュニケーションが有効だということを認め、自分を表現できるようにしておくことも必要になる。

通常、筆者は自分の感じたことや経験したことについて話すことを勧めている。これは、難しい感情に対処する助けになるだけでなく、感情を隠したりそれを自分のトレーディングの状況に投影させたりすることからくるさらなる緊張（とその結果生じる混乱）を緩める効果もある。

自分の苦悩や感情に気づくことは重要だが、その感情やその原因となる出来事をコントロールすることが目的ではない。それをやりすごして、自分の思考に対してリラックスできれば、世界がそれほど憂鬱なものではないことが分かるだろう。自分の思考は、現実ではなくて自分の思考を反映しているということを覚えておいてほしい。自分の思想のまま行動する必要はない。問題も、困難も、そして悲劇でさえも自分自身を投影したものではない。これらはチャレンジであり、自分の処理能力を試すものだと考えればよい。

ケーススタディ――感情をモニターする

次のテリーとの対話は、感情がトレーダーの思考過程に与える影響と、感情的な経験をモニターするいくつかの方法を示している。テリーはトレーダーになって数年たつが、勝敗に伴う感情の起伏に悩んでいる。彼は、二〇〇二年のベア相場が底を打って回復しそうに（当時は）見えた時期に予期しない損失を被って、筆者のカウンセリングを受けに来た。ほかのトレーダーにとって、この一〇月半ばに起こった一九三三年以来最大の四日間の上げ相場は、持続するベア相場における玉締めでしかなかった。

テリーは、この上げ相場におけるさまざまな感情的反応について、詳しく話してくれた。この対話は、感情にうまく対処して、マーケットとうまく付き合うための指標として利用するためのコーチングになっている。この会話からは、陶酔感と憂鬱感や不安にどれほど密接な関係があるかということや、マーケットがどれほど感情的反応のきっかけになってそれがトレーダーの見方やそれに基づくトレードに作用するかということが分かるだろう。

テリー　二四日は二〇ドル下げて始まった。そしてさらに一〇ドル下げて、僕が運用している債券は爆発的に上がった。このときは本当に爆発が起こったような感じがした。

キエフ　どう感じたって。

テリー　みんなが僕にひれ伏したような気分だった。

キエフ　もっと詳しく話してほしい。

テリー　「やった」という感じだった。そこで、すぐにこの日の利益を計算し始めた。

キエフ　ずっと望んでいたことが実際に起こったんだね。

テリー　僕にとって最高の利益だった。一日で一〇〇万ドルも儲け、とても満足し、「これ以上何を望んでいるんだ」と思った。たった今、五〇％の確率しかないと思っていた株価になっている。でも、実はこれで十分だとは思っていない。むしろ七五％くらいの確率というべきかもしれないが、とにかくレジを打つためには一部を手仕舞わなくてはならない」。それで六月のポジションの六番目か八番目のを手仕舞うことにした。ほかにもポジションはあるし、少し戻すと思ったんだ。だからマーケットを観察し続けた。もしイラクに侵攻すれば、マーケットは急落して中央銀行が利下げするだろうと思った。これは株にとっても僕にとっても良いことだし、きっとそうなる気がした。市場に流動性をもたらしてくれる何かが起こるはずだと考えていたんだ。アメリカ経済には新たな流動性が必要だが、それにはだれかが蛇口をひねらなければならない。だから、危機があって、反応があって、資産があるのだから、原油価格や政策のマクロ的な変更がなければ、センチメントにも大きな変化はないと考えたんだ。ところが、それがまったく外れた。間違っているかもしれないと思わなかったのはうかつだった。木曜日と金曜日には物理的な攻撃に近い経験をした。僕はすごく不安になって、冷や汗をかきながら「もうトレーダーとしてやっていけないし、仕事も失うだろう。なんでこんな愚かなことをしたのだろう。なんでこんなに大きなリスクをとってしまったんだ」と思っていた。この時点で二二％も下げていたんだ。僕は何をしていたのだろう。個人でとり得るあらゆるリスクをとるなんて、何を考えていたのだろう。こんなことをするなんて、僕はどうしてしまっていたのだろう。僕は破滅型の人間なのだろうか。どうしていつも正しくないといやなのだろう。どうして自分のやり方でないといけないのか。なんで柔軟に対応できないのだろう。

キエフ　これまでに、六月に大儲けした話と自分のやり方がうまくいかないときの落胆について話してくれた。

テリー　愚かなことに関して何千というマイナス思考が僕の頭の中を駆け巡っている。不安は頭の中の自己批判テープに耳をかたむけてしまうことからきている。そうしないように、ほかの人と一緒にすごしたり、家や暗やみにひとりでいないようにしたりしている。自分で対処しようと努力はしたんだ。

キエフ　感情的に反応しないで、落ち着いてよく観察し、あと何ができたかとか何が足りなかったのかということを検証したりするだけでいい。

テリー　冷静になって見返してみると、勝負を賭けるには危険すぎる賭けだった。それが僕の結論だ。好調のあと、十分に利食わなかったことも失敗だった。

キエフ　それが始まったときにもっと素早く行動できなかったのか。例えばなかなかのチャンスがあるのに、みんなが君とは違う反応を見せ始めたらどうか。そういう様子はなかったか。トレードを縮小することはできなかったのか。最初の衝撃を重視して、ポジションを減らそうと思ったときが、最高のタイミングではなかったのか。もしそれがうまくいけば、君は大丈夫だ。もしうまくいかなければ、注意不足と適切な行動がとれていない傾向があることになる。

テリー　そのとおりだと思う。自分では十分行動したつもりでも、それでは足らなかった。あの程度のチャンスにあれほどのリスクをとるなんて無鉄砲だった。あの資金はどうでもよいとでも思ってしまったのだろうか。僕にはある種の破滅的要素があるのではないかと思うと怖くなる。

キエフ　たぶん、このような状況に対応するスキルがないだけだと思う。このようなことから身を守るため、戦略に追加できるルールはないか。

テリー　損益が大きい日や月には、強制的に六五％ルールを適用するようにすべきだと思う。自分に「ブームは去った。逃げ出せ」と言い聞かせるんだ。もし七月にそれができていたら、どんなによかっただろう。ルールとはそういうものだ。僕の場合は、金銭的な欲求というより、知的な欲求だった。「やっぱり僕が正しかった。僕が言っていたとおりになったではないか」と言いたかっただけで、要するに自信過剰だったのだと思う。

キエフ　それは人間の本性だ。人は自分が正しいことを証明するために、リスクを多めにとって損失を回避したり、利益を確定するためにリスクを増やしたりする傾向がある。

テリー　今年一年を棒に振ったような気がして、怖くなり、パニックに陥った。そして、自分がこの仕事に本当に向いているのかと考え始めた。なんでこんなバカげたことをしてしまうんだ。逆に、自分が賢いならなぜこんなことをするんだ。もしかして意識的に自滅しようとしているのか。

キエフ　練習が必要なだけだ。問題点を見極め、その解決方法を練習すればよい。

テリー　僕は破滅的でも無鉄砲でもない。トレーディングも完全にコントロールできている。

次は違う対処ができると思えるようになった。前回の経験から学び、短期の賭けはリスクを少なめにする。そしてうまくいきそうなときは、もっと頻繁に大きな利益を狙っていく。リスクを多少減らすくらいでは十分ではなく、ちゃんと儲けたい。正しくあることより利益を上げることのほうが重要で、ほかの人が正しくてもかまわない。自分の才能を利益を得ることと損失を最小限にとどめることに集中し、正しくあることにはこだわらない。

キエフ　それこそ今回の経験の正しいとらえ方だ。このような原理を導入することが、前進していくためには欠かせない。これから一五回分のトレードに関して記録を付けて、この考え方を定着させるとよい。

この対話は、マーケットの変動によってトレーダーが経験する極端な感情的反応や、知的に輝きたいという欲求がこれらの反応とどうかかわっているかを知りたいときに特に役に立つ。テリーは、思いどおりの展開になっていたときの興奮についても、トレードが失敗したり思ったほど素早く対処できなかったりすることに対する落胆と自信喪失についても語ってくれた。

筆者のカウンセリングでは、感情的反応に客観性を持たせることで、トレーディングをやめたり、避けられるミスを犯したりするようなことを回避するよう促す。彼にはさらに、落ち着くこと、経験したことを日記につけておくこと、そしてトレーディング関連の出来事に対する感情的対応から常に学ぶことを勧めた。そうすることが、いずれマスタリーに近づく助けになってくれる。

テリーがもっと戦略を学び、自分を責めるよりマーケットに適応するようにしなければならないことは明らかだった。このことは、マーケットでの成功や失敗に伴う感情の起伏に悩むトレーダーすべてに当てはまる。

自分の感情に反応して物事をさらに複雑にしてはいけない。自分の思考態度に注意しながら、状況に対処するためにとるべきステップを考えればよい。感情的にならないよう苦労する必要はない。

一番大事なのは、自分の行動に対して自分がどう思っているかや、目の前のことに取り組んでいる自分をどう評価するかに常に注意を払っておくことだろう。このとき、結果と自己評価を分けて考えることがポイントになる。

繰り返しになるが、結果は戦略とそれを順守したかどうかを伝えるものでしかなく、その人自身に関するものではない。以前の章でも述べたとおり、頭の中では毎日何百万もの思考が行きかっている。しかし、これらの思考はその人の個性である内核とは別物なのである。チャレンジしていることに集中して、今何が必要で何を望んでいるかを探し当てたら、あとは対処方法を考えればよい。

混乱、フラストレーション、不確実性

フラストレーションの一部は、マーケットと波長が合わないことから来ている。このようなときは、マーケットの方向性も読めないし、あらゆるサインが出ていても見落としてしまう。データ分析が甘いときもあれば、起こっている現象をうまく説明できないこともある。しかし、このフラストレーションは創造的過程の一部かもしれない。実際、不満がさらなる努力につながる場合も多い。経験豊富なトレーダーが混乱したり、確信が持てなかったり、フラストレーションが溜まったりしたときは、たいていさらに掘り下げるなどして新たな視点を探し当て、結局は独自のトレードに結びつけていく。

ここでは、自分のフラストレーションが初期のパターン認識（トレードを仕掛けるべき場所とタイミングが見つかる前の過程）を反映しているかどうかを考えてほしい。情報や視点を常に処理していることは、マスタートレーダーの特徴のひとつと言ってよい。

ケーススタディ――難しいマーケットに対処する

ベア相場は、対処が特に難しいため、トレーダーはフラストレーションが溜まる。このようなときは、ファンダメンタル分析は通用しないし、ボラティリティの特徴が合うモデルもない。

二〇〇二年のマーケットがまさにそうで、一九九〇年代のブル相場で成功を収めた人たちが、以前ほどの利益が上がらないことに苦しんでいた。みんな怒りっぽくなっていて、トレーディングデスクが緊張でピリピリしていることも多かった。カッとしたトレーダーたちが感情的になって不満をぶつけあったりもしていた。このようないらだたしい時期がトレーディングデスクの士気に与える影響についての不満も多かった。そのうちのひとりであるエドが、自分にはチームリーダーを喜ばす力がないことについての不安とフラストレーションを語ってくれた。

キエフ　このマーケットでかなり不安を感じているのか。

エド　感じている。みんなそうだと思う。

キエフ　何が起こっているのか。

エド　マーケットが動いている。チャンスだと分かっていたのにそれに集中しないで見逃してしまったときは、かなり悔しい思いをした。僕はこの環境に傷ついているし、みんながきつくなっていることが僕の判断にも影響を及ぼしている。

キエフ　君のアイデアにみんながどう反応するかを気にしているのか。

エド　そうだ。もしうまくいっても十分ではないし、うまくいかなければ、なぜそんなことをしたのかということになる。僕のトレードにみんながどう反応するかを考えながら判断を下している。これこそ先生がさっきから言っている「すべきでないこと」だ。そのとおりだと思うし、そうしたい。ほかの人の期待にこたえるためのトレードは、やめなくてはいけない。

キエフ　つまり、環境と人間関係が、マーケットに参加することから来るストレスより大きな緊張を生んでいるということか。

エド　大元はマーケットで、そこから悪循環が始まっている。マーケットは非常に手強くて、簡単には対処できない。

キエフ　フラストレーションや混乱が創造的な過程をさらに膨らますと思うか。

エド　思わない。創造的な過程は存在すると思うが、それを繰り返すことはできない。ただ、これによって集中をとぎらせないことはできるかもしれない。

キエフ　でも、ほかの人の役にも立っていないのではなかったのか。

エド　どこかの時点で、動機付けの要因にはなり得ると思う。

キエフ　もしほかのチームやほかの会社にいても、同じように動揺していたと思うか。

エド　ほとんどのチームやファンドは、どこかしらに正常に機能しない部分を抱えている。同じような批判を浴びるかどうかは、今は分からない。少し違うかもしれないし、別のプレッシャーがあるかもしれない。あるいは、単に無視されるだけかもしれないが、頭の良さそうな連中に愚か者だと思われたくもない。これはイライラしても、批判はされない。

キエフ　もっと敏感な人もいるし、まったく気づかない人もいる。

エド　まったくかかわらない人もいる。

キエフ　それぞれが、それまでにどうプログラムされてきたかによって、ストレスの対処法は違う。さまざまな反応の仕方があると思う。

エドの思考過程の根底にあるのは不満だった。彼はストレスが過程の一部だということを認める代わりに、それを取り除こうとしていた。彼は自分がどのくらい困難に適応しようとしているのかということについてもっと知っておかなくてはいけない。今の彼は、自分の計画から外れて会社の展望とは別の方向に脱線してしまっている。

進歩を妨げる障害や不安を認識できなければ、何がマスタリーへの道の過程を邪魔しているのかはけっして理解できないだろう。

自分の感情をマスターする

マスタリーとは、不確実性に伴う居心地の悪さに備えることで、このなかには不安や恐怖や悲しみ、そしてトレーディング時間中の不確実性に伴う感情も含まれている。マーケットで起こっていることに対して答えを探していると緊張が高まっていくが、自分をリスクにさらすことでこの不快感を受け入れる気持ちを持っていなければならない。行動経済学の研究によって、人は勝ちトレードより負けトレードにしがみつき、さらなるリスクを抱えてしまう傾向が強いことが分かっている。マスタリーに近づくためには、直感に反して行動できるようになる（つまり損切りして勝ちトレードに乗り続ける）必要がある。でも、実際には次の対話のように、ファンダメンタル的な理由から痛みを耐えて負けトレードを持ち続けていても、最後にやっと好転し始めたら不安に負けて手仕舞ってしまうトレーダーもいる。

ケーススタディ——活発なトレーディングに伴う感情をマスターする——

人は、きちんとした理由があれば、損失の痛みに耐えられることもある。例えば、独自の分析によって今は上昇していてもいずれは下げると思えば、苦しくても空売りを続けるだろう。残念ながら、直感に反した行動をマスターしていない経験の浅いトレーダーは、痛みに耐えて空売りを続けたあと、やっと好転したところでほっとして十分下がる前に手仕舞ってしまい、それまで苦労して築いてきた設定を利益につなげることができない。これはとてもよくあることなので、次のポートフォリオマネジャーとの会話について考えてみる価値はあるだろう。彼はファンダメンタルの知識は非常に豊富だが、ポートフォリオ内のポジションを活発にトレードできるようになるためにマスタリーを目指している。

ダミオン　自分が停滞しているような気がする。正しいと感じる判断を下していない。でも、それが保守的なモードに陥っているからかどうかは分からない。映画製作会社を空売りしたときも、やはり同じことをしてしまった。新しい映画に対する期待が大きかっただけに、痛手は大きかった。

キエフ　なぜ空売りしたのか。

ダミオン　投資家は、新しい映画が公開される前に、その価値を評価することが多い。しかし、翌週になるとみんな期待が大きすぎたことに気づき、株価も下がっていく。僕が空売りしたのは、楽観主義が最高潮に達していた時期だった。

キエフ　そしてどうなったのか。

ダミオン　一千万ドル分の株を空売りした。株価は五四ドルから六〇ドルまで上げたが、映画が公開されたとたん二ドル下げて五八ドルになった。そこで三分の一を買い戻し、次に五五ドルになったところで残りのポジションは三分の一になっていた。そこでさらに一・五ドル下げた。映画が公開された週末に予想どおり上昇して一二〇万ドルの損失を出したが、結局四〇万ドルしか取り返せなかった。上昇しているとき、あまりに苦しかったために、途中で何度も買い戻してしまったからだ。

キエフ　つまり、株価が下がり始めたら、そのまま保有して利益を膨らます代わりに買い戻してしまったということだね。

ダミオン　そのとおり！　上昇していたときは逆境でも喜んで痛みに耐えていたのに、なぜか流れが自分に向いてきたら、そのまま持ち続けて利益を最大にする代わりにすぐ利食ってしまった。

キエフ　そのとき、どう考えていたのか。

ダミオン　またあの痛みに耐えるのが怖くて、逃げ出したくなった。ファンダメンタル的には何も代わっていないのに、最初の理論を貫くことができなくなっていた。それで、さらに大きな損失から身を守るため、理論から外れていってしまった。

キエフ　さらなる損失と痛みを感じることのどちらから自分を守りたかったのか。君なら自分に不利な動きのなかでも痛みに対処できるように見える。

ダミオン　ずっと耐えていたが、やっと下げ始めたときはこれでやっと少し買い戻せると思ってうれしかった。それを待っていたのに、損失を出したくなかった。これは知事の恩赦のようなもので、また何もしなければ痛みが戻ってくると思った。

キエフ　いずれ五二ドルまで下げることが分かっているのだから痛みに耐えるという計画ではなかったのか。

ダミオン　チームのひとりが、「下げるなんてラッキーだ。この銘柄にはずいぶん苦労しているから一部を利食おう」と言ったんだ。

キエフ　それで計画を外れてしまったというのか。それよりも、うまくいき始めたときに空売りポジションを増やそうとは思わなかったのか。

ダミオン　下げていてもポジションを大きくするのは非常に不安だった。それよりも帳簿からリスクを外すほうが気が楽だった。

キエフ　気持ちは分かるが、それは痛み止めでしかない。ここでは、リスクが自分に有利なときはトレードを続けてそのメリットをとることが直感に反した行動に当たる。リスクが優位性に変わるようなときで、かなり苦しい時期を耐えたあとならなおさらだ。

ダミオン　あきらめずに保有し続けるより、痛みから解放されたい。それにこれには相当の資金もかかる。

キエフ　人は痛みのあと、いとも簡単に安心の道を選んでしまうことは非常に興味深い。特に面白いのは、トレードがうまくいっていてもそうしてしまうことだ。

ダミオン　それは分かっている。でも、やっとうまくいき始めたポジションを、実はもう何度も手仕舞ってしまっている。痛みに耐えてやっとうまくいき始めると、痛みから解放されたくなってしまう。

キエフ　もともとの計画には反しても、手仕舞ってしまえば楽になれるからだろう。

ダミオン　考えが甘いことは分かっている。

キエフ　信念に基づいた行動をとらなければならない。これは損益よりも重要なことで、マスタートレーダーになるための資質ともいえる。これは、直感に反して行動したり、勝ちトレードでは負けトレードより大きいリスクをとったりするなど、感情的な悩みと関係なく自分の戦略を実行することを意味している。

ダミオン　僕は、自分に痛みに耐え抜く力がないことをとても心配している。こうなると、次の素晴らしいアイデアが待機していない防御的姿勢に陥ってしまう。あとは僕を消耗した原因しか残っておらず、損失を出すのが怖くてたまらなくなる。そして、それに報いてくれるものはない。

キエフ　ほかに何かできることはないのか。

ダミオン　ものすごく効いたのはリサーチの質で、これがしっかりしていればマーケットがどんな動きをしても保有し続けることができた。前にも言ったとおり、僕の空売りポジションのほとんどが勢いを失っているが、これらはほとんどが感覚的なトレードで、あまり守る意味がない。ただ、正しいような気がするし、その直感に従いたいだけでしかない。

キエフ　もう一度聞くが、ほかに何かできることはないのか。

ダミオン　もちろん、それこそが答えになる。

キエフ　君は損益と感情については考えているが、戦略が抜けている。「確信を強めて自分の空売りポジションを強化するためにはどうすればよいのか」と考えずに、感情的になってしまっている。

ダミオン　何の理由もないまったく感情的な判断になってしまっているのは分かっている。これまでは痛みから逃げようとしているだけだったが、トレードし続けることこそ大人の行動と言える。

さまざまな教訓を含むダミオンとの対話は、マスタリーに関する包括的議論とも言える領域まで踏み込んでいる。彼は、感情にとらわれていることを自覚しているトレーダーのフラストレーションについて語ってくれた。ダミオンには、せっかく空売りがうまくいっているのに「目の前で反転して」しまうことを恐れて手仕舞おうとするとき、自分が積極的にトレーディングしていないことが分かっている。彼はたった今痛みを乗り越えられたのに、うまくいっていなかったときの痛みをもう一度味わうことには耐えられなかった。過去の経験があまりにも強力で、それが最大利益を望む気持ちを上回ってしまったのである。

ただ幸運なことに、彼は自分が繰り返し襲ってくるトラウマの恐怖に支配されていることを自覚し、それについて話そうという気持ちを持っていた。この気持ちがあれば、次にこのような状況に陥ってもたどるべき過程を意識し続け、それについてまた話し合うことができる。できれば今度は衝動的にポジションを減らして機が熟す前に利食ってしまう代わりに、不安を通して自分自身にコーチングをほどこせるようになってほしい。

マスタリーへの道がどのようなものか見えてきただろうか。これは簡単ではない。不安への対処をマスターし、利益が確定するまで耐えて保有できるようになるまで、用心と大いなる注意力を怠ることはできない。感情を抑えるのではなく、それときちんと向き合えば、恐れやそれ以外のコントロールしたい感情を自分のものとすることから生まれる力を得ることができる。

第8章

障害を克服する

筆者について、精神科医だからトレーダーの行動に関心を持ち、彼らの行動の起源となる動機を探し当てて助言できるのだと思っている人は多いだろう。例えば、もしギャンブルをやめられない理由や、自己破滅したり破産したりする理由が分かれば、そこに至る行動を変える手助けができるかもしれない。しかし実際にトレーダーと話をすると、筆者の役割は精神科医よりもコーチであることのほうが実は多い。

中継地点

タイガー・ウッズのスイングコーチの仕事がウッズの精神分析ではなく、ゴルフコースでどのように行動すべきかを助言することであるように、筆者もトレーダーの動機や無意識の意図よりも、実際のトレーディングという行動における「何か」を理解したい。そこで、彼らがより良い判断を下すために何をしているか、損失をコントロールするためにどのような行動を取り入れるべきか、などという点に注目していくことにする。

注目点のなかで、筆者は足踏みポイント（行く手を阻まれたり障害があるところ）にもっとも大きな関心を寄せている。障害があると、ゴールが見えなくなる。足踏みポイントに達してしまったら、意識的に自分の望みを明確にして、そのとき必要なところにエネルギーを集中させ、再度その展望に向かっていってほしい。もしマスタートレーダーを目指すのであれば、自分の内面に蓄えている感情の力を使って困難や痛みやトレード中に襲われる自信喪失を乗り越えていかなければならない。ただ、そうするためには、注意力の焦点を自信喪失や痛みを強調するようなところ以外にシフトする能力が必要になる。

マスタートレーダーは、トレーディングのストレスを乗り越えるための心理的なスキルを発達させている。彼らは、自分の行動的反応に振り回させるのではなく、それを修正して利用することができる。それ以外に、この途方もないストレスレベルに耐える方法はない。そして最高レベルに達すると、自制と自己超越という能力も会得し、なかには不安な反応に対処するため、何かが起こる前にそれを視覚化するテクニックを習得しているマスターもいる。これができれば、視覚イメージによるリハーサルが、ストレスを中和してくれる。また、リラクセーション体操を使って緊張を緩和することもできる。

どのようなテクニックを使ったとしても、心理的なスキルがトレーダーの成敗を分けることは明らかだろう。マスターになるためには、エゴを放棄して現実を直視し、自分の性分に合わないトレードをするときの心理的な不快感に耐えなければならない。また、先入観や見せかけの忙しさや見た目を気にするのもやめ、起こったことに対して感情的に反応する代わりに、結果を計測できる体制を整えておかなければならない。そして何よりも、物事を観察するときは自分の知識と比較しないで、あるがままを受け入れるようにする姿勢が大切だろう。

マスタリーとは、目的に向かう途中にある障害を少しずつ取り除きながら、自分が持っている潜在力を明らかにしていくことでもある。これは、トレーディングの世界にある障害を見つけ、それを避けることを学ぶということでもある。

人生のどの段階においても、自分自身の能力に対する抑圧や恐怖や幻想が最大の障害になっている。昔からの恐怖感に目の前の課題に対するプレッシャーが合わさってストレス反応が起き、それがその課題を何倍も難しくしてしまう。心理的反応が緊張を高め、それがミスを犯す可能性も高めてしまう。

つまり、どのような活動でも前進できるかどうかはこのストレス反応を克服する力があるかどうかにかかっている。マスタリーは、柔軟性や集中力や規律といった能力を引き出すことと言ってもよいだろう。

ケーススタディ――抵抗について――

これまで見てきたとおり、筆者が相談を受けたトレーダーに提起してきた質問は、何が損失を減らしたり、利益を増やすことを阻んでいるのか、ということに関連している。

●自分が設定したゴールに到達するために、トレーダーはどのような行動をとるべきか。
●決まった手順を外れてリスクを増やしてしまうとき、どのような行動をとってしまっているのか。
●成功や変化やゴール達成を確実にするマスタリーに近づくためには、どのようなステップを踏むべきか。
●自然発生的な解決策のなかに、さらなる問題を生んでいるものがないか。

これらの質問をすることで、トレーダーとの会話は必然的に抵抗、さらなる話し合いの必要性、ゴールを明確にする必要性などといったテーマに集中していくことになる。また、会話のなかではトレーダーの要望を部下が受け入れているのかという質問も提起していく。こうして話をしていると、トレーダーがさまざまな方法で抵抗にあっていることが浮き彫りになってくる。トレーダーが直面する抵抗のなかには次のようなものがある。

●それまで成功してきたことから離れる。例えば、テクニカル分析で価格変動やトレンドを利用したトレーディングをやめ、ポートフォリオマネジャーに転身して初めてのセクターをファンダメンタル分析に基づいて運用しようとする。
●ゴールを設定せず、ミスを修正するためのパフォーマンスの見直しもしないため、成功するために必要な要素が不完全なまま放置されている。
●すべての資源を動員する能力を高めるためのコーチングを受け入れられない。
●どのような結果が出ても、自分の視点が正しいという信念のもと、非生産的なステップを踏み続ける。

次は、意欲的なポートフォリオマネジャーで、マスターを目指して抵抗という課題を克服しようとしているマルコムとの会話を見てほしい。今回は、まず二〇〇二年のソルトレークシティ冬季オリンピックでフィギュアスケート女子シングル金メダルを獲得したサラ・ヒューズの奇跡の演技と、ゴールを目指すということから話を始めた。

キエフ　もし金メダルに届かなかったり、目指すゴールを達成できなかったりしたら、それは惨めに失敗したからではなく、真剣に取り組まなかったからだろう。計画どおりに行動すれば、やっただけの結果が出る。もし結果が出なければ、それは失敗したのではなく準備が足りなかったと考えるべきだ。計画を見直してみるとよい。もしかしたら、焦点がずれていたり、本来の目的を外れて別のことを考え始めたりしてしまったのかもしれない

マルコム　五の能力しかないのに一〇の目的を掲げた場合は、その差をどう補っていけばよいのか。

キエフ　破綻しないようにしながら一〇になるまでトレードし続けなくてはならない。これは過度のリスクをとるということではない。実際には一〇〇万ドル止まりで一〇〇〇万ドルまではいかないかもしれないが、実際のところはやってみなければ分からない。もし止まらずに、集中力を保ってトレードし続けていれば、もしかしたら達成できるかもしれない。もしソルトレークシティー五輪でフィギュアスケートのサラ・ヒューズが前半のショートプログラムの四位であきらめていたら、金メダルを獲得することはけっしてなかっただろう。しかし、ヒューズは後半のフリーの演技に集中し、実力以上の力を引き出すことができたように見える。

マルコム　昨日デートライン（テレビ番組）でヒューズのインタビューを放映していたが、そのなかで金メダルが彼女のゴールだったわけではないと言っていた。彼女が目指したのはこのときのスケートにすべてを込め、楽しみ、できるかぎり最高の演技をすることだった。

キエフ　おそらく、それが金メダルを取る方法なのだろう。もちろん準備は必要だ。三回転ジャンプを練習し、自分を際立たせるプログラムも用意する。そして、これらの準備を整えたう

えで、のびのびと演じきらなければならない。ただ、すべての練習はゴールに向けられていても、演じている間はそんなことは考えず、流れに身を任せたい。そして、自ら進んでリスクをとっていかなければならない。

マルコム　どうすればいいのか。週末や夜を準備に費やして実際のトレードは流れに任せろということか。

キエフ　準備することで力がつき、チャンスが訪れたときにそれを生かすことができる。準備を整えることによって、いつでも戦えるし、素早く判断が下せるようになる。あとは常にチャンスを探していなければならない。

マルコム　この四～五カ月で確実に何かが変わった。準備を整えるための基礎が身についたと思う。先月は、実際に働いた時間は短かったが、非常に生産的な仕事ができたことがとても良かった。特に休暇のあとにこうできたのがうれしい。休暇に入るとき、自分が緊張の塊だったことは分かっていた。これからはもっと頻繁にジムに通い、仕事を早めに切り上げ、週末も一日中ではなく、二～三時間だけ仕事をすることにする。最近は一日中スクリーンを見ていることもなくなった。以前よりこのマーケットでトレードする自信がつき、それがすごく助けになっている。もし何かが予想どおりにならなくても、そのことに取り付かれてしまうこともなくなったし、流れが自分に向いている日かどうかも見分けられるようになった気がする。

キエフ　マーケットが読めるのか。

マルコム　だんだんうまくなっている。自信もついてきた。

キエフ　株価が変動しても、それが自分のミスのせいだなどと思わないようになったのか。

マルコム　自分が犯した、あるいはこれから犯すミスのせいではなく、単に良くない日だったのだと判断できるようになってきた。つまり、僕の理論が間違っているわけではないし、手仕舞わなくてはいけないわけでもない。だから、月曜日に気に入ったから仕掛け、火曜日と水曜日に下がったから手仕舞うようなトレーダーとは違う。ファンダメンタルの知識に加えてトレードの仕方を学べば、相乗的な効果を発揮できると思う。マーケットと一緒に下げただけだと思えば、ポジションを大きくするのをやめたり、反発するのを待ったり、良くないから手仕舞ったりできる。先月は、二つのミスで三〇万ドル失った。もちろん、帳簿を見て「この二つについては、なんでここまで保有してしまったのか分からない。もっと早く損切りすべきだった」と言ってみることもできるが、実はもうひとつ別に五〇万ドルの損失を出したポジションがあった。僕たちは賭けをして、はずれた。それがまぎれもない現実で、それは我慢するしかない。最高のトレーダーでも六〇％の勝率しか上げていない世界では、負けることもゲームの一部と考えるべきだ。それに、損失からは考え抜かれた価値ある教訓を学んだおかげで、トレーディングは上達したと思う。変わったのは、トレーディングに自信がついたことで、準備の枠組みがあるからそれに頼ることができる分、感情的なエネルギーを浪費しなくてすむ。だから、自分がコントロールできる部分だけに集中できる。安心していられるから昼も夜もイラついたりせず、腹を立てたりフラストレーションを溜めたりせずにいられる。

キエフ　何についてか。

マルコム　うまくいっていない銘柄についての話だ。

キエフ　あるマスタートレーダーが良い指摘をしている。もしある銘柄が期待や予想と違う動きをしたら、それはだれかほかの人が自分の知らない情報を持っているということを意味しているというのだ。

マルコム　僕のやり方で唯一変わったのは、自分が一番に情報を得るための苦闘はしなくなったことだと思う。以前は、新情報かもしれないものを一番に探し当てることがすべてだと感じていた。でも、それはやりすぎで、そんなことをしていたら結局は自分を不安に陥れることになる。今は、すべてを自分の枠組みにはめ込むようにしているが、そうすると毎日自分が大きくなっている、あるいはなろうとしているような気持ちになる。それに、勝てそうな気もする。僕はほかの人が欲しがっている情報を取るために戦っているのではなく、今、自分にとって非常にうまくいっている部分で戦うことができるようになった。また、自分にない部分が常に気になることもなく、だれかが自分よりたくさん情報を持っているのではないかと心配することもなくなった。これらの懸念は多くのマイナスエネルギーやフラストレーションを生み出す。それよりも、自分がコントロールしやすいところに集中することにした。

キエフ　前に何度か未知のものへの対処について話し合ったが、それは改善したか。

マルコム　改善した。今は、自分が対応できる戦いだけを選ぶようにしている。

キエフ　つまり、君はマーケットに関して以前は見つからないと思っていたことが見え始めているということか。世界、あるいは現実には、今まで見ようとしなかっただけで、その気になれば見ることができる一面がある。そして、それを可能にする思考のパラダイムシフトを、私（筆者）はマスタリーと呼んでいる。これまで話してきたことはすべてこれに関連している。しかし、これは挑戦する気持ちと物事に対する独自の見方がなければ、知ることのできない領域でもある。常に正しくある必要はない。視点こそがレンズで、それを使って見ようとすれば、もしかしたらマーケットが少し違って見えるかもしれない。いずれにしても、目的を持って観察できるし、うまくいけばその仕組みについての洞察が得られるかもしれない。

マルコム　僕はこれをツールボックスとか帽子掛けとか呼んでいる。全体として、ツールはマーケットでチャンスを見極めるためのベンチマーク、あるいはレンズの役割を果たしてくれる。間違いから学ぶことでツールボックスの中身を増やしていけば、レンズも潜在チャンスも拡大することができる。つまり、ツールボックスが拡大すれば、チャンスも幾何学級数的に増えることになる。

キエフ　もし戦略があるのなら、それを実行すればよい。世界が少し違って見えたとしても、君もある程度の準備が整っている。もちろん、多少の調整を加えて世界にモデルを適応させていく必要はある。でも、そうすれば準備をしていなかったときには見えなかった現実の一面が見えてくるかもしれない。

　このマルコムとの対話には、マスタリーへの戦略の要素がいくつも見つかる。このなかには、精いっぱいのゴールや目標を目指すこと、実際の出来事が起こる前に準備を整えておくこと、目標を見据えた継続的な基礎造り、準備とパフォーマンスの質を向上させるために行う統計結果の定期的な見直しなどが含まれている（これがすべてではない）。また、この戦略は、リラックスした哲学的とも言える姿勢も考慮している。こうすることによって、マーケットと心理的に調和し、以前は自分が知らないことさえ知らなかったことを学ぶチャンスを得ることで、自分のトレーディングアリーナについての理解も広がっていく。

　マルコムも対話のなかで気づいたように、マスタリーには二次変化による問題解決という一面もある。常識的な「解決策」に集中する代わりに、何かを突き詰めてやってみることもできる（例えば利益を拡大するためにトレード量を増やしたり、損失を縮小するためにトレードを減らしたり、新しい金融商品を探すためにトレード対象を変えたりする）。マスタートレーダーは今、目の前にあることのなかで何かに集中するのではなく、それまでの行動を変えようとすることから多くの問題が生まれることを知っている。彼らには、無理に変えようとすることが問題をさらに大きくすることが分かっている。例えば、以前に損失を出したトレードは避けようというアドバイスは妥当に聞こえるが、もし完全にやめてしまえば目標は達成できないかもしれない。また、損失をコントロールしすぎると、無力感を味わうことになるかもしれない。そこで、マスタリーには劇的な変化よりも、緩やかなアプローチが必要になる。

マスタリーはミスを犯さないことではなく、ミスから学び、その経験を糧にさらに前進していく能力だということを忘れないでほしい。マスターの利益の大部分は、たった三％のトレードに集中しているかもしれない。そうすると、残りは損失かトントンということになるが、マスターはこのなかの情報を精製し、より良いアイデアを考え、次の設定が整うまでテクニックを磨いていく。

このことを念頭に置いて、本章ではトレーダーがゴールを目指す過程でよく遭遇する障害について述べていく。これらの障害を理解することで、トレーディング中に直面してもそれを乗り越えるための十分な知識を備えておくことができる。

もちろん簡単な解決策はないが、ここで紹介する情報によって起こり得る障害を知っておくことはできる。こうしておけば、障害を認識したり展望に向かう道から外れたりしないための適切なステップを踏むことが可能になる。もう一度言うが、どこにでもあり得る落とし穴を避けることはできないし、避けることが目的ではない。それよりも、自分の問題点を認識し、それが自分の戦略の邪魔にならないようにすることに力を注いでほしい。

完全主義や必要以上に勝とうとすること

完全主義者には、勝つことが目的であっても、最終結果に固執することは負担になるだけだということがなかなか理解できない。「ナンバーワン」になりたいという過度の欲求は、実は危険なこともある。

完全主義のトレーダーは勝つことばかりを考えるあまり、プレーすることの楽しさを見失って結局は負けることになりかねない。自ら招いた「これを当てないとあとはない！」などというプレッシャーが良いパフォーマンスにつながることはけっしてない。

最終結果ばかりに執着することが、完全主義者の進歩を妨げている。失敗することに対する恐怖によって体が麻痺し、行動するのが怖くなったり、自分の手法が重荷に感じて展望に向けて進んでいくことができなくなったりすることはよくある。

実際、何としてでも勝つという心理的なプレッシャーの下で、仕事を楽しむことは絶対にできない。これは、不可能に近い基準を設定したため結果が気になって、目の前の課題に集中できなかったり、ゴールに向けて必要なステップが踏めなくなったりしてしまう完全主義者に特によく見られる。

必要以上に勝つことに対して執着していると、リラックスしたり、適当に力を抜いたりして前より高レベルのパフォーマンスを目指すこともできなくなる。勝つことばかりに気をとられていると、目の前のことに対する注意がそれたり、とるべき重要ステップを逃したりしてパフォーマンスが損なわれることになる。

何が何でも勝つことにとらわれていると、ルールの枠組みや自分のなかの基準の範囲内で自由に動き回ることができなくなる。また、自分の限界や、予想外の出来事が理想の展開を邪魔することを受け入れられなくなることもある。

完全主義者は失敗を恐れるあまり、自分で掲げた高い目標が達成できなかったときの罰や批判や罪悪感にも直面している。これらの懸念は悲観主義を育て、失敗の可能性を拡大する。こうなると、失敗に対しても、成果に対しても満足できなくなる。そのうえ、失敗は自分の力不足だと感じ、成功しても不相応のような気がしてしまうため、次回も失敗するような気持ちになってしまう。この本質的な問題点は、今ある課題に備え、それが一過性のものだということを認識するかわりに、完璧な出来事に対して備えようとしてしまうことにある。

このように最終結果に固執していると、もっと重要な課題から注意がそれ、エネルギーを消耗し、緊張を生むことになる。しかし、同時に細部へのこだわりは、内に秘めた「完璧なパフォーマー」が頭をもたげてくるのを抑える効果もある。

ケーススタディ――頭でっかちになる

知識ばかりが先行する頭でっかちは完全主義の変形で、正しくあることばかりにこだわって、行動することや利益を上げることは考えていないからすぐ分かる。前にも登場したトレーダーのブレイクとの対話には、この現象が現れている。ここでの目的は、もっと集中力を高めること、直感を働かせること、そして知識に縛られずに投資のアイデアを考えることなどを教えることだった。この対話のなかでブレイクは、突然テープの方向が劇的に変わったときに、以前よりうまくリスクを処理できたことについて語っている。

ブレイク　これまでより大きな視点でリスクを管理できるようになった。今はリスクを低く抑えることで落ち着いていられるのがとても良い。今のペースが正しければ、自分がすべての課題を実行していて、さんざんな結果の登板があったとしてもさんざんな選手ではないことが分かる。今は単に調子が悪いだけで、それはいつか元に戻る。

キエフ　前にそうなったことはないのか。

ブレイク　少なくとも意図的だったことはないと思う。もっと素早くテープに反応できたかもしれないし、今後もっとうまくなりたいと思っている。より良いリスクマネジメントの観点から、自分のなかの「買うべきだ。正しいと分かっているのに、どうしてこの水準で売ることができるんだ」と言う部分を切り離して「これはうまくいっていないから減らさなければいけない」と考えることができるようになった。実際、かなり積極的にポジションを減らすこともある。

キエフ　うまく現実に対応できるようになったのか。テープは真実を伝えているだけで、トレードの成功に君自身や君がどれほど賢いかはまったく関係ないということを理解しているか。君の仕事は、目の前に迫る嵐を避けるために舵を切ることだ。

ブレイク　僕もなるべくそう考えるようにしている。

キエフ　以前は、マーケットの変化を非常に個人的なものとしてとらえ、もともとの選択を正当化するために、負けているポジションにしがみついていた。

ブレイク　前は、「これは僕のアイデアだ。売るなんてとんでもない。この大きな上げ相場も含めて、すべて僕が見つけたんだ」という考えに陥っていた。でも、今は動きを個人的なものとしてとらえるのはやめ、冷静になろうと思っている。そうすれば、リスクを素早く減らして全体をうまく管理していくことができる。改善の余地があることは分かっている。

キエフ　新しい行動パターンだね。

ブレイク　そうだ。

キエフ　それなら、そこに注目してほしい。それも継続して。これまでとは違った展開になるかもしれないが、これまで話し合ってきたこととは一致している。論理的に見て、これまでのやり方にしがみついていては損失が膨らむだけで、利益を上げる体制は整わない。でも、以前に比べて自己中心的ではなくなったようだ。
ブレイク　エゴは大分抑えられるようになったし、ペースもよくなった。次に来るときも「すべきことはした。そして、そのことをパフォーマンスの評価とする」と言いたい。今日は、わあっと叫びたい気分だった。信号は左折になっていたけれど、右折したんだ。
キエフ　でも気分は悪くなさそうだ。
ブレイク　意外にも、いつもほど悪い気はしない。
キエフ　それは行動したからだ。もし受け身でいたら、殺されかけている気分になって、たぶん「どうしよう、やられてしまう。それに明日はどうなるかも分からない」などと言うのだろう。でも、今なら明日がどうなってもかまわない。それに合わせて調整できるからだ。
ブレイク　今なら大したことではないと思える。

この対話からは、知識が先行しがちなトレーダーがエゴイスティックな視点からリスクマネジメントの視点でポジションを管理できるようになった様子を見ることができる。このように、自分の感情的反応を、今、利益を拡大するための戦略や戦術から切り離すことを学ぶのも、マ

スタリーへのカギになる。

繰り返しになるが、マスタリーとは間違いを犯してもそこから学ぶことができるということでもある。

回避と拒否

回避や拒否は、ペースを落としたり慎重になるという名目で正当化される場合もあるが、実際には現実に直面することや、弱く見えたり無力に見えたりすることを怖がっているにすぎないことが多い。たいていは、ストレスで冷静さを失うことが、このような防衛的姿勢につながっていく。

ただ、ストレスを拒否すれば不安は一時的に抑えられるかもしれないが、結果が固定されてしまっていることでゴールに向かって努力するのをやめてしまうことにもなりかねない。与えられた結果を受け入れてしまうと、パフォーマンスは低下し、むしろ能力があるように見せることに防御的なエネルギーを注ぐことになってしまう。

あらゆる層にとって、どのような理由であれ、拒否することとは最大のパフォーマンスを阻み、もっと効果的な行動に振り向けられるはずのエネルギーを浪費させる。また、抑制する習慣がついてしまうと、それがいつかゴール達成のためにストップを外すべきときに邪魔をするかもしれない。

拒否は、自分のもろさを認め、他人から学ぼうとする姿勢の妨げにもなる。その結果、パフォーマンスの向上につながる助言を無視することもあるかもしれない。これは、トレード中に利益を最大にして損失を最小にするためにとるべき重要ステップがある場面で起こる可能性もある。もし拒否の気持ちが強くなれば、自分の戦略は変えられないという気持ちになるかもしれない。もちろん、状況からくるストレスやトレーディングからくる身体的な反応を抑えたり無視したりすることは、失敗や間違いの可能性を高めることにしかならない。このような拒否行動をとっていたら、間違いから学ぶことはできないし、パフォーマンスが低下した原因を認めたり修正したりしないから、成績が向上することもない。

拒否のもうひとつの形に、必ず勝てるという期待がある。これは、うぬぼれ、怠惰、そして成功するために必要なことを誤解することなどにつながる。何年か前のパンアメリカン競技大会で、アメリカ代表として参加していた世界レベルの走り高跳び選手と長時間にわたって話したことがある。彼が軽々とバーをクリアしていくのを見ていると、オリンピックでメダルを狙っているのは明らかだった。当然金メダルに向けて特訓をしているのかと思って尋ねると、意外な答えが帰ってきた。彼は自信を持って「これからオリンピックまでリラックスして過ごすことにしている。世界記録を更新したいから、本番前に燃え尽きないよう自分のペースを守っていくつもりだ」と答えたのである。

この理由に筆者は驚いた。競技のたびに力を出し尽くさないで、どうしてこれほど自信満々でいられるのだろう。ペースを守るという戦略は、彼のゴール達成につながる妥当なアプローチなのだろうか、それともこれは拒否の一種なのだろうか。

そのあと何人かのコーチとも話をして、この走り高飛びの選手のようにピークの時期を早めないようにする作戦は運動選手の世界ではよくあるプラス思考のひとつだということが分かった。ただ、なかにはこれに賛同しないコーチもいた。このような考え方は、不安を抑えるために自立したイメージという幻想を抱くことで現実を拒否しているだけで、それがパフォーマンスの向上につながるわけでもないし、新記録を約束してくれるわけでもないというのがその理由だった。

実際には、この選手にはどうすることもできない理由で、最後までペースを守るという作戦の是非は分からなかった。アメリカが一九八〇年のオリンピックをボイコットしたため、彼の周到な戦略も、競技に参加することすらできなくなった数多くの素晴らしい選手たちの夢も、断たれてしまったのである。

いずれにしても、人生のさまざま場面で同様のマイナス結果に出合うことを考えれば全力を出し切らない方法についても一考の余地はある。同じような例は、大きくリードしているからといって選挙運動をやめてしまったために落選した政治家や、期末試験のために勉強しない生徒や、夫婦間に問題があることを認めようとせずに虚勢を張る夫や、次の対話に出てくる勝ちトレードで最大利益を上げることができなかったトレーダーにも見ることができる。

ケーススタディ――トレードを避けてしまう――

次の対話では、自分が優位でないトレードを避けてしまうためにマスタリーに届かないトレーダーの例を見てみよう。彼は優位にあるときでもポジションを大きくすることができない。つまり、彼の課題は、最大の利益をもたらしている三％のトレードを最大限にすることを学ぶことにある。ところが、「自信があるときは大きくする」という重要な局面を理解していないトレーダーが多く、マーケットが感情的だとか、センチメントの影響が大きいなどとして、行動しないことをむしろ正当化するケースもよく見られる。

アーニー　今年はあまり良くなかったが、自分のトレードの弱点についてはよく分かった。僕はファンダメンタル分析に頼りすぎている。だから、ファンダメンタル的な根拠がないと、利益を出せない。もっとスキルを身につけるどころか、それを取り入れるのを拒否してしまい、ファンダメンタルが良ければ儲かるマーケットになるのを待ってしまう。今年は、三～四カ月の間は儲かるチャンスがほとんどなかったので、その間はトレードする気になれず、実質的には八カ月間の一年だった。でも、最初の四カ月は僕の好きな状況で、その間に三〇〇万ドルの利益を上げた。

キエフ　マーケットがファンダメンタルに合った方向に動けば、君の成績も上がるのか。

アーニー　ファンダメンタルが合っていれば儲かるマーケットではパフォーマンスが上がるが、感情的なマーケットではうまくいかない。僕はマーケットで賭けはしない。相場が読めないわけではないが、ファンダメンタルを使ったときほどうまくはいかない。

キエフ　どうすればこのような傾向をうまく直せるか。ファンダメンタルとトレーディングに対する洞察力を組み合わせて、ニュースやきっかけの出来事や格付けの変更など、マーケットの動きとは別に起こる要素をうまく利用するためにはどんなスキルを学ばなければならないか。それ以外にできることはないのか。自分はどこで止まってしまうのか。自分の行動を注意深く観察して、より成熟したトレーダーになるための努力をしているか。これから身につけることができる競争力や、自分に足りない点はあるか。ファンダメンタル的に予想できるチャンスを待って、マーケットがそのとおりに反応するということは、同じことをしているヘッジファンドマネジャーが周りにたくさんいるということでもある。

アーニー　僕にとっては、マーケットが六五％ファンダメンタルに偏っているときがもっとも儲かるが、ファンダメンタルが三五％でセンチメントが六五％だとうまくいかない。つい、意地を張ってしまって、儲かるチャンスが上がるまでトレードするのをやめてしまう。しかし、これは利益を上げるという原則には反している。努力して自分のスタイルを変えるのは難しいし、自分が完璧なプレーヤーでないことでイラついてしまう。恐怖と言ってもよい。はったりをかけたり、理由がないかぎりあちらこちらに方向転換する。僕の解決策はペアトレードで、例えばマーケットの急変や先物の動きを考慮して、ある半導体メーカーを空売りすると同時に別の半導体メーカーを買っておく。今日は、僕があるコンピューター会社を空売りして、ジョンが同じセクターのスパイダースを買っている。先物は一ドル一〇セント上げたが、ＩＢＭは三〇セントしか上がらなかった。これもひとつのやり方だと思う。

キエフ　君は上がると思って買う。そして、実際に上がるが、そのあと反転する。このときの答えは手仕舞うことで、そのまま保有して愚か者の気分に陥ることではない。マーケットはどうしたらよいかを教えてくれているのだから、それをトレード方法を理解するための重要な数値として読み取る必要がある。トレードして、手仕舞って、空売りする。大事なことは柔軟な対応で、自分の視点に固執していてはいけない。君は、投資先に関する自分の知識に投資しているが、それは全体像のほんの一部でしかない。安心できるまで、さまざまな質問に耳を傾けてみるとよい。株価指数の追加銘柄や削除銘柄とか、アナリストが格上げしたものなど、これまでやったことのないトレードを試すのもよいだろう。それ以外にも、収益発表をきっかけにしたトレードなど、持っているデータに関してあらゆる疑問をぶつけてみれば、これまでより大きな強みを得たり、トレーディングにもっと自信を持ったりすることができるようになるかもしれない。

●予想は現実的か。
●過去２～３四半期において、期待どおりの業績が上がっていたか。
●予想を引き下げたらみんなは驚くか。
●業績発表の前にセルサイドからプラスまたはマイナスの注文があったか。
●競合相手や納入業者や顧客がビジネストレンドについて何か発言しているか。
●それが現在のセンチメントに影響しているか。
●業績は順調でも空売りした理由は、現在の株価か。
●空売りは短期的、それとも長期的のどちらになりそうか。
●買い持ちは短期的、それとも長期的のどちらになりそうか。

これらの質問は、すべてセンチメントやコンセンサス予想がシフトする兆候を探し当てることにつながっている。そして、このような取り組みがトレーディングを上達させていく。

アーニー　良い質問ばかりだ。「ニュースがあれば売買するタイプのマーケットか」「その銘柄のファンダメンタル的なきっかけの出来事は何か」などの質問も良いかもしれない。これで自分が何を探しているのかや、次はいつ大きく賭けるべきかが分かる。

この対話のなかで、筆者は現状に満足しているアーニーの気持ちをその外に押し出し、ウォール街が彼が期待するような展開をもたらしてはくれないことを伝え、もっとうまくトレードできるようになるためには自分で行動を起こさなければならないことを教えた。そのうえで、価格差やトレードチャンスに影響を及ぼす可能性につながる出来事や要素の複雑さをもっと深く理解することを願って、質問リストという課題を与えた。筆者の関心は、トレードの仕方を教えることではなく、回避や拒否という感覚を捨ててすべきことがたくさんあるということを認識させることだった。そして、これに対する反応から、彼が筆者の狙いどおりもっと大きな戦い方ができるということに気づき始めたことが伺えた。

要するに、筆者はアーニーがマスタリーに近づくようコーチングを行ったのである。彼は独自のスタイルを持っていたが、トレード数が明らかに少なかった。そこで、きっかけを利用する短期トレーディングについてさまざまな反論をつきつけることで彼の展望を広げ、目の前に現れるチャンスによりよく備えられるようにした。コーチングでは、トレーディングに関する意識の限界や自分自身に対する制約を超える手助けができるかどうかが課題となる。筆者は、彼が合理的としている範囲、つまり彼の枠を超えて考えていくよう促していった。

可能性を受け入れる

先の対話で、アーニーが可能だと考えることのなかにはあきらめの要素が含まれていた。このような考え方は、トレーディングのマスタリーになるための大きな障害になることもある。可能性を受け入れることは、競争に対して慎重すぎるアプローチを取り入れることでもあり、その結果、十分努力すれば成功できるチャンスに中途半端に取り組むことになりかねない。これは、失敗を恐れたり競争に対する不安を感じたくないために出来事を避けようとしたりすることと似ている。本当は逃げ出したいときに、やめてしまったように見えないような行動をとろうとしてしまうことも実はよくある。

このようなマイナスの行動をとってしまう背景には、あまり高いゴールを狙うべきではないというという考えがあり、全力を尽くすことに対して「ずるい行為」で、「ペースを落としてほかの人にもチャンスを与えなければならない」などと感じてしまう。このような発想は表面的には寛大に見えるが、実際には一種の自己批判で、大きく飛躍できる力を出させなくしている。要するに、これは成功するのが怖い人たちが失敗するパターンのひとつでもある。

いつも同じような成績しか上げられないトレーダーがいることを知っているだろうか。彼らは、十分準備を整えていても、一般的な勝率を受け入れて自分のパフォーマンスを調整してしまう。彼らは、ほかに「一番」の人がいるという間違った考えのもと、何をしても自分がそれを超えることはできないと思っている。そのため最大限の努力をしないで最高の結果を出せないことを正当化したり言い訳したりする。結局、満足とは真剣に取り組むことから得られるものであり、一〇〇％の努力をすれば、そのあとで失敗したとしてもプライドは保たれるということが彼らには分かっていない。

ケーススタディ――ポジションを大きくしたくない――

確率を受け入れることの一種で、統計的に見てサイズを二倍にすれば利益も二倍になることが分かっているのに、それができないトレーダーもよくあるパターンのひとつと言える。これまで資金を増やしたりサイズを大きくしたりしなくても少しずつ成績が向上してきたイラは、現状に満足していた。ただ、うまくいっているとはいっても、トレードしている銘柄の流動性の低さと同僚のアナリストに対する不安からサイズを大きくできないことは、気にしつつも正当化していた。

イラに対するコーチングは可能に見えたが、彼を強要するのは難しい部分もあった。リスクコントロールを考慮したトレーディングを行っていて、利益も上がっていると反論されてしまうからだ。しかし、マスタリーを目指すためには、彼自身の制約とアナリストに責任を押し付ける傾向を打ち砕き、もっとリスクをとる意欲を育てる必要があった。

キエフ　何が君のトレーディングにストップをかけて、マスタリーへの道を妨げているのか。

イラ　流動性の低さやマーケットの不確実性や評価がポジションを大きくすることを保証しているわけではないことに関して、自分にウソを言っているのかもしれない。もしかしたら、無理にでもすべてのポジションを大きくするべきなのかもしれない。

キエフ　統計的に見て君は勝ち日のほうが負け日より多いし、勝ちトレードの利益が負けトレードの利益を上回っているということは、手法を変えないでポジションのサイズを大きくしたら利益も上がることになる。

イラ　そのとおりだ。難しいマーケットだったにもかかわらず、今年は毎月利益を上げることができた。

キエフ　もしポジションを五〇％拡大して同じ方法でトレードを続けても、これまでどおりうまくいくと思うか。

イラ　ポジションを五〇％増にしたら、利益はたぶん三五％程度増えるだろう。僕はいつも自分に「この夏がすぎたら動きがよくなるから全力を出そう」と言い聞かせている。

キエフ　全力を出せば、どのくらい大きくできるのか。

イラ　流動性が高いものも含めて、僕のポジションがそれほどひどいわけではない。たぶん、最大のポジションは二五万株くらいだろう。

キエフ　平均ポジションはどのくらいなのか。

イラ　その答えは難しい。銘柄によって流動性は高くてもベータ値やボラティリティが低かったり、流動性がないのにベータ値は高くて頻繁に上下したりするものがある。買いのポジションの平均は七万五〇〇〇株で空売りは二万五〇〇〇株程度になっている。

キエフ　普通、七万五〇〇〇株も保有するのは十分自信があるときか、それともうまくいっているときか。

イラ　その調整がもっとうまくなりたい。流動性やそれ以外の要素を考慮しながら、どのくらい確信が持てるかによってポジションを調整することが分かりかけてきた。アナリストには、それが素晴らしいアイデアだということをアピールして、その銘柄にもっと熱心に取り組まなければいけないという気持ちにさせてほしい。

キエフ　今は、アナリストからそういう確信を得ないのか。

イラ　われわれは難しいセクターを扱っているが、アナリストには自信が持てる分野を持ってほしい。

キエフ　確信もないうえに流動性も高くないから、配分された資金の額より小さいポジションを仕掛けてしまうのではないか。

イラ　そうだ。それに僕たちのポジションの多くはきっかけの出来事を待つタイプではない。いつ仕掛けて、いつ手仕舞うかの勝負だ。繰り返しになるが、これは科学とは少し違う。ちなみに、僕の今年の成績は今のところ悪くない。

キエフ　アナリストがついているということだけでは、ポジションを大きくする十分な理由にならないのか。

イラ　本当はそうしなければいけないと思う。

キエフ　二～三年前にこれと同じ会話をしたことがある。

イラ　そうだ。でも、当時は五〇〇〇株を六〇〇〇株にしたり一万株を二万株にしたりするというレベルの話で、失敗しても大したことはなかった。この仕事には、うまくなれば常に大きなポジションを目指すという側面がある。

キエフ　君はいつも同じことで足踏みしている。成功は、能力がある証明だと考えてはどうか。

イラ　ただやればよい、ということは分かっている。でも、資金を増やされると、なんだか活を入れられているような気がしてしまう。

キエフ　それは、ただ資金が増えるだけでなく、その分利益を上げなくてはいけないからだろう。

イラ　自分が何をすべきか、あるいはどうなっているべきかが分かったし、できると思う。これまでは、正しいチャンスを待つことに神経質になりすぎていたり、すべての条件がそろわないと行動できないと思っていたりした。これからは、その部分を直していきたい。

この対話は、これまで成功してきて、さらなるステップアップのためコントロールされたリスクを増やすべきなのにそれができずにいる熟練トレーダーの典型的なケースと言える。マスターへの道を急ぐ必要はない。統計的には一貫して利益を上げていても、彼らは慎重な見方を崩さず、リスクを増やさなくてもいずれは目指すゴールに達することができると信じている。だから、定量分析のリスクマネジャーから見ても適切量以下のリスクしかとっていないことが統計にはっきり表れているのに、彼らはそれを理解していない。

イラのように慎重なトレーダーには、このような対話を通して少しずつ確信を深めていけるようアナリストを追加したり、もっと情報を集めるよう勧めたり、さまざまな可能性やチャンスが待っているということを繰り返し指摘していく必要がある。

合理化

ゴールを達成できるかどうかや失敗の可能性といった懸念が心理的な圧迫感となり、自分には手いっぱいだから負けてもよいという気持ちになってしまうことも多い。しかし、残念ながらこれは平凡な結果か、場合によっては失敗のお膳立にしかならない。差し迫った敗北に対処するためには、その出来事をできるかぎり大したことのないものとしてとらえ、どのような結果でもかまわないのだと思い込むようにするのもひとつの方法だろう。そうすれば、最初から全力を出さずに臨み、もしうまくいかなくても失敗による痛手をあまり感じなくてすむ。

自分自身に「うまくいかないこと」の言い訳をすることは、ストレスに適応できないときの防衛策のひとつと言える。こうすることは、無力感や人生経験のなかで味わう敗北感から自分を守ってくれる。また、この種の言い訳は、出来事をコントロールして安心感を得るための仕組みとして、苦悩や不安を最小限に抑えてくれる。

なかでも合理化は、不確実性や不安を制御した気分になるための複雑な「抑制と均衡」というシステムを用いるトレーダーのなかで、非常に大げさにはぐくまれてきた。しかし、このようなシステムを作り上げると、結局はそれ自体がうまくいかないときに不安のもとになってしまう。

ケーススタディ――合理化の失敗

過去の成功にとらわれて、目の前の課題が以前よりレベルが低いことを、成果を出せなかった理由として正当化しようとするトレーダーもいる。債券トレーダーのアールもそのひとりで、以前は今より何倍も大きいトレーディングによって大成功を収めていたということだった。彼は、どうでもよいと思っている一万八〇〇〇ドルの利益より、五〇〇万ドルの利益を上げるほうが簡単だと言う。

簡単に言えば、アールは過去に縛られて現在の状況に順応できていない。彼は短期の時間枠にも、少額資本の使い方にも、小さな利益にも適応できず、以前と同じトレーディングをしていた。そのため、利益を減らすだけなのにポジションを長く保有しすぎるという間違いを繰り返し、結局は儲けをなくしていた。新しいマーケットや会社やトレーディングスタイルの条件をマスターするために必要なステップを踏まないかぎり、これからも彼の個性とトレーディングの習慣が利益チャンスを阻み続けることに気づいてほしい。

アール　最初の月は三〇万ドルの損失だったが、翌月は六〇万ドルの利益を出した。今月は二〇～三〇万ドルといったところで、四歩進んで三歩下がるという感じになっている。昨日は難しい状況だったので、小さなポジションを仕掛け、初日の利益は二〇万ドルだった。そして、今日出勤すると、さらに二〇万ドル分上昇していた。ラリーが「小さく利食っておけ」と言ってきたが、僕は「なんでそんなことをするのか」と答えた。五〇万ドルまでいく余地は十分ある。そこで僕は「これは長期ポジションとみなすことにしよう」と提案した。そして三時間後、この日の利益はゼロで、昨日と同じ水準に逆戻りしていた。

キエフ　そうなりそうだとは少しも思わなかったのか。

アール　ラリーの考えは正しかった。長期なんて気にしないで、取れるときに少しでも利益を確保しておくべきだった。長期トレンドなら、いくらでもチャンスが見つかるのは事実だが、なぜいつも長期利益を期待して短期利益を取り損ねてしまうのだろう。

キエフ　目標は立てているのか。

アール　来週、ＦＲＢ（連邦準備制度理事会）の発表やそのほかの指標が発表される前に、あるレベルに達したら手仕舞うことに決めていた。でも、僕はそれを守らなかった。

キエフ　利益目標はあったのか。

アール　サイズに合わせてチャートポイント（相場の勢いが変わるポイント）も準備しておいたのに、従わなかった。

キエフ　準備しておいて従わないのはいつものことか。

アール　以前は、目標を立てていなかったので、やっていなかった。今は、目標を立ててそれを守っていない。ラリーに少し減らせと言われていたのに、それもしなかった自分に腹を立てている。

キエフ　何でそうできなかったのか。必ずできるようにするためにはどうしたらよいのか。

アール　もっとしっかりと準備を整えることだと思う。

キエフ　でも、君はちゃんと準備をしていたように聞こえた。だれかにやってもらうか、だれかにやれと言ってもらうかする必要があるのではないか。

アール　警報を鳴らして催促してくれる機械を導入する。
キエフ　それがあれば、ちゃんと実行できるのか。
アール　できる。
キエフ　早めに手仕舞うことについては、体で覚えていく必要がある。長期ファンダメンタル派の君にとっては新しいスキルだから、習得したいならある程度意識的に取り組まないといけない。
アール　以前の僕は、債券市場でトップトレーダーのひとりだった。だから五〇〇万ドルの利益を上げるほうが五万ドルの利益より簡単だと思っているし、五万ドルだとついまだまだと思ってしまい、欲を出して長居しすぎてしまう。
キエフ　練習を怠ってはいけない。トレード日誌をつけて、なぜトレードを実行できなかったのかを検証したうえで、それを直していけばよい。
アール　今度は利食うことにする。たとえチャンスの一部を見送っても、利益を取りこぼさないために利食うことを自覚しなければならない。
キエフ　結果を追跡して、チャートにつけるとよい。過去に利食えたこともあるのか。
アール　一日で八〇〇万ドルの利益ならすぐに利食う気にもなるが、一日の終わりに一万八〇〇ドル利食ってもあまり達成感がない。
キエフ　もっと小さい目標から始めなければいけない。まずは小刻みに進めてから後退する。

簡単に見えるかもしれないが、実は集中力と注意力がいる。

アールが美化した過去の成功にとらわれ、それで現在の失敗を正当化しようとしているのは明らかで、そのことが現在の状況に適応できない理由になっている。彼はまず、利益と自信を構築していくために短期で利食うことや基本的なステップを学ぶ必要がある。今の彼は、実績を上げるために小さな利益を積み重ねていく代わりに、大きな利益を上げたいという気持ちからくる非現実的な期待を捨てられないため、常にその瞬間の感情に流されてしまっている。

強迫観念

不安を抑えてバッターボックスに立ち、出塁するために無理にでもスイングしてしまう打者のように、不安をかき消すためにあわてて行動してしまうトレーダーがいる。彼らは強迫観念に駆られて急いでトレードを仕掛けてしまううえ、逃げ出すのも早すぎる。ストレスに対処するために行動を急ぐのは、さらなる問題パターンで、これを見つけだして対処することがマスタリーを極めるためには欠かせない。

ケーススタディ――強迫観念に反応する

アナリストやポートフォリオマネジャーのなかには、熱心さのあまり早めに情報を入手し、それがウォール街に浸透して価格に反映され始める前に、強迫観念に駆られたようにトレードを仕掛けてしまう人がいる。デニスもそのひとりで、担当セクターに関する豊富な知識を駆使して分析、評価、予想を行っているが、せっかく予想しても、機が熟してウォール街や価格に影響が出るまで待つことができない。そして結局は、情報がトレードチャンスに育つ前に、ポジションを建ててしまっている。

キエフ　実用的なアイデアも、世界が反応して初めて実用的になる。自分の見方をセルサイドのアナリストに話して、ウォール街でそのアイデアが妥当かどうかと、期待する反応がいつごろになるかをチェックする方法はないのか。

デニス　ぜひ聞くべきだと思う。今はその二番目のステップを踏んでいない。自分のデータが正しいことを確認したい。それに、いつほかの連中が僕の側や考えに歩み寄ってくるのかではなく、なぜ自分たちが正しくて彼らが間違っているのかを確認したい。これはタイミングの問題だ。

キエフ　それを分析の過程に組み込まなければならない。

デニス　直感が当たるときもあれば、当たらないときもある。それでも、たいていはどの辺りから株のトレードが怖くなるかはだいたい分かるが、ある水準を超えるとそれも確かではなくなる。トレーダーの感覚をチェックしないで分析にばかり頼り、結局、仕掛けてから五日間も間違いに気づかないこともある。

キエフ　だれかにチェックしてもらうようにすればよい。掘り下げればデータはもっと見つかるはずだ。実用的なアイデアは、きみが集めた情報に世界が反応して初めて実用的と言える。自分のデータにみんなが反応するかどうかを判断する方法はあるのか。また、実際のタイミングを検証するために、君のポジションについてみんながどう考えているかを知るためのデータを集めているか。心理的にも行動的にもリラックスして、自分のアイデアについてもう一度よく考えたほうがよい。トレード環境全般という大きな流れのなかで検証し、ほかの人たちがそれについてどう解釈し、いつ行動を起こす可能性が高いかを考えるべきだろう。強迫観念にかられてあわててポジションを建てる必要はないし、アイデアが熟すまで待つこともできる。これには経験が必要で、時間をかけて成長していくうちにマスタートレーダーのような英知をもって機能することができるようになることこそマスタリーのスキルと言ってよいだろう。

デニスは、まず行動しようと気負いすぎているが、むしろ仕掛ける前に時間をとって視野を広げることの重要性を認識する必要がある。彼自身も簡単に仕掛けてしまうのは、不安から来る一種の強迫観念が影響していることにだんだん気づき始めた。リラックスしてから、自分のアイデアを掘り下げて展望をさらに広げたあとでのみ、断固とした行動をとってほしい。

強迫観念は、ほかの障害と関連していることも多い。そこで、筆者はデニスの心理状態をさらに探って脅迫感の別の一面を見つけた。実はこれも、彼の根底にある不安を反映したものだった。

デニス　どんどん増えていくデータにのみ込まれて核心のテーマから離れていってしまい、思うようにポジションを大きくできない。これは散漫、つまり周囲の雑音や、日々の株価変動や、損益などさまざまな刺激に注意を妨げられている状態だと思う。

キエフ　それを直すために何をしているのか。

デニス　少しずつ改善している。今は基礎を固める時期だから、収益発表についても以前ほど損益に固執していない。収益については、僕なりの感覚を持っているし、このような駆け引きは常にある。損をしていないときは利益を出しているということだが、今の立場では利益を出していれば、なぜもっと儲けられないのかと問われてしまう。なぜ、もっと利益が出ないのか、何を取り損ねたのかというんだ。

キエフ　本当に取り損ねているのか、それともチャンスなどないと思っているのか。

デニス　取り損ねているのではなく、チャンスがあっても確信が持てない。

キエフ　もっと確信が持てるようになるためには何が必要か。ほかの角度から確認する必要はないか、それともほかに入手できるデータはないか。

デニス　ある数字が期待できると判断できるように、もっとしっかり調べるべきかもしれない。さらに掘り下げたり、時間を効率的に使ったりすることもできる。ただ、そうすべきだとは思うが、今は担当範囲が広すぎる。決算発表シーズンはいつもこんな感じで、一日二四時間しかないのに一七社の発表があったりする。

キエフ　つまり、君は数字には何か問題があって、その企業が期待に応えられないのではないかと感じたのにもかかわらず、十分掘り下げて調べていないということか。もしかしたら、今の状態は快適すぎるレベルに達してしまっているということも十分考えられる。次のレベルに行くためには努力が必要で、今より苦しくなることもあり得る。これは、酸素マスクを必要とする二万五〇〇〇フィート（約七六〇〇メートル）の山に登るようなもので、低いところから始めてだんだん高いところに慣れていかなくてはならない。そうするためには何が必要か。ほかに何をすれば、もっと確信を持てるようになるのか。

デニス　もっと努力しなければいけない。

キエフ　どのような努力が必要か。

デニス　今週はそれを一生懸命考える。

キエフ　何が足りないのか。君のアナリストチームにできることはないか。君自身がほかにできることはないか。もしいくらでも資源があれば、何をするか。

デニス　まずは確信を深めていきたい。

キエフ　これは祈っていてもできないが、あとほんの少しすごく集中して頑張ればできる。つまり、すべてをやり直す必要はない。

デニス　そのとおりだ。僕たちはいつも時間が足りない。

キエフ　時間にもそれ以外にも余裕があれば、何をするか。何が君にあとほんのちょっとの自信を与えてくれるのか。

デニス　一度ゆっくりアナリストと話をしてから、彼らにはいったん仕事を離れてもらって僕自身で何か欠陥がないかを探してみようと思う。最後に一言「なぜこれまでで最悪のアイデアを勧めるのか」と言ってみるのもよいかもしれない。

キエフ　それで彼らに反論させるのか。

デニス　そのとおり！　一番の問題は企業の数に対して時間が足りないことだ。これからは、「大事だと思う企業だけに集中して取り組もう」と言うことにする。

筆者がデニスに答えを強要しているように見えるかもしれないし、彼も最初は筆者の意図をつかみかねていた。しかし、質問を繰り返すうちに、彼は何かをつかみ始めた。そのことは、それからしばらくしてアナリストの掲げたテーマを検証するための質問をどんどん投げかけたり、それを裏付けるためのデータを探したりする彼の行動に表れていた。

デニスは、リスクとリワードが同程度なら、ポジションを大きくしたくなかった。心の中では上昇すると信じていても、大きくすることが妥当とは思えなかったのだ。また、慎重になるあまりアナリストチームのパフォーマンスを上げるためにすべきことが分かっていても、それをしなかった。しかし、トレードを拡大するためには、不快な状況に身をさらし、リスクをとることへの抵抗を乗り越えなければならなかった。

自信を深めるためにさらに掘り下げることができないという傾向と、強迫観念に駆られてあわてて仕掛けてしまうことは実は同じで、要するに簡単な逃げ道になっていた。だから、小さなポジションを仕掛けることは、彼にとって自信がなくてもトレードに参加できる方法だったのである。

そこで、急いでトレードを仕掛けるのだが、ポジションを大きくするだけの自信が持てるまで掘り下げて調べようとはしていなかった。これらの行動は、もしかしたら彼の衝動的な性格の一端かもしれないが、一方でこの性格によって企業との素晴らしいネットワークを築くことができているという面もある。彼が少しペースを落としたほうがよいことは明らかだった。

マスタリーには、少し背伸びしてみるとか、十分コントロールできるリスクを少し多めにとるという意欲が含まれている。今回の対話の目的は、脅迫感を持ったトレーダーに、あと何をすればもっと確信を持つことができるかや、あと何をすれば彼と彼のチームがトレードしている銘柄についてもっと理解できるかなどということを考えさせることにある。結局、マスタリーとは経験から学び、仕事の質を常に向上させながら、以前には考えてもいなかったレベルまでパフォーマンスを伸ばしていくことでもある。

このような取り組みにおいては、限界に挑むための質問を使って、ポートフォリオマネジャーやトレーダーに何が足りないかや、自分や自分のチームがあと何をすべきかということを考えさせることがカギになる。この対話によって彼に変化が生まれ、可能性や、成長や、永遠に広がる展望についての会話が始まった。

呪術的思考

人類学の世界では、原始的思考の特性要素のひとつとして、ある出来事に関する所定の動作がそれとは何のかかわりもないと思われる出来事の結果に何らかの影響を及ぼすという考え方があると、長年信じられてきた。例えば、「ある作物をある決まった時間に食べると翌年も豊作になる」などと考えるのである。これを聞くと、おそらく因果関係を理解しない原始人の「愚かさ」について、つい見下してしまうだろうが、実は、われわれも気づかないだけで同じような構造とパターンを用いている。

実際、ストレス反応のなかには、ゴール達成とはまったく関係のない出来事やその象徴といえるものをコントロールしなければ不安を抑えられないという現象もある。このような人たちは、目の前にある明らかな課題に取り組む代わりに、それとは無関係でも勝手に魔法のような意味づけをした部分にこだわったりする。これも一種の迷信的反復行動で、第６章で紹介した「準備の罠」でもある。

なかでも、野球選手はこの儀式的とも言える無関心を装うことで知られている。大リーグで活躍したディック・スチュワートは、打席に入る前に、必ず決まった大きさのガムをホームベースにはき捨てることにしていた。ほかにも、打席に入る前にホームベースを決まった数だけたたく選手や、ストッキングを引き上げる選手など、儀式の種類は無数にある。

このようなパターン行動が本質的に間違っているというわけではないが、これらの儀式を害のない癖程度のものではなく、決まったやり方でできなければ失敗するなどと考えるようになると問題が持ち上がる。例えば、ベッドから出るときは「右側」から出なくてはいけなかったり、仕事に行くときは三番のエレベーターに乗らなければその日はうまくいかないなどと言い始めたりするとよくない。

儀式は、成功のためにしなければならない実際の行動に追加するシンボルでしかない。見当違いの詳細にこだわりすぎることは、すべきことへのかかわりを妨げたり、低パフォーマンスを正当化したり、トレードで本当に起こっていることを無視したり、実際にはコントロールできていないのにできているような幻想を与えたりすることで、パフォーマンスの邪魔をすることもあり得る。

無関係な詳細に注意をむけて不安をコントロールすることは、直感的なスキルを抑え、順応する能力を低下させてしまう可能性もある。脅迫的な思考を繰り返すことを「戦略的な動機」として正当化し、自分が何か建設的なことをしていると勘違いしている場合もある。それよりも、これら「魔法の」行動から、防御的機能を見つけられるようになってほしい。

「特別な計画」や「幸運のお守り」などを使えば一時的に不安は減るかもしれないが、それを続けていると、いずれ自分が持っている成功するためのスキルを軽視するようになる。呪術的思考は現実的な戦略の代わりにはならないということを、ぜひ覚えておいてほしい。

ケーススタディ――呪術的思考

視覚化の目的のひとつは、プラスの期待を高めて周りのチャンスに波長を合わせたり、自分の視点を支えるデータを受け入れやすくしたりすることにある。実は、このようなことでさえ、呪術的に見えることもある。その一例が次の対話に出てくるトレーダーで、トレーディングの成功に与える影響については疑問視しつつも、ヨガの先生からの教えは役に立っていると考えている。

ニック　周りほどうまくいっていないときでも、ヨガの先生は心配するな、来週になれば取り返せると言ってくれる。こう言われると、本当にそうなるような気がする。先生の言葉に予測的な価値はあるのだろうか。それとも、僕のトレーディングに影響を与えようとして言っているのだろうか。先生には本物の魔力があるのか、それとも僕が何かをトレーディングに反映させてしまっているだけなのだろうか。

キエフ　ヨガの先生は君を安心させようとしているんだ。

ニック　マーケットにおいて熱心さはどの程度影響するか。

キエフ　かなり影響すると思う。

ニック　それは神秘的な考えからか。

キエフ　そうだ。ただ、これはマーケットに影響を及ぼすのではなくて、情報の受け取り方に違いが出てくる。瞑想的で、自信にあふれた状態にあるときは、マーケットのサインを読もうという姿勢になっている。つまり、マーケットに波長を合わせることができる。

ニック　僕はシステムトレードだから、マーケットに影響は与えていないし、ヨガの先生は僕の考えに影響を与えていない。それなのに、先生に損失を出していると話すことがどうやって成功につながるのか。

キエフ　その励ましを受けて、気を働かせたり、リラックスしたり、自分のシステムを信じて、それに逆らわないようにしたりできるようになるのではないか。

ニック　僕は、自分のシステムに逆らったことはない。祈りにはどんな力があって、何の役に立つのか。

キエフ　ゴールを達成するためにコミットしろという考えと無関係ではない。これまで多くの人たちに特大の目標を達成するための助言をしてきた経験から、君がどのくらい大きくなれるかはある程度想像がつく。ゴールを視覚化してそれにコミットしたうえで、祈りや瞑想の助けをかりてその状態を維持すれば、ゴールはいずれ実現できる。目的に沿った戦略がデザインできればなお良い。これを阻害する要因は、何が可能かという信念、つまり自分の考え方にすべてがかかっている。それに、君の考え方に何も問題がないことの確認にもなる。コースから外れてはいけない。それが瞑想や視覚化の力だ。一貫してゴールに向かうモデルを構築していかなければならない。大きなゴールに適応できるモデルを構築するんだ。祈りや瞑想は、例えば干草の山のなかから針を見つけだせるほどの展望にコミットするとき、その助けになるツールのようなものだと私は思っている。君がやっていることは、今言ったような手法を導入したのに近い。

ニック　そのとおりだと思う。展望を、全体から重要局面を探し当てる磁石として使えばよい。

システムを変えなくても、ヨガの先生と話をするとなぜだか利益を上げることができる。

キエフ　ヨガの先生の教えは、君の直感に影響を及ぼして物事が見えるようにしたり、痛みを乗り越えたり、難問に直面しても自信と勇気を持つことができるようにしてくれることに価値があるのだと思う。

六カ月後に再びリックにヨガの先生との話し合いについて聞いてみた。先生との交流が役立っていることに変わりはなかったが、ニックはなぜこれが助けになるのかについて、さらなる洞察を得ていた。そこで筆者は、前回の対話以降に起こったことと、それについての考察を聞いてみた。

ニック　以前は祈りの力がなぜ出来事に影響するのかを疑問に思っていた。でも今は、ヨガの先生と話すとうまくいくのは、それが僕の考え方に影響を及ぼすからだということが分かっている。

キエフ　どのような助けになるのか。

ニック　ヨガの先生と話すと、長期の視点やトレードの底を抜け出すことに集中できる。もうだめだと思ったときに先生に電話をするのだが、こういうときはたいてい特定の銘柄が下げに転じる時期と重なっている。実際、僕の「ギブアップ」ポイントはシステムの底とも言える。

ニックは考えていくうちに、ヨガの先生が魔法の影響力を持っているのではなく、自分が神経質になっているときはシステムが底を打って好転するまでマーケットに止まるための安心感を得たいからヨガの先生と話したくなるということが分かってきた。彼は自分のトレーディングシステムに違反したかったわけではないが、パニックに陥りそうになるときは、安心感を与えてくれる言葉がマーケットに止まる助けになっていた。彼がバランスを維持し、すでに実績のあるトレーディングシステムで投資を続けていくために必要としていたのは、ほんの少しの励ましだけだった。

この会話は、サポートにもさまざまな形があることを理解するうえで役に立つと思う。また、サポートはその活動内容よりも、それがプラスの期待を構築してプラスの自己達成的予言を起こしてくれることのほうが重要だということも分かる。自分を信じられるようになるためのサポートと励ましを受けていると実感したトレーダーは、前向きな姿勢で直感を信じられるようになる。自分が支えられているという気持ちとそこから来る自信のほうが、どのような指導より価値があることもある。

ストレスに反応する

本章で紹介した障害の多くは、ストレスと、過去の経験から切り離されることに伴う恐怖から来ている。これらの反応はすぐに現状に影響を及ぼすものではないが、不安や不確実性を増大させることで現状の見方を変えてしまう。恐怖に圧倒され、後ずさりして、現状は、自分には手に負えないとおびえて身をすくめる子供のようになってしまうこともある。このような反応は自己推進的に作用し、状況に圧倒され始めるとますます昔使っていた（現状には）適応できない調整方法に頼り始めてしまい、リラックスしてほかに勝ることがさらに難しくなる。

ストレスを感じると、体内プログラムが完璧さと成功を求め始め、それがさらなるプレッシャーになる。そして、恐怖と過去から引きずっている誤解が意識を邪魔し、現状を明確に評価させなくすることで現在の状況が過去に経験した戦場と同じように見えてくる。いつもと同じ反応をすると、古い記憶が再活性化して意識を占領し、それが目の前の状況に完全に適応しようとするのを妨げる。

ストレスは、その出来事に備えて学んできた現状に適応するための能力の妨げになる。そうすると、現状を現在の活動の一端としてではなく、過去の視点でとらえ、それに基づいて行動する。このようなときは、起こっていることを理解したり、一歩下がってストレスがどのようにしてこの回帰現象を起こしているかを理解したりすることが特に難しくなる。

この「過去へのこだわり」シンドロームは、パニックと紙一重のときもある。また、過去の失敗や自分の力不足に注意が向き、それが目の前の障害を拡大したり、失敗を必要以上に恐れ、あざけられたり拒否されたりするのではないかと心配し、失敗は避けられないものであるような行動をとり始めることもある。過去に作られたマイナスの期待は、恐れていた結果という自己達成的予言を発動することが多い。極端なケースでは、大失敗という幻想にのみ込まれ、ゴールを見失い、すっかり混乱してしまうときもある。プレッシャーのなかでリラックスする方法を忘れてしまったり、新たな適応方法が見つかるまでの間、ずっと不快感が続いたりするかもしれない。

ストレスの下では、あきらめやすくなったり、情報のとらえ方もめまぐるしく変化して現状を正確に評価できなくなったりすることも多い。また、持てる資源を効果的に使って、状況にもっとも適した戦略を使いこなすことができないときもある。心配や恐怖を感じたり、自分の弱点を誇張して考えたり、解決策ではなく問題点のほうにばかり目を向けたりしてしまうかもしれないし、感情がコントロールできなくなって、プレッシャーが大きくなると体が動かなくなってしまうこともある。

ストレスによる無力感を自覚すると、その無力感が増大したり、エネルギー不足に陥ったり、衝動的に活動をやめてしまったり、怒りという形で現れたりすることもある。このような状態は、憂うつ、健康に対する必要以上の心配や疲労感、怪我の心配などの身体的な症状、そしてゴールにどのくらい近づいているかによってさらに激しくなる。ストレスがこれらの問題をひとつ以上引き起こすと、不安、パニック、集中力の低下などを感じるようになる。そうすると、周りの雑音が気になって、間違いや無気力感や混乱やそれ以外のさまざまな身体的不快感が増大する危険がある。また、これらすべては、過去から引きずってきた余計な重圧によって強化されることも考えられる。

本章で紹介した障害が、ストレス関連の困難をさらに強める。特に、完全主義、回避や拒絶、呪術的思考、勝算を受け入れる、過去の失敗から生まれた反応パターンなどによって、ゴールを見失いやすくなったり、準備も甘くなったりする。しかし、これをどうやって乗り越えればよいのだろう。どうしたらもっとうまくストレスに適応できるのだろうか。そして、どのようにしてマスタリーに近づいていけばよいのだろうか。

意志の力や、他人をうまく操ることや、かかわり方を調整することで問題解決を図ろうとすることは、視点を妨げて解決と未解決の振幅を広げることもある。問題解決のための努力をしているように見えても、実際には問題を展望という枠でとらえ直して、その展望の実現に向けて行動するというもっと大事な問題を避けているだけかもしれない。症状にばかり目を向けていても、問題は解決できない。

マスタリーは、自分に対する試練、あるいはこれから出合う障害をうまく繰っていくチャンスとしてストレスを前向きにとらえていくことでもある。ストレスをマスターすることで、自信もトレード能力も大きく向上する。

マスタリーに達するためには、自分自身に対するすべてのマイナス意識を認識し、捨て去らなければならない。このような意識は、トレードをやめさせるように作用することもある。自己批判はプラス思考だとか、自分に否定的な見方をすることは高潔なことだとする意見をよく耳にするが、そんなことには何の価値もない。それよりも、自分自身に対して肯定的な気持ちを持つことと、間違いから学ぶことこそがマスターらしい態度と言えるだろう。

もし同じ間違いを繰り返しているのなら、自分がどの程度マイナス思考に陥っているかを考えてみるとよいだろう。プラス思考を使って過去の経験を再構築してみるとうまくいくかもしれない。いくつかのトレードはマイナスの経験だったかもしれないし、これまでの人生でもマイナスの出来事を経験しているかもしれない。それらをマスタリーの枠組みの下で、プラス思考になって見直してみれば、過去も将来ももっと力強くとらえることができるのではないだろうか。

マスタートレーダーは、自分自身を障害や損失によって定義することはない。マスターは経験から学ぶ。そして本書でも繰り返し述べているとおり、彼らは経験を常にゴールを追及することと関連づけて考え、戦略を完成するためには何が足りないのかをいつも自問している。また、大きな展望につながる結果を出すための行動を常に心がけ、障害に出合ったとしても、そこから次の道を選んでいく。

自分自身に対するプラス思考と、自分は何でもできるという自由な発想は、数あるマスタリーの資質のなかでも特に重要なものと言える。まだそこに達していないとしても、まずは自分のなかにマスタートレーダーになる要素があるかどうかを確認してみる必要があるだろう。

第4部

次にすべきこと

第9章 リスクをとる覚悟を決める

ロジャー・バニスターが一マイル四分の壁を破るまで、だれもそんなことが可能だとは思わなかった。バニスターは著書の『フォーミニッツ・マイル（Four-Minute Mile）』のなかで、「これはエベレストと同様、精神的なチャレンジだった。破ろうとしてもすべてをはねのけるバリアで、人間の努力など無駄だと警告しているようだった」（一八八ページ）と書いている。（訳注　当時、一マイルを四分で走ることとエベレスト登頂は人類の壁だと言われていた）。

しかし、一九五四年五月六日にバニスターが初めて一マイル四分の壁を破ってしまうと、この考えは即座に変わった。障害が克服されると、可能性は劇的に広がったのだ。一マイル四分の壁を破ることはもう無駄な挑戦でも大げさな空想でもなく、痛みや困難や不安を乗り越えることができる選手ならば達成可能なゴールになった。バニスターの偉業のあと、このこと自体は比較的簡単なことになり、次の二五年間で、何百人もの選手がこれを達成している。それまで世界中の走者を退けてきたことでも、「できる」という信念の力で打ち破ることができるということを、これ以上はっきりと示しているケースはないだろう。

コミットメント――カギとなる姿勢

マスタリーに達するためにもっとも重要なのは、コミットメントだ。バニスターが示したように、コミットすることで視点を選ぶ意欲が生まれ、その延長線上にある行動をとることができるようになる。

「マイティ・アトム」として知られるジョー・グリーンスタインの言葉である「不可能性の思考」も、コミットメントの一例と言ってよいだろう。グリーンスタインは、二〇世紀初頭に人気を博した芸人で、精神的にも肉体的にも十分努力すればほとんどどのようなことでも実現可能だと信じていた。彼はマイティ・アトムとして、精神力と筋力によって何度も困難を乗り越えて見せた。六六キロの体で一六〇キロの相手におびえつつも戦い、三二トントラックを髪の毛で引っ張り、エンジン全開の飛行機を引き戻した。

どうしたらこんなことができるのだろう。グリーンスタインは、みんなが持っているのに誕生以来の「不可能性の思考」によって活用していない「生命力」という力を信じていた。われわれは、いつも「そんなことはできない、そんなことをしたら自分は傷つく」と思っている。

グリーンスタインによると、自分のなかにあるささやき（防衛しようとする直感）は、能力を正確に表してはいない。われわれはみんな、自分が考えている以上の能力を持っている。しかし、それを実現させるためには、まず「不可能性の思考」を解除しなければならない。そうすることで、初めて目指す行動がとれるようになる（エド・スピールマン著『ザ・スピリチュアル・ジャーニー・オブ・ジョセフ・L・グリーンスタイン――ザ・マイティ・アトム）』）。

展望を持つことは、何かを達成すると誓うことで、それは不可能の領域のあちらこちらに風穴を開けるために始動する許可を自分自身に与えたことになる。このたったひとつの誓いによって、自己不信に陥ったり許可を求めたりするのをやめる、自分の夢に向かって行動していくことを宣言することができる。このような生き方をしていると、体のなかに眠っている莫大な量のエネルギーが解き放たれ、とてつもなく大きな可能性が生まれる。しかしこれは、たとえ結果が保証されていなくても、ゴールを追及する最初のステップを踏み出さなければ始まらない。

筆者は何も髪の毛で三二トントラックを引けとか、毎朝鏡の前で「ビルをひとっ飛びで超えられる」と五〇回唱えろと言っているわけではない。そうではなく、ゴールを新しいプラスのイメージとしてとらえれば、以前は不可能だと思っていたゴールに注意を集中することができるようになる。考え方を昔の発想から離れて信じる方向にシフトすれば、周りの出来事に影響を及ばせることが分かれば、新たな目的に全力で向かっていけるだけでなく、生き方を自分で決められるようになる。また、そうなれば望む結果を生むための過程を一歩ずつ進んでいくことができる。

一マイル四分で走るにしても、髪の毛でトラックを引っ張るにしても、毎月一定水準の利益率に達するにしても、結果にばかり気をとられていると、全力をそそぐべきところを間違って落胆し、早々にあきらめてしまうことになる可能性が高い。それよりも、ゴールを念頭におきつつ、今すぐにできることに集中してほしい。

コミットした領域で機能するためには、結果が確実ではないことが分かっていても気分よく行動できなくてはいけない。マスタートレーダーは自分が目指すところを分かったうえで将来に向けてコミットしながら、実際には目の前の課題を処理していく。彼は、自分が不確実性という海を泳いでいることが分かっていて、いつそこから抜け出し、いつ残るべきかを理解しようとする。エマーソンは、何とも衝突せずに苦労しないで流れていくことのできる人間の一面について書いている。

コミットすると、懸念や自己イメージや「よく見えたい」という欲求を超越することができる。コミットすれば、証拠や証明などなくても、もっと信じられる世界へと入っていくことができる。自分らしく、自分の能力を発揮する勇気だけで、事前には何も分かっていない不確実性の領域にあっても、サンスクリット人の「自分が無知であることを知っている者は、無知ではない」という教えに沿っていれば、方法が分からなくても現状を展開させていくことができるのである。

コミットしているときは、常に新しいところに着地し、それまでなかったものを目にすることができるため、トレーディングの世界がそれまでとは違って見えてくる。そして毎日、自分の能力と創造的なマスタリーをさらに大きく表現するためのチャンスに出合うことになる。ゴールに向かってコミットすると、そこに達するために日々すべきことを決め、進んでいくことになる。自己不信を捨てたり乗り越えたりしたところで機能できるようになるまで、目標が将来に引っ張っていってくれる。

筆者が「自分の人生はすぐ目の前にある」という言葉で伝えたかったのも、ことなのである。昨日のことにこだわったり、ずっと先の、手が届かないようなことばかり見つめて力不足の思いだけを残したりするのはよくない。すべきことはただひとつ、今、目の前にあることだけしかない。

課題を選択し、カギとなるチームを結成し、フライホイールを動かすためにすべきことをしていれば、それが結局は結果を生むことになる。集中は、戦略構築のための段階のひとつで、これがゴールまでの原動力であり、そのためには短期のステップと個別の判断が伴う。コミットメントは、長期にわたる一貫した行程で、力を尽くせば問題に直面しても大胆に振る舞って障害をチャンスに変えることができる。例えて言えば、電場からエネルギーを得て懸念や不安を回避していくような感じかもしれない。エネルギーは、今日、目の前にある将来への展望につながるステップに集中することと、宇宙の法則の力を借りることで得ることができる。

コミットすることで、世界に変化を起こしたり、ほかの人を助けるチャンスを見つけたりするための創造的な展望が広がる。これは言い換えれば、自分自身に対して自己認識より大きくて素晴らしい展望を持つことでもある。このような見方は最初は意味をなさないように見えるかもしれないが、それでもそれに引き込まれ、エネルギーを得ることになるだろう。もしかしたら、これは人生より大きい流れやプロジェクトかもしれないし、日々のささいな懸念などをはるかに超えたところで人生を再構築して新たな意味を与える元になるかもしれない。

将来の展望に力を注ぐことは、問題に対する答えや解決策には見えないかもしれない。それよりむしろ人生の新たなデザイン、まだ表に出していない可能性を引き出してくれるユニークなデザインだと考えてもよいかもしれない。この大きな展望に力を注ぐことで、たくさんのチャンスを生み出す余地が生まれる。自分の周りで、思ってもみなかった出来事が起こり始めるかもしれない。この新しい流れのなかに、人として成長したり、目を見張るようなパフォーマンスを上げたりするチャンスがある。これは習慣や日課を飛び越えて、これまでとはまったく違う反応によって新しい現実を作り上げてしまう心の中の高速道路とも言える。

コミットするとどう見えるか

たいていの人は、未知の対象にコミットするという概念に慣れておらず、最初は落ち着かなく感じる。普段われわれが使っている言葉のなかにも、この現象を表すものはほとんどない。そこで、このことについて少し説明しておきたい。自分が全力を尽くしていることはどうしたら分かるのだろう。普通はできないどんなことができるようになるのだろう。

まず、コミットした生き方をしていると、毎朝目覚めたときにあるのはたったひとつの目的で、それが方向感を与え、前進させてくれる。課題を実行していると、たとえ分が悪くても、自分や周りを変えようとする抵抗があっても、継続する能力が高まっていく。だから、自分のイメージを守ろうとする気持ちを捨て、現状に戻らずに内面の混沌に賭けてみることだってできる。

どのような形のコミットメントであれ、昔の行動に戻らずに現状に適応し続けることができるようになる。周りの抵抗に遭ったときに、反応がゴールから外れていたり昔の行動パターンに陥っていたりしたら、自分でそのことが認識できる。コミットする生き方によって、新しい活力を得ることができる。そして、その結果、マイティ・アトムが飛行機を引き戻したくらい驚くような成果を生むことができてしまう。そのうえ、周りの人たちからプラスの反応を引き出せるようになれば、飛躍的に展望の達成に近づいていく。そして、気を働かせて生きることの違いを自分自身も周りも感じ取ることができるだろう。そうなれば、周りをねたんだり、過去の功績にこだわって自分を正当化したり適性であることを証明しなくてもよくなる。状況をマスターしてゴールを達成できることは経験から分かっているため、不確実性に直面してもしっかりした態度をとることができる。

以前に相談を受けたポートフォリオマネジャーのスタンは、コミットしたトレーダーのモデルといってもよいだろう。自分が達成したい数字を思い描くことで、彼は劇的な変化を遂げ、自分の目的を同僚たちに示すようになった。

「興奮して、ストレスを感じて、恐かったのに、会社のことを考えずにはいられなかった」と、あるときスタンは言った。「先生が言っていた信じられないようなことでも可能だということが分かってきて、それを目指したいと思っているのに、不安でならない。このストレスをどうやって追い払えばよいのか」

筆者は、ストレスの原因は仕事以外ではないのかと聞いてみた。「自分を抑えて、言いたいことを言わないからではないのか。みんなの反応を恐れて、言いたいことが言えないのではないか。だから、何かが始まることに対して興奮していても、自分が完全に率直になっていないことにストレスや不満を感じているのではないか。君に必要なのは、自分自身を出し切ることだ」

スタンも発見したように、一歩を踏み出して自分から何かを起こすことで非常に爽快な気分になれる。学校で大事なテストに合格したときの気分や、大学で最初の学期が終了したとき、トレーディングで初めて成功したときの気分を思い出してほしい。何かを実現したとき、人はより大きなチャンレンジと大きな展望を広げていくことで、人生がより面白くなることに気づく。

そして、こうなると不安がさほど不快ではなくなってくる。もしスタンのように不安を感じたら、その感情は逃げ出したいからではなく、自分の人生を切り開いているからなのである。いつも未知のものに直面し、何かが起こるたびに新しい対応を考えながら、恐怖から身を守るための衝動的な防御的反応を抑えられるようになっていく。コミットしたことに対する行動を始めるまで、人は過去の概念の領域で生きている。そこでは想像力が勝って予想可能な出来事を昔の考えでゆがめ、回避、正当化、拒絶などといった防御的な反応を意識のなかに引き込んでいく。しかし、これまでまったく予期しなかった経験をすると、自分が昔とは違う新しい軌道に乗っていることが分かる。これは行動することによってのみ生まれ、実行と経験という領域においてのみ可能になる新しい世界なのである。

コミットしてしまうと、行動しようという決心をするだけで一連の出来事が動き出す。そうすると、結果がどうなるか分からなくても、これからどうするかとどうしたいかという感覚さえあれば、あとはコミットするだけで行動につながる風穴を開けることができる。

われわれの多くは、結果が芳しくないとマイナスの反応を示すが、これは苦悩を深めるだけでしかない。それより、結果を受け入れ、それに固執しすぎないようにしつつもそれが何を反映したものかについてよく考えるほうが、より適切な反応と言える。このアプローチは個人の力を引き出し、成功や失敗に直面しても勢いを維持することができる。逆に、そうでなければ簡単に軌道から外れてしまう。将来の充実感というモデルを持っておくことで、それが「自分は大丈夫ではない」という感覚をカバーして、ゴールを達成したとき自分にはふさわしくないなどと感じたりしないようにしてくれる。

それでは、もうすでに自分は大丈夫だと思っている場合はどうなのだろう。もしすでに、いつかなりたい自分になってしまっているとしたら。自分がなりたかった人として生きていけるのだろうか。それはどういうことなのか。それは、周りからはどう見えるのだろうか。

自分の気に焦点を合わせて、可能なかぎり力強く効率的に生きていくことはできないだろうか。筆者はできると信じている。実際、展望に基づいて創造的な生き方ができれば、自分の方向性が変わって力を得ることができるだろう。

コミットできるようになるまでの道のりを簡単に表現した言葉を次に紹介しておく。これをカードに書いて財布にでも入れておけば、つらい時期に取り出して見るための呪文のように使うこともできる。

コミットするために覚えておきたいこと

- ●自分でできるように見せようとするのはやめる
- ●何事も、コントロールしようとしない
- ●不快感を受け入れる
- ●やるべきことに集中する
- ●努力を続けることで、結果はあとからついてくる
- ●結果や成果や批判は気にしない
- ●課題に向かって努力を続ける
- ●常に新しい課題を見つけていく
- ●今の課題を終わらせてから、次に取り組む
- ●腹を立てたり頼ったりする姿勢は避ける
- ●不安でも活動は続ける。やめることに意味はない
- ●「とにかくやる」、やり続ける

これまでの習慣に別れを告げる

コントロールしようとせずに、直感に頼って自発的な行動をするためには、コミットする必要がある。コミットすることで、強制しなくても行動したり特定の結果を出すように体が機能したりしてくれるようになる。このことは、目標に近づいて、それまでより成果が気になる時期に特に言えることで、プレッシャーがかかっているときに冷静でいるためにはコミットメントがいる。それに、疲労が意欲をむしばみ始めて集中力が落ちてきたときには、自分の展望に対する信念が必要になる。

コミットメントは、なりふり構わないことでも、不必要なリスクをとることでもない。また、あまり労力をかけないで最小限の損失を目指すなどといったよくある目的を追求することでもない。これは、あくまで信念に基づいて意識的により大きなゴールを目指すことなのである。課題、コミットメント、ゴールという形で人生を形成する活動に対して、どの程度の責任を負うつもりがあるのかを自問してほしい。

もう気づいたかもしれないが、昔の考え方に別れを告げるのは簡単ではない。防御機構は、幼児がいつも握りしめている毛布のような安心感を与えてくれるものに見えるかもしれないし、ほとんど自分自身の一部のようになっていて、本当は修正可能な反応だということすら気づいていないかもしれない。いずれにしても、不確実性と不安感のなかで生きていくために親しみのあるものから離れる（つまり毛布を捨てる）ときは、勇気だけでなく自己を受け入れることが必要になる。

結局、変われるかどうかは自分を伸ばそうとする意欲があるかどうかで決まる。つまり、これは他人からもたらされるものでもなければ、切望しているだけで起こることでもない。変化は、自分がいつも足踏みしてしまうポイントを超えるために必要な努力を重ね、失敗や敗北に直面しても前進し続けることでのみ可能になる。そして、この勢いを維持するためには、内なる力を呼び起こし、自己監視を実践しなければならない。

自己監視の仕方

展望に対するコミットメントを意識的に毎日確認するようにしてほしい。こうすることで、過去の習慣に戻ったり、集中する代わりに操作的に自分や他人を管理しそうになったりするサインを突き止めることができる。

不満や失敗、あるいは過剰反応して「マイナス」ボタンを押してしまったときに、自分で作り上げた障害を認識することは、ゴールに近づいて後退したくなる気持ちを乗り越えるときの助けになる。習慣的な反応というのは雑草のようなもので、庭（つまり、この場合はゴール）を注意深く見ていないときにひょっこり生えてくる。過去からの抵抗に遭ったり、これらの雑草を引き抜いたりすることで、新しい習慣やコミットメントと共に歩む生き方を築いていくことができる。

自己監視は、例えば毎朝ほんの二～三分間、日々の出来事に対してどのような反応をするか考えるだけでもよい。日記にアイデアを書きとめたり、トレーディングシステムにプログラムを組み込んだりしておいてもよい。自分自身の抵抗を観察するのは難しいかもしれないが、とにかくやってみてほしい。

自己監視の過程を通して自分の考えを観察することで、参照可能な枠組みが広がる。そして抵抗に遭うことは最大の成長チャンスでもあることや、抵抗や挫折の対極には突破口があることに気づくだろう。さらに、これらのことを学ぶ過程で、挫折や抵抗を回避したり拒絶したり覆い隠すのではなく、人生の本質的な部分として受け入れることもできるようになる。

しかし、なぜ自己監視をしたり、内面の抵抗と対決したりしなければならないのかと疑問に思うかもしれない。なぜ、今自分のスタイルを変えて、努力の結果を測定しなければならないのかと思うこともあるだろう。答えは簡単だ。最初は不可能だと思ったとしても、展望にコミットすれば、自分のなかにあるストップサインに直面し、マスタートレーダーになれない原因であるマイナスの姿勢というベールをはがすことができる。別の言い方をすれば、自己監視をすることでコミットメントの実現を妨げるすべての要素に直面できるということでもある。

自分や他人のマイナス面を見つめたうえで、それでも愛し続けることができれば、いずれオリンピックの金メダルや聖杯のような奇跡の成果の領域に踏み込むことができるだろう。

ゴールに近づく

コミットメントという未知の領域に慣れていないと、緊張したり、ペースが落ちたり、明確な結果を出すための努力を妨げたりすることはよくある。このことは、ゴールが近いとき特に言える。バリー・ボンズも、名付け親のウィリー・メイズの記録である通算六六〇号ホームランを目前にして、しばらくの間、足踏み状態が続いていた。新聞によると、六五九号と六六〇号の間には五試合もあり、ボンズにしては「あまり調子がよくなかった」。彼の言葉を借りれば、「ずっと外野に向けて打っていたのに、六〇〇号、六一〇号と打つうちに、打ち方を変え始めていた。何か違うことをしようとして、グラウンドに向けて打とうとしていたんだ」。

緊張は一時的なもので、六六〇号を打ったあとはボンズがこのストップポイントを克服したことは明らかで、それ以降のバッティングはますます加速していった。彼は、メイズの六六〇号の記録に並んだとき、「肩の荷をすっかりおろした感じがした」と語っている。このように、不安を感じたときでもリラックスできれば、成功したいという衝動と完璧を求めて抑制しようとする内なる声の両方をコントロールすることができる。中枢を働かしたり、視覚化したり、集中したりする練習と同じくらい自己監視も効果がある。

反対に、ゴールが近づいてきたとき思っていたよりうまくできていると、そのあとがっかりするのではないかという思いで怖くなる可能性もある。しかし、その栄誉に頼っているわけにはいかない。成功し続けられるのは、一度だけ全力を尽くしてあとは停滞してしまう人ではなく、向上する姿勢を学んだ人であることが多い。マスタリーとは、毎回、最大の努力を傾けるという意味で、勝敗ではなく質の高い努力をすることが重要な理由もそこにある。

それでもまだ羨望（周りの行動が気になる）という障害がある。これに関しても、自分を解放してできるかぎり最高のチャンスを探すことが重要になる。走る哲学者といわれたジョージ・シーハン博士は、著書のなかで次のように言っている。「私は、ほかのだれのためでもなく、自分のために行動する。レースで気になるのは自分の走りだけで、周りはどうでもよい。みんなの健闘は祈っているし、実際そのほうが自分もうまくいく……競争とは、それぞれが助け合いながら自分の最高の力を模索するだけのことだが、これがお互いを成長させ、刺激し合うことができる」（ジョージ・シーハン著『ジス・ランニング・ライフ（This Running Life）』）

コミットメントとは、約束とともに生きることを意味している。シーハン博士の、レースの終盤でギブアップしないための警告を紹介しておこう。「誓うことによって違いが生まれる。自分をごまかしたり、少し手を抜いたり、ゴール目前でペースを落としたりすることに抵抗を覚えるようになる……なぜうまくいったのかとみんなで不思議がっていたところ、自分が誓いを立てていたことを思い出した」（二四〇～二四一ページ）

忍耐と進度

失敗の痛みに耐えられなかったり、ひどいときは成功できないとうつ状態に陥ったりすることに耐えられず、ゴールを達成することに対してすら承認を得たがるトレーダーは多い。あるいは、自分が価値ある人間だということを証明することにこだわるあまり、成功によって良く見えたいという悪循環にはまって自動思考に囚われてしまうトレーダーもいる。もし負けたらさらにいやな気持ちになるため、自分自身への罰として無意識のうちに負けに引きずられていくこともある。

このようなパターンは、コミットメントの領域でチャレンジする生き方ではなく、成功者に見えなければいけないという必要性で行動している人たちによく見られる。すべてのゴールは、隠れた才能を引き出すためにデザインされているだけで、それ自体が持つ意味はないということを覚えておいてほしい。有名なギャンブラーのニック・ザ・グリークも「ギャンブルで一番いいのは勝つことで、次にいいのは負けることだ」と言っている。

だれでもやがて失敗する感覚に慣れるし、それがどのくらい続くかや、だんだん薄れていくことにも気づく。もしかしたら、人はこの感覚をあまり信じないように、ゆっくりと自分自身に教えこんでいるのかもしれない。感覚は、コミットした活動に自然についてくるもので、負けたことに対して腹を立てるのは古い考え方を反映しているだけだということを認識しなければならない。これを認めることは重要で、そうすればこのようなマイナス思考を避けるために成功に向けた努力をしないということもなくなる。間違いを正当化したり、後退したりする代わりに、自分の手法を調整し続けていく方法を探さなければならない。

ケーススタディ――挫折に対する反応

次は、失敗や挫折に対する反応に関する話し合いを紹介しよう。今回のトレーダーは、微調整を続けることでトレーディングを向上させていこうとしている。筆者は、このドナルドというトレーダーと、モメンタムを積み上げていくことについて話し合った。彼が勝ちトレードのポジションを増やして勢いを増していくかわりに、あせって手仕舞うことで動きを止めてしまうことについて、突っ込んだ議論を行った。そして、トレーディングにおいて微調整を続けることのメリットについて話し合った。

キエフ　マスタリーの要素のひとつに、ポジションを手仕舞ったあとで自分をたたきたくなる気持ちを持っているということがある。これは、売り手の後悔であることが多い。間違ったときに自己批判ができることはよいことだ。ただ、そうできるようになるべきだが、そのことが最大の関心事ではない。

ドナルド　それなら、今日買い戻せばよい。大した問題とはいえないのではないか。

キエフ　自分がいつものパターンに陥りそうになったら、すぐ気づいてやめなければならない。それは、小さいときにプログラムされた反応パターンからくる行動なのに、今行っているトレーディングを邪魔している。そのことを認識し、やめなければならない。

ドナルド　分かった。それは僕が抱える最大の問題点のひとつだと思う。でも、木曜日に空売りすべきだったポジションが二〇％上げていたら、どうやって反応しないようにすればいいのか。

キエフ　そういう行動をとり始めてしまったら、自分が戦いの外で考えてしまっているということを認識しなければいけない。まだやれると思うなら、もう一度トレードに戻るほうがよい。成功の可能性を信じられなくなってしまっているのなら、集中して目的に専心する必要がある。勢いが戻ってきたら、そのようなことを考える余地はなくなる。

ドナルド　僕のトレーディングを制限しているのは、このことだけだと思う。こっけいだとは分かっていても、そういう考えをやめる方法が分からない。

キエフ　自分の考えに気づいたら、深呼吸をしてからまた集中すればよい。それが習慣になるまで、繰り返し行うんだ。

ドナルド　まずは振りをするんだね。

キエフ　でも、その行動は学習したもので、本物のように感じたとしても長続きはしない。

ドナルド　でも、すでに失敗したと思っていると次の判断が下せない。

キエフ　そうなんだ。だから、また深呼吸して勢いをつけるために次の投球に集中しなくてはいけない。

ドナルド　そういう風に言われると、とても納得できる。

キエフ　大事なのは、自分が戦いのなかにいて、成功に向かって進んでいるということだけだ。

話をしているうちに、手仕舞うのが早すぎたことで自己叱責するのは最大のパフォーマンスを遠ざけているだけでしかないことがドナルドにも分かってきた。トレーディングの質を上げるために過去の間違いを見直すことは役に立つが、あせっては意味がない。このような制限的な概念が知覚をゆがめ、成功のチャンスを低くすることが認識できるようになると、マスタリーに近づいていく。それを見ることで、自分がこのような考えに陥って注意をそらしたり行動に影響が出る瞬間を見つけたいと思ったりするようになるだろう。そうすれば、新たな行動を取り入れることができる。このような軌道修正がコミットメントにつながり、今という瞬間に集中力を引き戻すきっかけになる。

ゴールに近づいたとき、本当に必要なのは忍耐だ。自分のペースを守り、集中力を持続してゴールに近づいたら持てる力を最大限発揮しなければならない。

そして、忍耐の反対、つまりコントロール不能になるまでレースを続けることについては、すでに分かっていると思う。ペースをつかみ始めたと感じるかもしれないが、これにはコントロールの設定をはるかに超えてしまう危険もある。もし自己監視がうまくできるなら、成果の拡大に合わせて新たな手順を導入するためにペースを落とすべきスポットも分かるだろう
次々と新しいアイデアが出てくるような素晴らしいアイデアを思いついたときにも、危険は待ち構えている。それぞれの課題やアイデアは考え抜いた段階を踏んで展開していかなくてはいけないことに気づかずに、あらゆる方向に手を広げてしまってはいけない。

最初のフェーズは、計画を実行するための展望を作り上げることで、トレーディングの場合はここに思った以上の時間がかかる。この初期段階ではインプットが多いわりにアウトプットは少ないが、計画が壮大になったり散漫になったりしないように注意しなければならない。成果が小さくてもマーフィーの法則「失敗する可能性があるものは失敗する」を念頭において我慢してほしい。

次のフェーズでは、進度が分かる目安をつけた青写真を描いてみよう。そして、さらなる違いが分かるようになったり、この過程についての理解が深まったりするたびにその青写真を更新していくことにする。

ただ、あまり早く成長すると、同僚との距離が開いてそれがトラブルの兆候につながる可能

性もある。訓練して望む分析を行えるようになってくれるアナリストを見つけるのには時間がかかる。新しい部下には、期待する内容を明確に伝える必要がある。そうしないと、彼らに怒りをぶつけてから後悔して孤独に耐えなければならないことにもなりかねない。

リーダーは、自分が望むことを明確にし、良い仕事を応援し、悪い仕事や適当ではない仕事には文句をつけるといったことを巧妙にこなしていく必要がある。そこで、ペースを守ることで、自分や自分のチームの不安をモニターし、自分を抑制したくなる気持ちを克服したり、ピークを早く迎えすぎないようにスピードを落としたり、疲労を遅らせたり、疲労に襲われても意欲が持続するようにすることができる。

マスタートレーダーは、自分や同僚が必要なデータを収集するとき、それが完全に終わるまで忍耐強く待つことができる。衝動的な行動をする一〇〇〇分の一秒前まで待てるのである。忍耐には、いつ行動すべきかを知ることと、目標に向かっているという自信とともに行動するということが含まれている。自信があるときには、ゴールを達成するために持てる以上のエネルギーと熱意を引き出すことができる。努力の基盤は、すべての行動を終えるまで集中力をとぎらせないことなのである。

ただ、これには経験と練習がいる。プラス思考だけで自信を得ることはできない。実際にどう行動するかを考え、そのやり方を知っておく必要がある。それができるようになれば、タイミングが合うまで反応を遅らせることもできるだろう。ペースを守るということは、無理に自分の限界を超えようとすることではなく、ゆっくりと安定したテンポで歩んでいくことなのである。

展望にコミットしていると、世界が熱くて身近なものに感じ、すべての瞬間により多くの活力とエネルギーを注げるようになる。ためになるどころか消耗する原因にしかならない過去や将来の「もし、ああなったら」という懸念に悩まされることも減る。この「行動」と言う領域に達すれば、毎日が充実し、時間も味方になってくれるだろう。

ただし、これは短距離走ではなくマラソンのように継続した過程だということを忘れないでほしい。トレーディングにコミットすればするほど、自己防衛的パターンの思考や行動には支配されないようにしようとする傾向も強くなる。そして、その結果、毎日さらにいろいろなことが起き、ますます不安や痛みや不快感を覚えることになるかもしれない。しかし、昔とは違うアプローチをすることによって、さまざまな変化のなかで選択肢の多さを実感するだろう。

創造的思考とリスク

マスタリーの感覚をつかみ始めると、将来何が起こるのかや何ができるのかなど知ることはできないという考え方にも慣れてくる。ただ、本書で何度も述べているとおり、将来に基づいて創造していく力は確かに存在する。創造力のアーティストとして流れを作り、出来事に対して創造力豊かに反応し、前進しながら展望への道筋をつけていってほしい。ドイツの数学者、カール・フリードリヒ・ガウスも言っているように、「答えはずっと前から分かっているが、まだどうやってそこに至ったのかが分からない」。

創造的思考と言えば、アインシュタインの $E = MC^2$ だろう。アインシュタインは、この理論の証明を計算をする前にこの数式を考えついていた。リスクをとる意欲さえあれば、創造的思考は人を未知の世界につれ出してくれる。

安全主義を捨てる用意はできただろうか。自分のなかにある潜在能力を探す準備はできただろうか。使い古した言い訳など捨ててしまう覚悟はできただろうか。答えがすべてイエスなら、新たなリスクに立ち向かう準備は整っている。

リスク１　「ギャップのなか」で生きていくことの不安

ギャップのなかで生きることは不安も伴う、ということを否定するつもりはない。最先端にいれば、挫折に苦しむときもあるし、突破口が開けるときもある。常に快適というわけではなくても、現在の自分となりたい自分のギャップのなかで生きることは、痛みや不快感を避けた生活よりずっと面白くて活動的な毎日になるだろう。

展望に沿ったゴールを目指していると、過去に解決していなかった課題に直面することになる。これらの問題は完全に遠ざかることはなく、抵抗という形で何度も浮上してくる。より多くのリスクをとれば、これらの抵抗にぶつかることも多くなる。そうなると、人生におけるほかのコミットしていない分野でも注意深く行動できるようになり、過去の出来事を振り返って、もし現在の知識があればもっとうまくできたはずだと思うかもしれない。

これらはすべて自動思考のバリエーションでしかない。これらの自己批判的な思考に注意しながら前進してほしい。そして、新種の不安が襲ってくることを覚悟しておこう。これは意識的な行動の自然な前触れで、将来の展望と現在のギャップのなかで生きていること自体がきっかけになっている。

実際、不安は人生の一部であり、過剰反応したり悪いものだと解釈したりしなければ、興奮とさして違わなくなる。どちらも同じアドレナリン反応にすぎないが、違うのは解釈、つまり「わくわくして良い」というかわりに、「怖くていやだ」と自分に言い聞かせてしまうことだけなのである。

リスク２　真実を語る

コミットすることで得られるもっとも強力な武器は、真実を語ることだろう。これは単なる比喩ではなく、文字どおりそうなるということで、声の大小にかかわらず、恋人に対しても、友人、仕事仲間、見知らぬ他人であってもそれは変わらない。

真実を語ることは必ずしも難しくはないが、だからといって努力を要さないわけではない。その危険性を考えてどれほど緊張したとしても、自分が何者かを世間に示すというリスクをとらなければならない。

自分が何を達成したいかを宣言し、自分の不安を認識すると、リスクをとることになる。また、そうすることで緊迫感のなかに踏み込むことになる。しかし、自ら心を開いて痛みや苦悩や夢や願望を周りと共有すれば、素晴らしい活力を得ることもできる。そして、これが「心を開くと悪いことが起こる」という発想を打ち砕くための重要な一歩になる。

真実を語るということは、ほかの人の反応が分からないまま自分の信念を世界に示すということで、これは過去を再生するのではなく、無から将来を造り上げていくことを意味している。

リスク３　「空虚」感

真実を語り、「今」を生きていると、人生における違和感のある一面に最初は驚くかもしれない。あるいは、突然世界が奇妙に感じられるものの、その瞬間に濃厚にかかわっているという感覚に襲われるかもしれない。

「違和感と空虚」という感覚は、「何かが間違っている」という考えにつながりやすいが、これは驚くことではない。この困惑は、すべての経験を判定しようとする自動思考が再度割り込んできたのでしかない。ただ、長いことリスクをとった生き方をしていると、このような割り込みにすぐ気づいてそれを簡単に放棄できるようになる。つまり、うまく現在に止まれるようになるのである。

本章の最後には、リスクをとって生き、「今」を生きるための哲学的な基本を示す姿勢を紹介してある。これらは、これまでにすべて述べてあることなので、リストは復習に使ってほしい。

リスクと共に生きることとは、仏教の解脱（恐れや欲望から開放され、すべての悲しみや苦しみと共に生きることができる精神状態）と同じ意味がある。仏教徒は、解脱の状態において苦しみが人生の一部だということを理解し、受け入れることができるようになる。そして、痛みを受け入れることで、それを超越する力を得ることができる。

仮に、自分に起こるすべての出来事の原因は自分にあり、自分が行動の主であり、原因に気づくかどうかは別にしてすべての出来事には理由があるという考えに賛同したとしよう。

もしそれができれば、起こったことにだけ対処していればよいことになり、マスタートレーダーどころか人生のマスターにだってなれる。この、人生を解明するためには人生におけるどのようなことにもけっして「ノー」と言わないという思想は、ニーチェが唱えた「運命愛」の概念に非常によく似ている。ジョーゼフ・キャンベル著『神話の力』（早川書房）によると、状況が肯定しがたいほど、それと同化できる人の名声は上がるという。「悪魔をのみ込むことができれば、それは力になる。そして、痛みが大きい人生ほど、得るものも大きい」

実際、リスクをとって生きていると、「無心」で行われる神秘的な行動に引かれるようになる。前述のとおり、無心とは無の状態であり、すべての源である沈黙の状態でもある。

リスクをとって生きることは、エゴを捨て、展望とそれに対するコミットメントによって生きることを言う。実際、これは自己中心的な考え方ではなく、潜在力を使って生きる（イエスはこれを自分の内にある神の国と呼んだ）ことを意味している。そうすれば、純粋な潜在力に触れて、今知っている世界の先に進んでいけるようになる。リスクにさらされることは、変化を中心として生きることであり、そうすることで自分の能力を発揮できるようになる。

リスク4　自己主張

リスクにさらされて生きるためには、自己主張することに対する罪の意識を捨てなければならない。そして、そのためには、他人の反応を思索するかわりに、自分の行動の細部に集中していればよい。

自己主張は、制約を解き放ったり他人に頼るのをやめたりすることで生まれたエネルギーが自然に表現されたもの言える。主張するためには、他人の承認を得る心配をやめ、自己表現に課している制約を無視できるようにならなければいけない。その代わり、もし自己批判から抜け出すことができれば、そのときは巨大な障害を制する自信があふれ出すという利点がある。

それでも、自己主張は心の奥に潜伏していて、例えば、口では勝つと言いながら、そのために必要な努力などするつもりはないかもしれない。このような抑圧は、よく「頑張れ、でも必死で頑張っている素振りは見せるな」「ガリ勉はやめろ」「バランスよくしろ」などという言葉で表されることが多い。ここには、勝つという意図を言葉にすべきではないというメッセージが隠されている。リスクにさらされているときに、これがいかに有害かは明らかだろう。

自分の意見を表明する練習をしてほしい。もし自分が無口だと思っているのなら、部下にもっとデータを探すよう言ったり、余力がありそうならやってほしいことをきちんと示したりしてみることで、前進できる。いつもの自分とは違うと感じても、やってみてほしい。これによってだれか気分を害することが心配になったとしても、とにかくやってみよう。そうすれば、みんなが関心を持って話を聞いてくれることも、コミュニケーションによって最前線に近づくことができることも分かるだろう。質問は、主張できるようになるためのもっともよく使われるステップのひとつになっている。

さらに、危険にさらされていても、結果や不確実性を恐れずに行動できるようになる必要がある。われわれの文化は一〇〇％参加することではなく、勝つことを重視している。そのため、勝利することは非常に価値の高いことだという考えのもと、これ自体が最終目標になってしまっている。こうなると、負けたり格好悪く見えたりすることを恐れて、人々は参加すること自体をやめてしまう。

繰り返し述べてきたように、一〇〇％能力を発揮して生き、戦うことがカギとなる。戦う目的は勝つことではなく、全力を出すことだということが明確に伝わっていればうれしい。負けを避けるような戦い方では、小さなプレーしかできないし、その経験から十分学ぶことも、これまで知らなかった自分の潜在能力を引き出すこともできないだろう。一〇〇％の力を出せば、気を生かすことができ、それがほかの参加者とのつながりを築いてくれる。つまり、一〇〇％参加すれば中枢状態が生まれ、それがほかの参加者とのつながりをもたらしたり、自分を抑制している何かを突破したりするチャンスを得ることにもつながっていく。展望が大きければ大きいほど、守らなければならないと思いこんでいるイメージという足かせを振りほどける可能性も高くなる。そして、チャレンジが大きければ大きいほど、期待を大きく超える結果が生まれるチャンスも大きくなる。

つまり、みんなが勝つことも、だれも勝たないことも可能なのである。ウィン・ウィン戦略は競争ではなく、協力することを教えている。本当の課題は、自分が選んだアリーナで新たなチャレンジを探して前進し続けることだということを分かってほしい。もちろん、人は時として過去の自衛的な習慣に舞い戻りたくなることもあるが、そのようなときでも大きな展望を念頭に置いておけば、先端にい続けることができる。

リスク5　自分を引き止める「社会的自己」を捨てる

リスクにさらされて生きるということは、自分の正体をさらすということでもある。そして、そのためには他人との境界線である私的な仮面を外さなければならない。つまり、これは自分を引き止めているものを放棄するということで、前にも書いたとおり、それこそが「自己認識」だと信じている「社会的」自己なのである。

行動を控えることは、「社会的」自己という幻想を後押しし、先端で生きようとするかわりに、その自己を順守した行動を促す。ところが、自分を抑えれば抑えるほど周りに対して敵対感を持つようになり、自分を解放した結果を想像してそれから身を守るためにさらに自分を抑えることになる。しかし、自分を解放すれば周りも心を開き、愛してくれるように感じられるようになるという面もある。

とはいえ、自分を押さえる行為はほとんど無意識のうちに行っているため、間接的にしか認識することができない。そこで、まずはこれまでの人生で後悔していることのリストを、できるだけさかのぼって作ることから始めるとよい。これはなかなかの難問だが、実行する価値があることは約束する。具体的にどのような出来事や行動に後悔しているのかを思い起こし、そのなかでパターンを見つけてほしい。常に引いてしまうのか、失敗を避けようとするのか、安易な方法に頼るのか、「儀礼的な」嘘をついてしまうのか、信念を曲げて妥協してしまったり発言できなかったりしてしまうのか、などということを考えてみるとよい。

さらに混乱するかもしれないが、まずはリストを作ってみよう。これまでの人生で、いまだに恨みを抱いている人や経験をすべて書き出し、そのうちまだ引きずっていて苦悩の原因になっているのはどれかを考えてみてほしい。

記憶をたどってその出来事を振り返り、実際に何が起こったのかを客観的な視点で見直してみるのもよいだろう。これにまじめに取り組んでいると、当時の感情的反応にゆがめられて思い出せないことがあることに驚くだろう。通常、このようなトラウマ的出来事はほんの何秒間かのことでしかないが、これらを新たな視点で見ることができれば、記憶から自分を解放することができる。

抑制のない関係は、予想できる周りの反応から身を守るために自分を閉ざしたい衝動を抑えて、情報や感情や視点を共有し続けなければならないため、相当のリスクをはらんでいる。しかし、それでもリスクをとることの要素のひとつは信念（直感を信じ、それに従って行動する心構え）であり、拒否されることの恐怖に支配されてはいけない。

結局、周りが自分に対してどう感じているかを知ることなど不可能であり、そのような状況ではその信念に頼る以外ない場合も多い。人間関係に関する創造的なリスクは、信念、つまり他人の反応がどうであれコミットした行動をとることと深いかかわりがある。本当の力は、他人に受け入れられるかではなく、自分自身のコミットメントから生まれる。

リスク6　共有

共有とは反応が分からないまま何かを伝えることで、言い換えれば、共有するとその都度リスクを招くことにもなる。このような開放的なコミュニケーションの手法はときによって素晴らしい反面、もっとも不安を生む経験にもなる。しかし、これが人間としての成長と自由の入口にもなっている。

経験を共有する力とは、抑制されていることと、それがどれほど人生のエネルギーを浪費しているかという事実に比べれば、何に抑制されているかはさほど重要ではないことに気づくことでもある。

では、なぜ共有することにそれほどリスクがあるように見えるのだろう。信じられないかもしれないが、その理由のひとつに、たいていの人が自分は愛想がないと感じているということがある。そこで、彼らはそれを悟られないよう、膨大なエネルギーを使って適切、あるいはかわいく見えるように振る舞う。それだけでなく、自分が完全に見えるように成功を示すものやそれを象徴するものを獲得しようと、さらなるエネルギーを費やす。しかし、これらの行動はすべて偽りで、不適切と感じるのは幻想でしかない。しかし、彼らはそれを必死で隠そうとし、エネルギーをなりたい自分になるためではなく、幻想をさらに膨らませることに浪費していく。

どちらの手法も、この問題に正面から向き合っていない。特に自分の無防備さや、本当の自分と解釈した自分との差を受け入れていないところに問題がある。

開放的にコミュニケーションをとろうとすることは、自分自身に関して真実を語ろうとすることでもある。これからは自分を守るためではなく、全力で自分の人生に向き合っていくとしたらどれほどさまざまな感情を表すことができるか想像してみてほしい。自分を抑制し、経験を糧に成長するのを妨げている幼いころのトラウマについて知ることの価値が分かってもらえただろうか。もしそれがリスクとともに生きる意欲を与えてくれるとしたら、どうだろう。過去ではなく、これからは、今を生きていくうえで大きな安心を得られたのではないだろうか。

人生経験にかかわれるようになるための非常に有効な方法のひとつとして、自分を抑制するのをやめ、今まで隠してきた自分を解放するというリスクをとってみることもできる。ここでも、重要なのは明かした内容ではなく、抑制自体のメカニズムを解明するとともに、本当の自分をさらし出すことの力を発見することにある。

結局、何事においてもリスクをとるためには実際の過程にかかわる必要がある。そして、その行動にリスクという一面があるかどうかは、それに対する感じ方から判断できる。不安がかき立てられたり、社会的な期待と矛盾するという理由で直感的に行動すべきではないと思ったら、そのときはおそらくもうリスクの領域に入り込んでいる。アドレナリンが人間的成長をもたらす経験を促していることは明らかで、変化に向き合って、自己発見への道を歩んでいると言ってよいだろう。

リスクのリワード

さあ、始めよう

エゴを乗り越えてリスクに直面する瞬間、目を見張るほどの自由と興奮の感覚が生まれる。この自由は自己防衛的行動と守りの反応をやめることから来ているもので、今を全力で生きて展望にコミットしながら今の人生を造り上げていくことができるようになったということでもある。

リスクをとるということは、周りに対する固定的なとらえ方から開放されることでもある。突然新たな可能性の世界に飛び込み、これまで思ってもみなかった大胆さで新しい環境や出来事に向かっていけるようになる。

自己を捨てると、他人との一体感が生まれる。そして、他人の反応を恐れずに本当の自分を率直に表現できるようになると、これまでずっと周りと距離をおいてきた間、エゴによって抑えつけられてきた感覚が目覚め、開花する。自分の夢や感情を共有することで、周りの人たちに近づき、みんなで共有する普遍的な経験を感知できるようになる。

自分を解放すると、エゴがそぎ落とされ、中枢状態の重要な一面である周りを愛する能力も引き出される。そして同時に、もっと大きなもの（愛する人、精神的な支え、価値ある大儀のためなど）のために、自分を放棄したいという欲求をさらに強く感じるようになる。

開放のもうひとつの要素は完全という感覚で、これがあれば自分は今のままで良いと感じられるようになる。この状態にいると、何か特定のものを所有しなければならないとか、特定のことをしなければならないとか、特定の場所にいなければならないなどとあせることはない。また、パフォーマンスの罠にはまったり、成果を誇示する必要もなくなる。

「儲けることに対して、以前のようなあせりを感じなくなった」と、あるマスタートレーダーは打ち明けてくれた。「仕事は楽しいが、前よりリラックスして取り組んでいる気がする。僕は力があるのだからうまくいくと分かっているような感じだ。今はもう、一日が終わると疲れ果ててしまうほど必死で頑張ったりはしない。それよりも、目の前にあるチャンスを楽しみ、物事を無理に管理しようとは思わなくなった」

自分の価値を証明せずにはいられない気持ちを捨てられることは、自分を開放することによって解き放たれる要素のひとつと言える。一度本当の自分を輝かすことができれば、今を生き始めることができる。もう大丈夫だ。

この変化の過程の目的は、理想の自分になるためエネルギーを消費したり不安を覆い隠すのではなく、今の自分のままでできるかぎり周りのことにかかわっていくことにある。不快感や自分のマイナス点を受け入れることで、緊張を解くことができるし、これらの感情を隠そうとすることから来る緊張を減らし、さらなる全体感を得ることもできる。自分自身との戦いは終わったのである。

脅迫的な願望やあせりは放っておき、かかわらないようにしておくことが、自由への道の重要な一歩になり、さらに高いレベルの自己統合も可能になる。ここでの「統合」とは、自己のさまざまな要素を受け入れ、全体として機能できるようになるという意味で使っている。

リスクをとるということは、抑制されたり自己イメージや他人の意見を心配したりすることなしにその行動に入り込むことだとも言える。それができれば、それまでどれほど自分が引き止められていたかと、何がそうさせていたか（たいていはエゴと自分の能力のイメージを守るため）が分かってくる。人は没頭すると自分の限界を超えることができるし、ギャップのなかで生きることで何が可能かを知ることができる。

リスクをとるということは、展望に向けた行動と周りの人のための行動に全力をそそぎ、次の瞬間に全身でかかわることを意味している。自分をリスクにさらすことで、思考やイメージにとらわれずに今の世界を生き、そこから自分の人生を新たに構築していくことが可能になる。

偏見を持たずに聞く

リスクをとって生きていると、何事も先入観や偏見に惑わされずありのままに聞くことができるようになる。言ったことと聞いたことが違ってしまうことは、実はよくある。

自分が予想したことに反応するのではなく、人びとが実際に何を言っているのかを聞き取ることは、いずれできるようになる。また、このような経験を重ねていくうちに、世の中の出来事が自分とは何のかかわりもなく起こっていることに気づくことになる。他人の話を批判的な見方ではなく共感を持って聞くことで、自己陶酔や自意識から開放され、それができればその会話が自分の周りの新たな発見をもたらしてくれる方法のひとつになる。

怒りをチャンスに変える

ときには、望んだ成果が得られないことでフラストレーションが爆発し、不機嫌になることもあるだろう。しかし、その怒りの原因はコミットしたことではなく、結果をチャンスと考えるかわりに義務としてとらえ、それにこだわっていることから来ている。自分の展望に沿った流れのなかで生きるのではなく、最終結果が出せなかったことばかりを考えすぎていないだろうか。

これまでの自分の行動や意見や自分自身に対する見方、そして他人の意見や解釈といった世界の外側で生き始めたとき、人はリスクにさらされる。しかし、それは自己査定や格付けや採点によって行き詰まったりせずに、自由に話したり聞いたりできるということでもある。大事なのは、行動し、反応することだけなのである。

ただ、もし行動が退屈で、動きも鈍く、繰り返しになって、結局は撤退や回避に至るようなときは気をつけてほしい。このようなときは、障害に直面して、生き残るために引き下がってしまったのか（良く見えたいという生命原理）、あるいはゴールに到達してしまって次を目指すべきときなのかもしれない。もしさらに大きなチャレンジが必要ならば、それもリスクをとること、つまりもう一段ハードルを上げることになる。

ときどき、特に自己監視がうまい人のなかに、ハードルを上げてさらなるチャレンジをすべき時期がはっきりと分かる人がいる。反対に、他人の助け（例えばコーチ）を借りて、その瞬間を指摘してもらわないといけない人もいる。もし重量上げの選手なら、自分の筋肉が直近の練習（限界まで筋肉を使ったとき）でできたことを知っている。しかし、もしコーチやスポッター（監視する人）なしに反復練習をしていると、最後の一回がない。必要なのはコーチの「上げろ、**上げろ！**」という掛け声で、これには筆者が自信のあるポジションを大きくするようにせき立てるのと同じ効果がある。このことは、当たり前のことのように聞こえるかもしれないが、実はそうでもない。

コミットメントは進行中の過程だ

筆者がかかわっているトレーダーのなかには、自分の考えをなかなか捨てられないため、何カ月、何年にもわたって助言を必要としているケースもある。しかし、一方では自力でマスタリーを目指して努力を続けているトレーダーもいる。

自立できるようになった幸運な何人かは、自己監視が非常にうまくなり、早すぎる成功がもたらす陶酔感によって流れが中断しているとか、自己満足が向上心をそいでいるなどという警告サインを感知できるようになっている。

つまり、マスタリーは宣言しただけでなれるものではない。これまで紹介してきた教えをよく見直し、思い出し、修正し続けなければならない。コミットメントは瞬間的なものではないし、雷にうたれたように急にできるようになるものでもない。必要なのは努力と継続的な意識づけであり、それはコーチの助けを借りるか自分の内面を見極めることで手に入る。

筆者は、カウンセリングのとき自分の展望をもっともよく表現できるのは何かということを毎日考えるよう、アドバイスしている。これは、将来を見つめ、自分が人生をかけて表現したいことを思い描き、それに基づいて生きることにつながる。それぞれの瞬間を、すでになりたい自分になっているつもりで行動していれば、絶対にそういう人間になることができる。

たとえ不安があったとしても、責任を持ってなりたい自分になることを決断し、行動することには継続した注意が必要になる。常に自分のノートや本書のチェックリストを見直し、必要に応じて本書の重要項目を読み返すとよいだろう。

全力を尽くしてさらに大きなリスクをとれば、実際には緊張感が減っていくことに気づくかもしれない。ひとつには十分な練習を積んでいるし、その行動に伴う興奮にも慣れている。また、心理的な反応（心臓の鼓動の速まり、額の汗など）もあるかもしれないが、これも普通のことだと経験から学んでいるため、特別な解釈をしてしまうこともない。

航空母艦を飛び立つ戦闘機のパイロットは、アドレナリンが駆け巡るのを感じるが、彼らはそれに興奮しても不安には感じない。彼らは恐怖感を封じ込め、単なる生物的反応として観察することを学んでいるため、自分は大丈夫だと分かっている。このような訓練を積めば、だれでも自分は大丈夫だと思えるようになる。

展望に沿って生き、起こった出来事に対して単に習慣的な反応をするかわりに即座に全力で対応すると、それまで危機に見えた出来事が自分の力を伸ばすチャンスに見えてくる。この新しい未知の領域で出合う不安も、単に経験のひとつの側面だととらえればよい。将来に対する視点から出来事に対処することで、その出来事を再構築することができ、恐怖の瞬間でさえ排除すべきものではなく、創造的な生き方の一部になる。

自由とは、もっとたくさんのことをすることでも、もっと大きなことをすることでも、他人に勝ることでもなく、自分をできるかぎり完全に表現する場所を作っていくことなのである。

ほかの人のアドバイスを聞く

コーチングを頼むべき時期はどのようにして分かるのだろう。もちろん自分自身のリズムで行進するのが一番だが、ときにはほかの人に自分のリズムを聞いてもらって、ビートが抜けたところを指摘してもらったり、代わりの方法を教えてもらったりすることが役に立つこともある。つまずきの原因のひとつは、プラスではなく、マイナスの見方ばかりする人たちと一緒にいたからかもしれない。このような状況から抜け出すには、コーチが必要になる。

良いコーチは、親身になって話を聞き、自分でなし得た自己発見を維持するための手助けをしてくれる。コーチは相手（コーチングを受ける人）の強さを見つけ、自分の才能を信じることを思い出させ、昔からの思い込みを捨てさせ、夢を追いかけるのをやめた瞬間を指摘してくれるが、これらすべてを相手に罪悪感を持たせない形で伝えてくれる。

ただ、コーチは注意深く選ぶ必要がある。経験したことを事後に査定して、それに基づいた助言をする人は多いが、それは出来事の一部であって、コーチングではない。これはスポーツ記事にも似ていて、前日の試合における選手の実際の行動とはあまり関係がない。試合中は、それぞれの出来事に対して非常に創造的なパフォーマンスが繰り広げられる。このなかには、特定のスキルによってではなく、コーチングによって自由かつ自発的に反応する力を身につけた結果生まれたパフォーマンスも含まれている。良いコーチは、選手のスキルに合わせて、さまざまな偶発的事態に本能的に対処できるよう手助けすることができる。

同様の注意は好意からのアドバイスにも必要で、相手が展望のどこに位置しているかなどを理解しないまま助言が行われることも多い。そうなると、それまでのことと、展望に向けて展開していくために必要なことの区別がつかない場合も出てくる。

自由とは、出来事に対して自然に反応する能力であり、常に目標に向かって進んでいくことでもある。そして、優れたコーチングは、このような努力を支えてくれる。良いコーチは相手が今どこに位置するのかと、その人のなかにある抵抗や抑圧やリスクをとることに対する恐怖感を乗り越えるためにどのくらいの努力が必要かを見極めることができる。

コーチになる

自分が素晴らしいコーチになれる資質を持っていることに気づいただろうか。ただ、そのためにはまず自分自身に対してコーチングをする必要がある。何年か前に、筆者はある企業の管理職に、部下をうまくコーチできるようになるためのコーチングを行ったことがある。ベンジャミンは、ポートフォリオマネジャーとしては成功したものの、現在は一〇億ドルのヘッジファンドのマネジャーとして周りの期待に応え、部下を自分の要望と企業の方針に合わせてまとめることを学ぶ必要があった。

最初、彼は部下のアナリストたちに不満を持っていた。彼らの分析では自信を持ってポジションを大きくしたり、逆風のときに手仕舞ったりすることができないからだった。

「分析を提出するときに用意してほしい重要項目のひな形を、アナリストたちに示してあるのか」と筆者は聞いた。

すると、「していない。プレッシャーをかけたくないし、創造的な過程を邪魔したくない。そういうことをするのは僕のスタイルではない」という答えが返ってきた。

そこで、筆者は次のように言った。「君には彼らより経験があるし、ポジションを建てるために必要なことが分かっている。会社からリスクをとることも任されていて、それを実行する立場にあることを考えると、アナリストに必要なパラメータを示し、彼らがそれを守るようにすることは君の仕事の一部なのではないのか」

さらに筆者は、アナリストに定期的な報告書の提出を義務付けるよう勧めた。これは、できるかぎり出すということではなく、例えば毎日などと決めてしまうとよい。

「とにかく、過程を管理しなければいけない」と筆者は説明した。「君はこれらのことを要求し、彼らの同意を得たら、あとはそれが必ず守られるようにフォローする。君はビジネスを任されているのであって、アナリストを成長させるための慈善事業をしているわけではない」

こうすれば、ベンジャミンは自分が欲しい情報の概要と、期日と、頻度を明確にすることで、アナリストの考えを投資ポートフォリオに生かすために必要な材料を手に入れることができる。

筆者は、トレーダーが自分で思っている人間性（良い人、周りと争いたくない、平凡かそれ以下でも受け入れてしまうなど）を乗り越えることをテーマにコーチングを行うことがよくある。筆者は彼らにリーダーとして高い規準を設け、希望することと必要なことをできるかぎり明確にしたうえで、部下がこの基準を満たすようにしておかなければならないと助言する。こうしておくと、それぞれのパフォーマンスを追跡するときも、この基準を尺度として使うことができる。

良いコーチは、課題や表現やパフォーマンスに何が足りないのかを何度も問いかけてくれる。あと何を足せばよいのか、と聞いてくれるのである。

もしうまくいって満足感が生まれていたり、ある程度の成果が出ていたりしたら、何か抜け落ちたものはないかと考えてほしい。そのときは、真実を話して、ゴールに達成するために必要なことを全員が分かっているようにしなければならない。

また、パフォーマンスは常に統計と一緒にモニターして、勢いを作ったり突破口を開いたのがだれなのかを認識したりすると同時に、みんなで誇るべき結果に貢献していない人たちにはコーチングを行わなければならない。

リスクをとる能力が優れていることで非常に成功しているマネジャーでも、ほかの人の要求を満たすためにコーチングが必要になることは非常によくある。このようなリーダーたちに、いつ自分の部隊をおだて、いつ批判し、いつやる気をあおり、いつ一緒に喜び合うのかを気づかせる手伝いをすることが、筆者の役割だと思っている。

コーチングは非常に満足感の得られる仕事だが、コーチはまず自分自身に限界の意識がないかどうかを自己診断しなければならない。そして次に、要求されていることを特定するのだが、これにはまずゴールを設定してからそのために必要なステップを逆算していくとうまくいくことが多い。

他人をコーチすることは、自分を強化することにもつながる。他人に毎回教えていることは、コーチ自身にとっても役に立つ。つまり、他人がコーチを必要としているようにコーチにも他人が必要であり、他人を通して自分の一面を拡大して見る機会を得ることができる。

心を観察できるようになるためのチェックリスト

●指示や依頼や規則の順守に抵抗するとき、頭の中で交わされる会話を覚えておく（周りを自分の反体制的姿勢に引き込んでしまったときや、周りの依頼を聞かない姿勢を身につけたときなど）。

●自分の考えをモニターする。経験を受け入れたり、他人の話を聞いたり、防御的な態度や条件反応をするかわりに、過去の姿勢を貫くためにどのくらいのエネルギーを割いているのか。

●自覚を持って毎日の状況に臨む。世界は必ずしも安全な場所ではない。スキーをするならコースをよく見なければいけないし、運転するには道路をよく見なければいけない。明かりによく注意して進もう。

●自分の思考過程に注意する。昔の姿勢や期待にこだわったり、「現実」をそのまま受け入れないことで不安になったりしたことが頻繁にないか。

●自分の「問題」をモニターする。チャンスととらえて全力で対処するかわりに、問題が解決するのを待っていないか。

●現実を正当に評価する。自分の身体的反応に反応はしなくても注意は払う。

●新たなチャレンジをする。自分ができないと分かっていることに挑戦し、その反応を観察して自分の成長を確認する。

●周りの人たちを観察する。自分に力を貸してくれる人を探す気持ちがあるか。自分は力を貸せるだろうか。それともだれも自分のことなど気にしていないのだろうか。

まとめ――「今」を生きるために覚えておくべきこと

●目の前の活動に全力を尽くす。

●誠実かつ全力で活動する。隠れた動機を持っていたり、最終的なゴールからそれたりしてはいけない。

●目の前の活動に全力で取り組めば、現在と将来の自分の人生にももっと深くかかわることができることを認識する。
●この瞬間こそ人生。どのくらい今の人生に専心しているだろうか。「これは違う」という罠にはまって、自分の人生はいつかもっと準備が整ったときから始まると思っていないか。
●もう、そこにいる。目指したのはここなんだ。これが結果なんだ。
●毎日を、自分を表現するチャンスとしてとらえ、その貴重な時間を満喫する。
●もう大丈夫。自分を完成させるために獲得しなければならないものは何もない。
●探しているものを手に入れれば、そのときは良い気分になるかもしれないが、おそらく長続きはしない。欠陥を補うために何かを追求していると、かえってその欠陥を拡大することになる。
●不快感を認識し、それと共に生きる。抑えこんだり排除したりしてはいけない。
●自分が不快であることを認識してやりすごせばすむことなのに、幻想にしかすぎない欠陥を修正するために人生をどれほど浪費しているかに気づいてほしい。
●買収、お金、名声が人びとを黙らせるなどという考えにだまされてはいけない。

第10章 マスターになる

本書では、トレーディングや投資における心理と行動の基盤に注目し、全体のパフォーマンスを上げるために何ができ、何をすべきかについて述べてきた。そして、まずはこの問題を提起するため、最大のパフォーマンスを上げるとき障害になっているかもしれない自動的かつ無意識のうちにとってしまう特定の行動や姿勢を意識するという点に多くのページを割いてきた。その過程で自問すべきことを再度紹介しておく。

- どのような行動をとっているのか
- 損失をコントロールするために何をすべきか
- 利益率を最大にするためにはどのようなステップが必要か

●勝ち日を負け日より増やしたり、勝ちトレードの割合を負けトレードの割合より多くしたり、勝ち日の利益が負け日の損失を上回るためには何をすべきか
●情報や分析や技術に強みがあることで自信を持ってトレードを押し進められるようになるためには、何をすべきか

マスタリーには、自分の能力や才能を目の前の課題に合わせて引き出し、トレーディングという展望の枠組みに沿ってさらに大きな結果を作り上げていくため、意図的に努力することが必要になる。ちなみに、これはトレーディングに限らず、すべての活動について言える。

マスタリーを教えるとき、筆者は相手が影響を受けた特定の経験があるという前提で臨むことにしている。ただ、それを対話のテーマにはしないし、相手を理解するためにそれを特定することすらしない。それよりも、この教えによって、努力を最大限に生かすために集中すべきことが何かと、展望と積極的なモデルを持ったトレードをするために何を捨てるべきかについて、何らかの洞察を得ることができていればうれしい。

マスタリーに近づくためには、継続して自己診断を行い、戦いのレベルを上げるために自分の行動を調整してマーケットに合わせていかなければならない。そして、マーケットの変化を見ながら新しい環境下で戦いを制すためにはどのようなステップが必要かを常に考えていなければならない。新しい行動の仕方を学ぶために、これまでの行動パターンや姿勢を修正しなけ

ればならないことを考えると、心理的な動機が重要になる。

全力でゴールに向かうとき、緊張感がその原動力となって特大の結果を生む。しかし、なかにはこの緊張感になじめない人たちもいて、彼らはプロセスを学ぶかわりにそれに抵抗し、期待値を下げたりチャレンジを減らしたりして後退してしまう。できれば彼らにもギャップに止まって、展望を持ち続けながらギャップを縮めるための新しい解決策を見つけてほしい。

もし現状を変えようとする努力の大部分が利益を増やすための戦略に集中していても、そのための基本構造が変わっていなければ、重要決定を避けたり先延ばしにしたり、驚いたり、意図的あるいは操作的に矛盾を操作したりする領域から抜け出すことはできない。展望を妨げたり動揺を生んだりする反応を変えようとするだけでは、ひとつの問題を片付けても別の問題が持ち上がり、それを片付けてもまた別のが出てくることになる。大事なのは、自分がどこに行きたいのか、そのためには何をしなければいけないのか、それにはどのように進めていけばよいのか、などということを解き明かし、その間もギャップで生きる緊張感を持続することなのである。

緊張と、現在の自分となりたい自分の矛盾を持続するためには、どのような心理的法則が必要なのだろう。これについては本書を通して十分述べてきたので、ここでは重要な法則の一部だけをまとめておく。

●自己観察と感情をやりすごす能力
●意識を意識できるようになること
●今という瞬間に全力でかかわることの妨げになっている先入観、意見、自分に対する幻想やエゴを捨てることで、自己やエゴから開放されること
●メタ分析や枠組みの再構築――つまり箱の外で考えること（メタ分析は、研究の統合と研究の評価を実施すること）
●過去や未来ではなく、現在を中心に考え、今に集中すること
●持っているなかから選ぶ、つまり「現実に向き合う」ということ

簡単に言えば、言い訳や限界の意識を超えてコミットメントの領域で機能することを学ぶことで、マスタリーの感覚が養われていく。まずは自分が本当に望んでいることを見極め、次にその結果を出すための行動を起こせばよい。

トレーダーの多くは、生命原理が日々の生活やパフォーマンスにいかに大きな影響を与えているかを知らないため、自分が何者で、どう行動しているかについて考えようとしない。しかし、マスタリーに到達するには、自分が怖がっていることを認識し、たとえ恐怖に直面しても結果を出すためにすべきことをするという意識のもと行動し、結果を出す、ということを学ぶことがカギとなる。このためのステップについては、本書で述べてきたとおりだが、本

章ではマスタリーのポイントとなるいくつかの点を再考し、その重要性を強調しておきたい。

方向を見つける

残念ながら、ほとんどの人が九つの点をつなげることはできない。マスタートレーダーになるためには、自分が働く環境に邪魔されたり、だれからも好かれたいという要求に惑わされたりしてはいられない。むしろ、自分で決めたゴールを認識することこそが動機になるべきだろう。

ケーススタディ――集中力を回復する――

マスタリーへのチャレンジとは、結局、明確なゴールに向けた特定の課題に集中することと言える。次のフィリップとの対話では、あるテクノロジー企業の株価が底を打ったと考え、戦略を空売りから買いへと変更した結果、大きな損失が出た件が話題になっている。彼は最初、あくまで戦略を守って逆風の痛みに耐えることの重要性がなかなか理解できなかった。しかし、それが分かると、次はどうすれば買い戻したくなる衝動を乗り切って最終的に予想どおりの下げに転換するまで耐えられるのかを知りたがった。あわてて買い戻さないようにするためには、不安に駆られないようにする必要があった。

キエフ　最初の計画はどうなったのか。

フィリップ　途中で変えてしまった。自分の戦略を信じていなかったんだ。ゼロに向かっているのが分かっているのに、買ってしまった。昨年末には空売りで大きな利益を上げたのに、これ以上下がらないという周りの意見に惑わされて、そのポジションを継続するか買い戻すのではなく、買ってしまった。そしてそのあとに、ここ数週間のベア相場でひどい目に遭った。

キエフ　なぜ買ったのか。

フィリップ　底を打ったと思ったし、これ以上下がらないという気持ちにさせられた。なぜそう思ってしまったのかはいまだによく分からない。

キエフ　見通しを変えようとしていたのか。

フィリップ　一月からずっと考えていた。底に向かっていると思っていたんだ。

キエフ　なぜそう思ったのか。

フィリップ　そもそも一一月の時点では、一一月と一二月の戻しは妥当だと思っていたが、それが予想よりずっと早く起こった。だから一一月初めの水準まで戻したうえに景気も回復してきたことで、これからは買いだと思った。でも、それを一日でするのはバカげている。アナリストの意見を聞きすぎてしまった。

キエフ　それは戦略の変更だったのか、それともそのポジションだけのことか。
フィリップ　戦略の変更だ。僕の戦略は基本的に空売りで、破産するか危機に陥るのを待つ。ところが、今回は買うことにしたら、投資先の企業の好材料に反応するのに慣れていなくて困り果て、結局最悪のタイミングで手仕舞ってしまった。
キエフ　ずっとうまくいっていたのに、最後にもうだめだと思ったのか。
フィリップ　大きく下げただけのことでそう思ってしまった。でも、結局はそれよりさらに下げ、買っていた僕は大損をした。
キエフ　空売り戦略で底に近づいたと思ったとき、なぜ買い戻すかわりに買ったのか。買うというのは極端すぎる戦略の転換で、とても正当化できるものではない。この銘柄が上昇するという保証はどこにもない。この手法に慣れているわけでもないし、新たに始める理由も見つからない。
フィリップ　うまく反応できなかった。総合的な結果も見ずにあわてて方向転換してしまったことは明らかだ。
キエフ　ゴールを設定したあとは、結果をまとめ、それを吟味したあとには次のゴールを準備するための時間がいる。できれば、今のゴールを達成する前に次の目標を立てておけば、目標に対する強い気持ちを維持できる。君のトレーディングにも言えることだと思わないか。
フィリップ　非常に心理的なものなんですね。

キエフ　君は自分の戦略がうまくいっているのに気づかずに、軌道から外れてしまった。「手仕舞え」「転換するな」、という心理がちゃんと機能しているのに、それを正当に評価できなかったんだ。

フィリップ　なにもしないで我慢しなければいけなかったんだ。でも僕の銘柄は非常に流動性が高いから、我慢するのは難しい。

キエフ　今は再構築の話をしているんだ。ひとつの銘柄だけを見ていても、全体像は分からない。

フィリップ　森を見なければいけない。それが大きな力になる。

キエフ　意識的に見ようとしたか。

フィリップ　これからは意識するよう努力する。そうしないと、ついそれぞれの銘柄を大きなポートフォリオの一部としてではなく、単体で見てしまう。

フィリップとの対話は、あまり極端に方向転換したり戦略を見直したりするよりも、自分がしていることについてよく考えることの重要性を指摘している点が興味深い。一歩下がって客観的に観察し、状況を意識しながら重要な部分だけ若干シフトする能力が、マスタリーへのカ

ギとなることはよくある。そうしなければ、戦略を劇的に変えて、劇的に揺らいだ結果を生み出してしまうことになりかねない。フィリップとの対話は、いわゆる「二次変化」にも注目している。

ここでは、フィリップのようなトレーダーに常識（儲けたければトレードを増やし、損失を減らしたければトレードを減らす、または新しい金融商品を試す）で分かりそうな方法で解決させようとするのではなく、彼の問題の多くが何かを変えようとした結果起こっているということを理解させることがカギとなる。そこで、フィリップに無理な変更が実際には問題を大きくしてしまったことを認識させ、彼が今直面していることからひとつ選んでそれに集中していくよう促していった。

マスタリーに近づくということは、何ができるかや何が可能かということを現実と経験に基づいて目指すことだと言うこともできる。ゴールにコミットすることで、特定の結果を出すために何が必要かを見極め、未知のものに対処する方法を学ぶことは、自分の将来を作り上げていくことにもつながっていく。

ケーススタディ――逆行分析

次に紹介するような対話は、ポジションをゴールに見合ったサイズにするためにすべきことが何かをトレーダーやポートフォリオマネジャーに考えさせたいとき、非常に役に立つ。これは、ポートフォリオを逆行分析するための会話で、これによって、特定期間内（一カ月とか三カ月など）の予想価格目標や全体的な利益目標をもとにポジションサイズを選択できる。最終的な結果をポジションサイズの判断に取り入れることで、ポートフォリオがゴールを反映し、トレーダーが自信を持ってすべきことをするチャンスも増える。また、こうすることで、トレーダーは自信のないアイデアを捨て、感情的反応に惑わされずにトレーディング判断をコントロールできるようになる。

キエフ　ゴールをよく見て、ゴールと戦略の矛盾を探さなければいけない。ゴール達成にはあと何が必要か。どうすればもっと大きくトレードできるか。どうすれば、もっと決断力が備わるか。

メル　僕は十分積極的とは言えないし、大事なときにトレードを十分大きくすることができていない。

キエフ　相場が転換するときでもか。

メル　そうだ。絶対に大丈夫なときでも大きく賭けられない。動いているときは三〇％で、反転が近ければ七〇％にすべきなのに、実際にはその逆になってしまっている。

キエフ　十分に調べて、そのとおりのチャンスがめぐって来たのにポジションを十分大きくできないというのか。

メル　そうなんだ。

キエフ　ポジションサイズのこと[redacted]れとも事後になってそうすべきだったと気づくのか。

メル　考えてはいる。

キエフ　自信を持ってサイジングが[redacted]、あと何をすべきか、あるいはアナリストに何をさせるべきか。

メル　調べれば調べるほど自信も増す。でも、僕たちは常に未知の出来事に対する恐怖、つまりどこかに間違いがあったとき非常に高くつくという恐怖に対処しなければならない。あと、うまくいっていない投資を切り捨てて次に進むのも難しい。間違うのが怖いんだ。

キエフ　つまり、未知の領域で大きく賭けたくないし、もしうまくいかなかったときに手仕舞って損失を認めるのもいやだということか。

メル　心理的な抵抗があって、決断を下して次に進むということができない。

キエフ　両方の問題が君を苦しめている。君はちゃんと調べても信じられないし、未知のものも信じられない。自分のトレードを見直したり、過去六カ月のことを反省したりしたことはあるのか。

メル　ある。利益の大部分はいくつかの大きなトレードから来ていた。

キエフ　もっと大きくすべきだったトレードでは、どのくらい取り損ねているのか。
メル　かなりの金額になる。
キエフ　つまり、繰り返すテー[illegible]
メル　自信のある賭けはほとん[illegible]
キエフ　君のポートフォリオの[illegible]きさなのか。八～一〇％のポジションはあるのか。
メル　ない。一番大きい買いのポ[illegible]について考えているか、そ[illegible]だろう。
キエフ　資金全体の割合でか。
メル　そうだ。それに、最大の空[illegible]％程度しかない。
キエフ　このポートフォリオは、[illegible]できるようになるために　ポジションサイズを調整するために、何らかのスプレッドシート[illegible]
メル　作っていない。
キエフ　作らない理由でもあるの[illegible]
メル　ない。
キエフ　私が言っている意味が[illegible]
メル　それは分かる。大きなト[illegible]に行えということだろう。
キエフ　ポジションを見直すと[illegible]君のポジションの一覧表はあるの

か。

メル　ある。

キエフ　でも、自信があるアイデアを最低でも七％まで引き上げる基準がないのではないか。

メル　そういう風に考えたことはなかった。これまではずっと勘と経験でトレードしてきた。

キエフ　君はとても賢いが、まだいくつか考慮すべきことがある。まず、自信のあるトレードは、その割合を上げてほしい。そのあとさらに調べて、さらに自信が深まるならそれもよい。そして、次にどこまでなら安心して拡大できるかを考えてほしい。

メル　当たり前のことのように聞こえるのに、なぜ今までそうしなかったのだろう。

キエフ　実はそれほど当たり前のことではない。でも、私のように横から観察しているトレーディングコーチにはそれがはっきりと分かる。君は現状を改善するために私にコーチを頼んだことで、最初の一歩をすでに踏み出している。これを自分でするのは難しい。ところで、ウエートトレーニングをしたことがあるか。

メル　ある。

キエフ　スポッターやトレーナーに見てもらっているか。

メル　たいていはひとりでやっているが、トレーナーに見てもらっているほうがたくさん上げられることには気づいている。

キエフ　それがポイントだ。ウエートを上げるたびに筋肉が発達するのだが、トレーナーの助けを借りて自分の限界だと思うレベルを超えようとしている人は少ない。トレーディングもこれと同じで、もしだれかにトレーディングへの取り組み方を見ていてもらえば、もっと簡単に自分を伸ばすことができる。言い換えれば、これは毎月のゴールを設定するということで、例えば資本の二％とすれば年間では二四％になる。そして、「これが今月の目標なら、どこでこの利益を上げればよいのか」を考えてほしい。それぞれのポジションについて計算して合計が二％になるのでもよいし、二％をそれぞれのポジションに割り振ってもよい。要するに、予定どおりにいけば各銘柄から今月どれだけの利益が上がるのかを把握しておけば、ポジションごとの価格目標とポートフォリオ全体のゴールに基づいて、サイジングの判断が下せるようになる。

メル　まずは計画を立てなければいけない。

キエフ　君なら十分できると思うが、順序立てて取り組む必要がある。それに自分の知識をもっと積極的に活用していったほうがよい。できないのは計画していないからだ。調整しながら、とにかく数字を埋めてみよう。まず、確信のレベルによって「もっと大きくできるか」と自問してほしい。三～四％はどうか、非常に自信があるトレードなら、もしかしたら五％だって可能かもしれない。この方法がうまくいけば、さらに割合を増やして一〇％まで増やせるポジションも出てくるかもしれない。ほんの二～三日だけ大きくしてみて、うまくいかなければ元に戻すか手仕舞うことだってできる。今まで君はそういう可能性や細分化することを考えてこなかったようだが、それほど突飛なことではないよ。

メル　とても理にかなっていると思う。僕たちが持っている知識とかけている労力を考えれば、もっとうまくできるはずだ。

キエフ　それができていないのは、そのためのデザインをしていないからだ。これは算数レベルの話で、微分積分は必要ない。株価が目標額に近づいたときにどう行動すべきかを記したチャートを用意しておけばよい。

メル　これまでは細かい計画ではなく、全体的な計画の下でトレードしてきた。ポジションごとに注意を払って効率的な判断を下す準備もしていなかった。このような枠組みを設定しておけば、チャンスが来たときに考え込まないで行動に移れると思う。

キエフ　週の初めにチェックリストを作るとよい。銘柄ごとに、何に注目するかや、予想の動きを記し、同じものをアナリストにも渡しておく。さらに、それぞれのポジションがその月の損益にどう貢献するかも考えておこう。これは単に、今のやり方を見たうえで、君の強みを生かしながら調整しているにすぎない。君には資産も資源もある。ただ、自分の力を出し切っていないだけなんだ。

アナリストに頼りすぎて、トレードを始めたころに培ったスキルを忘れてしまっているポートフォリオマネジャーにはこのような対話が有効だと思う。メルはゴールを設定したうえで、自信の程度と、望む結果を出すためのアナリストの分析を考慮したうえで期待利益に基づいてポジションを調整していく必要がある。

マスタリーとは、自分がかかわっている過程に気を配り、パフォーマンスを上げるための方法を探すこととも言える。あえて痛みを受け入れることはないし、わざわざ底を選ぶ必要もないが、マーケットに対して多少の敬意は払わなければならない。もし起こっている出来事の理由が分からなければ、そのときはリスクを減らして次に良い球が来るまで待つことを勧める。また、ポートフォリオは定期的に見直し、別の人にも見てもらうと良い。秘密主義はやめ、「良く見せたい」という欲求に負けないようにしてほしい。

また、ある程度の監視体制を組み込むとよい。ポートフォリオのなかでリスクの高いトレードを特定し、損失が出そうならそれを外すという方法もある。もし空売りのポジションに何の強みもなかったり、何かのきっかけで値下がりが期待できるのではなく「評価額で空売り」をしてしまったのであれば、もう一度よく考えてポジションを減らすことを検討したほうがよいのかもしれない。損失が拡大するスピードは利益が回復したとしてもとても追いつかないため、利食うこと、損益のクッションを作っておくこと、損失を減らすことの重要性を常に考慮しておかなければならない。

柔軟性を身につける

マスタートレーダーは、常に自己分析を行い、マーケットに合わせて行動を変えていく。また、この戦いにおいて必要なこと、マーケットの違い、そして新しい環境下で戦いを制するために踏むべきステップなどということを意識的に考えている。

つまり、柔軟性というのは、マスタートレーダーが持つ非常に重要な特質と言える。彼らには適応性があるし、マーケットに対する敬意や仕事に対する意欲、そして何よりも本物のチャンスが訪れるまで待つ忍耐力がある。そのためには、リスクマネジメントの基本と損失を抑えることを念頭におきつつ、自分の戦略を順守できるようにならなければいけない。マスタリーとは、チャンスを探すことであり、それが現れたときに生かすことができることでもある。

マーケットでは、自分の信念とは別に、注目している株に何が起こっているのかを尊重し、自分のアイデアに対する執着に左右されずに行動しなければならない。また、自分よりたくさんの知識を持ったトレーダーや投資家がいるという前提に立って、もし怪しげな動きがあったときはいつでも手仕舞えるよう準備しておく必要もある。

あるマスタートレーダーは、「何がうまくいっていないのか分からないときは、リスクを減らせ」と言っている。「大事なのは、トランプをしているときに悪い手が来たら、大きく賭けるのか、それとも小さく賭けるのかということだ。ここは小さくするか降りて、もっと良いチャンスで状況がはっきりと分かるときを待つべきだ。うまくいっていないのに、目いっぱいプレーするのだけはやめてほしい。これは言うのは簡単だが、実行するのは難しい。ホームランを狙っていくべきときもあれば、守りに徹するべきときもあるということを知っておかなければならない。毎日、ステップごとに自分が何をしているのか、チャンスはどこにあったか、なぜ自分はそうしたのか、なぜ自分はプレーしているのか、これは本当に良いチャンスなのか、などと考える。自分の手を信じて何もしないのも難しいが、忍耐強く待つことはさらに難しい」

柔軟でいるためには、どの時点においてもトレーディングの状況を見極め、マーケットやテープに適応していかなければならない。これには注意力と思慮深さ、そして衝動的な行動はしないようにする必要がある。

別のトレーダーはこうも言っている。「マスタリーとは、データに反応し、いつ行動すべきかや、いつ拡大して『どんどん増し玉する』時期かが分かる能力だ。たいていの人は追加のデータや株価がある出来事にどう反応するかをただ待っているが、マスターは常に周りが行動を始める前に仕掛けたり手仕舞ったりしている」

こうして経験自体が学習の元になり、新たな出来事に出合うたびに、単に知識を確認するのではなく、そこから学ぶことができる。また、このような姿勢があれば、すでに知っていることを新たな視点で受け止めることもできる。しかし、そのためにはどうすればよいのだろう。マスタートレーダーが柔軟性と適応性を維持するための戦略をいくつか見ていこう。

ポジションを見直す

注目しているトレードが利益率の高い賭けであることを確認する。もしその銘柄をトレードしている理由がなければ、手仕舞うか、少なくともポジションを小さくする。「良く見えたい」という傾向が「燃えかす」のようなトレードに固執させ、下がりきって反転したときにそれを持っている自分はやはり正しかった、と言いたいだけだということに気づく必要がある。燃えかすのような銘柄を理由もなく保有していることは、破綻への処方箋でしかない。

自分のリサーチを信じる

何らかの知識に基づいてよく調べたうえのポジションなら、一時的に不利な展開になったとしても保有し続ける。自分やアナリストのリサーチを信じ、日々の価格変動を恐れてはいけない。ファンダメンタルや株価がなぜそのような動きをするのかを理解したら、そのことをもっと信頼してほしい。それを確かめたければ、きっかけの出来事、つまり注目している銘柄を動かす可能性が高い出来事の付近でトレードしてみるとよい。また、M&Aや新製品の発表、FDA（米食品医薬品局）の承認に関する発表なども理解しておいてほしい。自分の分野をよく知り、その出来事が自分の銘柄に与える影響を他社に与える影響との関係も含めて考えてほしい。企業と株価を動かす要因をよく理解することが求められている。

企業を理解する

資本をよりうまく使うチャンスを待つ気持ちがあるのなら、企業をよく知り、性急にトレードしてはいけない。ある銘柄を保有する理由があるということは、その企業について理解し、そのことを自分を支持してくれる人に明確に説明できるということでもある。

自分の攻撃性に注意する

空売りに関して攻撃的になりすぎないように気をつけ、損失が膨らまないようリスクマネジャーに見てもらうようにする。大穴をあけてしまうと、それを回復するのは容易ではない。もしリスクマネジャーがポジションを削減するよう勧めたときは、彼をマーケット指標だと考え、それに従って手仕舞ったあとに反転するものだと思っておけばよい。ただ、この損失はもっと利益率の高い良いポジションを取るための機会費用だということを忘れないでほしい。今、損を確定したほうが、もっと大きな損失を構築していくよりはよい。

自分のセクターをよく知る

ひとつのセクターに集中してトレードしていれば、そのなかのすべての銘柄やそれぞれの関係を理解して、そのマーケットの流れや企業の成長に合わせてトレードしていくことが可能になる。セクターに関する知識が増えれば、賭けを当てる確率も高くなる。タイミングを計ってトレードしていけば、ピーク前に積極的になりすぎることも防げる。利益目標が決まったら、それに合わせてサイズを調整し、その企業に関してさらに調べを進めながら仕掛けの最適なタイミングを待てばよい。セクター内の企業の力関係が分かると、買いと空売りに資本をバランスよく配分することができるようになる。さらに、各銘柄をよく知ることで、ポートフォリオのバランスも良くなる。このことは、方向性もほとんど分からないようなマーケットにおいて、特に重要なことと言える。

リスク・リワードについて知る

銘柄を選択するときには、特定の出来事が与える影響（例えば、製薬会社が特許裁判で勝訴する可能性と、それがその会社の製品に与える影響など）について、よく理解したうえでリスクとリワードを知っておく。株価を予想して目指す利益率を達成するためにはポジションをどの程度大きくすべきかを判断するために、データ分析は欠かせない。もし特許裁判に勝訴すれば、この会社にはどのくらいの収益が見込めるのか、なぜその業界の倍率でトレードすべきなのか、といった具合にさまざまな数値について考慮しないかぎり、暗闇で戦って莫大な利益チャンスを減らしてしまうことになる。

思考過程を作り上げるための質問

マスタートレーダーの株関連の出来事に対する考え方についてなら、あと数章は書けるが、ここではひとつの例を挙げるにとどめておく。仮にある企業のＣＥＯ（最高経営責任者）が自社株を二〇〇万株売却したことを、マスタートレーダーが知ったとする。これは、この企業が問題を抱えていると考えるべきなのか、それともＣＥＯが個人的に現金を必要としていたと考えるべきなのか。自分がとるべき行動を理解するためには、この会社のファンダメンタルは大丈夫か、この会社は好調が理由で自社株を買い戻しているのか、などという質問について考えてみるとよい。企業の評判が良いとか、売れている製品があるくらいでは十分とは言えない。トレーディングという技術をマスターするためには、小さな点についても詳細まで知っておかなければならない。

修正はゆっくりと

戦略を修正する必要があるときは、ゆっくりと行う。マスタートレーダーは自分の戦略を順守し、周りの出来事にすぐ影響されることはない。忍耐を失ったりあわててスタイルを変えたりすると必ず問題が起こる。

また、トレードするのは自分が処理できる銘柄数に抑えることも重要になる。あるトレーダーは、チームのアシスタントとトレーダーとアナリストの協力があれば四五銘柄程度トレードできると言っていた。ところが、ブルースは自分ひとりで一日に三五銘柄をトレードしていたため、成功するために知っておくべきことをすべて網羅できていないのは明らかだった。やはり三五銘柄をトレードして損失を出していたマルコは、テクニカルアナリストと若干のファンダメンタルに頼りながら幅広い銘柄をトレードしていたが、明らかに必要なサポートも、株価の動きを有効利用するための情報も得ていなかった。

変化に適応して損失を減らし、負けているときはエクスポージャーを減らして資本を温存でき、投資している銘柄についてさらに調べを進めて理解しようとするトレーダーは、新しい戦いにも適応していくことができる。

繰り返しになるが、マスタリーを目指すためには、今、起こっていることに対して、疑問を持つよりも、集中して取り組んでほしい。今、行っていることをよく考察するほうが、特定のトレーディングの手法（以前は重要だったとしても将来の行動を修正する役には立たない方法など）の動機や理由について考えるよりずっと役に立つ。

マスタリーとは継続であり、規律を守って、できるかぎりマーケットの変化に適応していくことでもある。変化は、今のやり方に慣れてからしか起こらない。これは、自分を再開発する能力であり、マーケットに影響を及ぼすすべてを考慮したうえで、周りの行動に左右されずにそのエッセンスをつかむことでもある。

力と勢いをつける

モメンタム（勢い）は、基本的に「はずみ車効果」を作ることと関連している。はずみ車（フライホイール）とは、回転するホイールに少しずつ力を加えながら勢いとエネルギーを作り出す装置で、スピードと出力が上がってくると、少しの労力ではずみ車を動かし続けることができる。だんだん勢いが上がってくると、その勢いによって加速が進み、わずかな力でも結果が出るようになっていく。

例えば、最初は一〇のインプットに対してひとつの結果が出るとする。しかし、だんだん勢いが上がってくると、少ないインプットでもアウトプットは増えていき、それがブレイクスルー効果を生むまで続く。そして、はずみ車効果によって生み出されたエネルギーと加速が幾何学級数的な結果につながっていく。

ある若くて賢いアナリストのギルが、トレーディングにおけるはずみ車効果の好例と、二〇〇三年半ばにそれを使ってモメンタムを維持したときのことを話してくれた。「最初にモデルを構築し始めたときは、完成までに四日間かかった。でも、二回目は二日、三回目は一日でできた。そして、しばらくすると半日でできるようになった。しかも、簡単かつ効率的にできるようになったうえ、それ自体がモメンタムを生み始めた。このモデルからの利率は僕の生活に欠かせないし、投資やアイデアの選別もやりやすくなった。最初はチャレンジだったものが、ほかのものに応用できるツールになった。今では、このために費やした労力を還元してくれただけでなく、これ自体がメリットを生み、プラスの貢献をしてくれている。

「一定の損益分岐点を越えたら、勢いがついた。それまでより少ない労力で、それ以上の結果を出せるようになったんだ。その時点で、言ってみればはずみ車を押さなくてもよい状況になった。モメンタムを持つ物は、それ自体がエネルギーを持つようになる。それがモメンタムを得るということなのだ」

はずみ車効果を生むことと、それによって可能かもしれない突破口は、自己分析と、障害を乗り越えてパフォーマンスを上げられるかどうかにかかっている。そこで、自分のスタイルを見直し、モメンタムを作ってそれを維持するための次のステップを踏んでいるかを確かめてみてほしい。

●自分の時間の使い方に関して、もっとよく観察する
●すでに行った仕事を発展させるかわりに、同じことを繰り返すパターンに陥っていないかチェックする
●非生産的な性格や反復行動を変える
●戦いを進めるために新しい行動を加える（このなかには一部の機能をほかの人に任せることも含まれる）
●マネジャーとして自分のゴールを部下に明確に知らせておく

自分のトレーディングの様子を認識する方法のひとつとして、自分のトレードを記したチャートを使って予想や判断理由を追跡していくことができる。経験を記録することで、以前の考えや、戦略をどのように順守したか（あるいはしなかったか）を見直すことができるようになる。

モメンタムを作り出すためには、トレーディングが感情にコントロールされないようにする方法を見つける必要がある。データをよく見ることで、自分にとって何がうまくいったのかが分かってくるし、不快になる時期も事前に予想できるようになる。このチャートを手帳にはさんでおけば、株の動きと自分がそれにどう対処したかを視覚的な記憶として見ることができる。

また、これが株の将来の動きを予想する助けになる可能性もある。そのうえ、ひと目でパターンが分かるこのチャートを見直すと記憶が呼び起こされるため、思い出す過程で失われる情報を最小限にとどめることができる。

マーケットへの参入が増え続けるなかでは、分析するデータの範囲を広げたり、掘り下げたりするだけでなく、トレーディングチャンスに対する取り組み方でも差をつけていかなければならない。もちろん、マスタリーはパニックに陥ることではないが、必要なときには戦略の変更も可能だということを覚えておいてほしい。

あるトレーダーは、「マスタリーには、うまくいっていないときに戦略を変更することも含まれる。最高のトレーダーはみんなそうしている。マスタートレーダーは、マーケットの変化やそこでうまくいくことの変化に合わせて常に戦略を調整している。狙ったゾーンでモメンタムを上げているときは、雑音は気にならない」と言っている。

モメンタムを維持するもうひとつの要因には、あるアイデアに対して仮にだれかが確信を持っていたとしても、そのこととそのアイデア自体の質を分けて考えられる力もある。心を開いて、みんなの感想やデータを集めるために周りの意見を聞くときには、他人の意見に影響されすぎないように注意する必要がある。このことは、データの価値と同じくらい重要だと考えてほしい。もちろん、みんなに確信を持ってもらいたいとしても、自然なバイアスにも注意しておけば、情報を、それがもたらされた経緯を含めて理解することができる。特に、だれかのパフォーマンスに感銘を受けたときなどは、このことを思い出してほしい。

ケーススタディ――損失のあとでモメンタムを取り戻す――

この好例として、ボブというテクニカルトレーダーのケースを紹介しよう。ボブは運用額が増えてくると、ほかのポートフォリオマネジャーの手法をまねしながらポートフォリオを拡大して自分もポートフォリオマネジャーへに近づこうとしていた。しかし、その過程でボブはそれまでの成功のカギとなってきたテクニカルチャートのチェックを怠るようになっていった。

筆者が彼と話をしたのは、数カ月間連続で満足のいく結果が出せずにいた二〇〇三年九月のことだった。この会話で取り上げた、モメンタムを作り出すための要因を見失うのがいかに簡単で、もともとの成功を再現するためには基本に立ち返ることがいかに重要か、という点もモメンタムの一端として考えてほしい。

ボブ　トレードを仕掛けるたびに、長期チャートと三〇日の日中チャートを作っている。これがあると、今の水準やブレイクするポイントがいつでも分かる。僕にとっては、これが情報を集めて過去のデータと比較する方法になっている。

キエフ　この計画作成ツールとトレード日誌を兼ねた視覚イメージは、ファンダメンタル分析と君が見ているテクニカルパターンを統合するのにも役立ちそうだ。

ボブ　非常に役に立っている。それに、実行できなかったトレードについて理由を考える過程でも、刺激になってくれる。この方法だと、すべての情報とリスクパラメーターを目の前に並べて考えることができる。

キエフ　では、なぜチャートを使うのをやめてしまったのか。これまでの君のトレーディングにとって重要なツールではなかったのか。

ボブ　ファンダメンタルにばかり気をとられていた。

キエフ　でも、君には株価の動きを知る手段がなかった。それがないといくらファンダメンタルを理解していても、好機にポジションを増やしたり、うまくいかないときはリスクマネジメントの原則を生かして手仕舞ったりすることはできない。

ボブ　一日中見ていることにする。

キエフ　このチャートをつけることで、考えがまとまって明確になるか。

ボブ　これがあれば、いやでもテクニカルの注目点が分かるし、買いの理由を書き込むから記録も残る。これまでもチャートは使っていたが、注目ポイントと関連づけて見ていなかった。トレード計画を立てないで、ただ追跡して理由を記録していた。

キエフ　これはもっと積極的なプロセスなんだ。

ボブ　リスク分析全体にかかわるようになった。例えば、このツールを使って三八をストップポイントとして書き込んでおけば、そこを超えたら売らなければならない。

キエフ　そうやってモメンタムを作っていくんだ。

ボブ　ある程度の水準をブレイクしたら、売らなければならない。ポートフォリオをじっと抱えて取引時間が終了するまでには上がることを祈るのではなく、僕にとってはこうすることが積極的にリスクマネジメントをするということになる。

キエフ　それが計画というものだ。

ボブ　計画をただ視覚化するのではなく、導入するんだ。空売りに関しても同じことをする。このツールを使ってずいぶん儲けてきた。この方法を続けるべきだし、計画は守らなければならない。これまで、マーケットからの情報より自分のほうがよく分かっていると思って、さまざまなことを見過ごしてきた。

キエフ　モメンタムを作って維持するために、ファンダメンタルとこのアプローチを統合できないか。

ボブ　できると思う。まずは正しい思考過程と損益状況に戻さなくてはならない。これは僕にとって良い計画だが、毎日維持していかなければならない。前はそれができたのに、今回は別のやり方をしようとしてやめてしまった。

キエフ　チャートと何らかの発表を基にして何かできないか。あるいは、今の計画にサイジングの要素を加えることはできないか。買いや空売りの期間はどれくらいにすべきか。自分では何ポイントくらいの利益が上げられると考えているのか。利益率の予想は立てているのか。

ボブ　手仕舞いのポイントを計算するのは次のステップになる。まずはポジションサイズを正しく決めるために、アイデアをランク付けしなければならない。

キエフ　それには基準がいる。例えば、「高」は絶対に起こるけれど業界はそれに気づいていないことにすればよい。

ボブ　自信とサイズについてモデルを構築しなければいけない。自信の深さにも基準を設けて、その分析を基にポジションサイズを決めていく。

キエフ　サイズはファンダメンタルを使って決めればよい。すべての要素を考慮して判断を下せば、計画的にサイズを決められる。また、情報源には常に注意し、さらに調べて確信を深めてほしい。すべては自分の知識と感覚を基にしてそのうえに積み上げていってほしい。情報がモデルを動かしていくようにしておけば、戦い方も向上していく。ちなみに、以前はどうしてモメンタムを失ったのか。なぜテクニカルパターンに従うのをやめてしまったのか。

ボブ　少し満足して、少し注意散漫になってしまったのかもしれない。自分でやらないで、周りが何とかしてくれると思っていたのかもしれない。彼らと話したが、ポジションは間違っていないと思った。仕事以外の電話やEメールに邪魔されていつもの仕事ができず、チャートをチェックしたり日々の利益を上げることに集中したりしていなかった。そのうえ、一日単位のゴールも設定していなかったから、通常のトレード計画からだんだんそれていってしまった。

ボブが戦略を中断したり、個人的な用件に邪魔されたり、たいていうまくいく手法（チャートによる価格の見直し）をやめてほかのポートフォリオマネジャーの見方を取り入れたりする理由は、モメンタムの回復（戦略を立て、何がうまくいくかを見つけ、うまくいかないことを調整すること）に関する重要な要素のひとつを示している。

繰り返しになるが、これが展望を実現するために視点と戦略を持つことの価値でもある。入念に戦略を構築すればするほど、自分の足跡と現実の差を見極め、どう調整していけばよいかが分かる可能性は高くなる。二ポイント下がったとしても、「ただの噂だから無視してよい」という連絡を受けていたら、計画に沿って戦略を調整するだけでよいし、少し力がわいてくる。計画がないということは、目隠しをして飛行するようなものだろう。

ランディーというトレーダーは、計画について「これがあると信頼してもらえる」と言っていた。「これにはプラス面がたくさんある。時間の管理もしやすくなるし、ゴールを達成できるだけのサイズになっているかどうかも算定できる。細かく分けて見ていけば、達成できないものはないと思う」

計画を立ててみることで、チャンスが近づいたときの心理的な準備も整う。これは、トレードする前にみなしトレードをしてみるようなもので、そうしておけばチャンスが訪れたときにすぐに行動に移すことができる。もし頭の中で思い描いたり、準備したり、計画したりしたことがないのなら、チャンスが来てもそれを認識したり反応するのは難しい。

パフォーマンスは、考え方によって決まる。もしチャンピオンのように結果に惑わされずに考え、行動すれば、チャンピオンらしいプレーができる。目の前の課題に集中したりマイナス予想を行動に反映させないようにしたりすることで、マイナスイメージ払拭できる。それと同時に、現在のみに集中することで、自分の変化に対する不安も減らすことができる。

モメンタムを維持するためには、真実と向き合い、真実に対処し、間違いを素直に認め、これまでの行動や感情で示してきたより大きな人間になれるよう決心する必要がある。単に感情的に反応するのではなく、マスタリーを目指すための戦略や成果や美徳を基に、選択していくのである。そして、このとき人格と規律が必要となる。

真実に向き合い、結果に責任を持ち、自分の行動を見直し、すべての答えを持っているわけではないことを認めるのは非常に難しい。このためには成長に必要なことをしていく努力と意欲が欠かせない。

ケーススタディ――モメンタムを維持するためにポジションサイズを調整する――

この対話では、モメンタムを作り、維持するためにトレーダーが考えなければならない質問がどのようなものかを見てほしい。そのうちのひとつは、目標をポジションサイズの調整に利用し、確信を深めるために掘り下げて調べるという方法で、テリーもそれに取り組んでいる。

キエフ　何を変えたことが今年のトレーディングを向上させたのか。

テリー　リスクマネジメントにかなり気をつけて損失が出ているポジションを減らしているし、昨年までのようにじっとしていないで積極的に行動している。悪いポジションは手仕舞って、リスクも評価し直している。こうしておけば、何か起こっても仕事を続けられるし、起こらなければファンダメンタル的には将来転換するかもしれないアイデアをただ待つようなこともしなくなる。それより一度リスクをはずして、一〜二週間たったらもう一度考えてみることにする。

キエフ　それがカギとなっているのか。

テリー　そうだ。固執しないことがカギだ。それに、ファンダメンタルの調査と企業に話を聞くだけで、成績がずっとよくなった。昨年は僕にとってトレードの仕方から、マーケットに関する知識、マーケット指標の動きに関する見方などさまざまなことを学んだ一年だった。マーケットに対する見方を持ち、それをポジションサイジングに使うことの重要性も分かった。また、持っているなかで最高のアイデアに集中し、もっとも自信があるポジションに資本をつぎ込むというやり方も助けになっている。

キエフ　目標に集中するということはどうか。

テリー　それも助けになっている。今年の初めに、自分のゴールとポートフォリオをどう運営するかを決めた。今の目標は、毎月、あるいは一定期間に各ポジションで一五万ドルの利益を上げることだ。そして、これが達成できたら五万ドル以上の損失は出さないことにも注意を払っていく。つまり、一五万ドルになったらすべてを手仕舞わないにしても、もう一度すべてを失うようなポジションにはしておかない。きちんと評価して、どのような展開になるかを見極める。こうすることによって、かなりの損失を避けられる。

キエフ　以前だったら保有し続けていたのか。

テリー　前はそのまま保有しているうちに、だんだん価値がなくなっていた。

キエフ　一五万ドルの利益を達成したあとの目標はないのか。

テリー　たいていは銘柄ごとに価格目標を立ててある。でも、もしうまくいって目標価格より前に一五万ドルの利益が達成できてしまったときは、そのまま続行する。このところマーケットの動きが大きいうえに速いため、価格目標が吹っ飛んでしまうことが多くなっている。これらの銘柄については、マーケットも動いているし、勢いもついているため、わざわざ手仕舞おうとは思わない。もっと上昇する余地もあると見ている。だから、もし下がり始めて損失が五万ドルを超えたら手仕舞おうと思いながら保有している。一五万ドルの利益を達成したら、再評価して次の目標額を設定したほうがよいのか。

キエフ　それもできるし、一五万ドルに達したら一度利食って下がるまで待つこともできる。それからもう一度査定して買えばよい。君は今一五万ドル儲けることから五万ドル以上損失を出さないことにゴールを変更してしまった。このふたつは同じではない。

テリー　プラス面のほうに注目すべきだということか。

キエフ　目標額に達したら一度利食い、その時点の知識、次の価格目標、次に達成したいことなどについて考える。今の君は、目標を達成したということで防御モードに入っているが、これは積極的なアプローチとは言えない。君は、目標を達成したら考え方と行動を変えてしまったんだ。それよりも、目標を達成したら次の行動に移ってほしい。

テリー　分かった。目標を達成したら、売るのか、それとも新たな価格目標を設定するのかを決める過程に進まなければならない。そのためには、まだきっかけの出来事が起こる余地があるのかを判断し、その時点でも五～一〇％のリターンが可能かどうかを評価し直さなければならない。もし可能ならばそのまま保有できるし、そうでなければ手仕舞って、将来もう一度仕掛けるチャンスがあるかを見守るか、別のポジションに焦点を移す必要がある。

キエフ　損失を抑えるのも大事なことだが、本当は五万ドルの損失を避ける方法など考えることすらすべきでない。このような思考は、まるで「損失が一五万ドルになるまでは保有できる」と言っているようなもので、下がり始めたら利食うのとは違う。考え方を少し変えて、違う思考過程をたどれるようにしてほしい。

このテリーとの対話は、トレーダーが抱える共通の問題を知っておくことで、目標達成後も積極的な思考ができるようになるということを示している。彼は、利益を確保するとともに五万ドルを失うリスクも抱えようとしていた。しかし、筆者が指摘したとおり、これは目標に達するまでの積極策とは違って、防御的な戦略になってしまっている。テリーの言葉からは、防御モードに陥って自分自身を自己達成的予言というリスクにさらしてしまうこと、つまり五万ドルなら失ってもよいと設定することで実際にそれを失うリスクに自分自身をさらしている状況に、いかに簡単に陥ってしまうかが分かる。

筆者はテリーに、ゴールを達成したあとは、そのモメンタムを維持するための構造を設定しておかなければいけないことを強調した。モメンタムとは、トレーディングのすべての局面を自然の流れに取り込んでいくことでもある。ひとつゴールを達成したら、次の課題に向かって動き始めれば、それまでのトレードのモメンタムを引き継ぎ、次のゴールに向けた原動力と強さと焦点を維持することができるようになる。

有能感

ゴールに近づくと不安が増す。あせって行動しがちになり、パニックに陥りそうになったりコントロール不能になったり、幼いころに身につけた防衛心が再燃し始めたりする。前にも述べたが、このような防衛心は徐々にゴール達成に向けた努力の妨げになっていく。そのため、ゴール達成のためには自制（セルフマスタリー）が重要になってくる。自制とは、本質的に過去に上げた成果がもたらす有能感と、即座に対応すべきときには反応を遅らせて自動操縦に切り替えることができる能力と言える。

マスタリーを極めるためには、うまくいくことと流れを決めることに集中できるようにならなくてはいけない。チャンピオンになるためには、トレードの仕方や、自分ができること、自分の可能性、自分自身に期待するパフォーマンスなどに対する考え方を変える必要がある。自分自身に対する概念を変えればパフォーマンスも変わるし、それを繰り返すことでパフォーマンスは向上していく。

これまでの考え方や行動や反応の仕方を認識することは、変化の過程で出合う障害を克服するのに役立つため、過去の失敗パターンから抜け出して前進できるようになる。

マスターらしくなるために、不安という領域に踏み込み、自己観察を心がけ、最初は厄介だと思っても新しい行動に取り組んでみる必要がある。まずは着手し、その手法に沿った行動を起こし、戦略を順守しながらマーケットの変化に合わせて調整することを学ばなければならない。言い換えれば、マスタリーとは、自分の個性に合った行動や、自分にとってうまくいくこと、向上できること、そしてマーケットでうまくいくことをしていくことでもある。

マスタリーを目指すための基本ステップをおさらいしておこう。

一．現実を見る目を、現在を中心とした見方に変える。これは、昔の行動パターンやこれまでの自分に対する意識を認識したうえで放棄することを意味している。今の瞬間に生き、感情や思考とは距離をおいたり乗り越えたりするためにそれらを観察する。そして、同時に将来に対する懸念も捨てる。

二．展望を実現するためのステップとして、まずそれをデザインし、戦略を立てる。不確実性に対するマイナスの懸念を捨てて、その展望の可能性について考え、それを現実の世界で、展望の実現にかかわる出来事に反応したり、実現するために必要な行動をとったりしながら、だんだん明確にしていくとよいだろう。マスタリーとは、「なぜ」と問うことではないが、「なぜ違うのか」と考えながら展望を実現するために必要なステップを踏んでいくことではある。

三．結果を操作してはいけない。必要なのは恒常的に装飾したり修正したりすることではなく、信頼と信念を持って展望というひとつの目的だけを目指すことで、そうしていれば、いずれはそれを実現できる。

過去を切り離し、間違いや限界に固執することをやめれば、自分の人生を自分で導いていくことができる。洞察力を得るために、本書では展望を育て、その展望の表現を妨げる障害物を避ける方法に注目してきた。ここで、次の質問について考えてみてほしい。

●今の状態で、望んでも達成できないことは何か
●過去に起こったことを正確に思い出せるか
●過去に起こったことを限定的にとらえ、その経験に固執していないか
●これまでどんな制限を受けてきたか
●現実をそのまま受け入れるかわりに、どのくらい過去の出来事に基づいた解釈を当てはめて生きてきたか
●これまでに、どれほど過去や現在に過去の解釈を重ね、現実そのものや現実の可能性から目をそらしてきたか。現実ではなく、自分の解釈を基にトレードすることに、どれほどのメリットがあるか
●世の中に関して、これから応用できる知識を身につけてきたか

これらの質問は、特大の展望を作ってそれを達成するための戦略を練る手がかりになるなど、これからの可能性の扉を開いてくれる。

トレーディングに持てる力をすべてつぎ込んでいるか。自分の期待や可能性を満たしているか。周りに影響を与えているか。

過去のミスについて考えている場合ではない。そんなことをしてもエネルギーと熱意がそがれるだけだし、それで分かるのは外部に表明している信念でしかない。それよりも、自分が経験したいことだけを見つめればよい。緊張する必要もない。これは信念であって、葛藤ではない。自分が達成したいことだけに目を向けておけばよいのである。

また、周りの人たちを好意的に見るよう意識し、自分について語ることに時間を浪費しない。周りに対して敵意を抱いたり否定的になったりしても、自分の評価を下げるだけだ。思考をコントロールし、展望についてだけ考えるようにしていこう。

大きな可能性をつかみとるためには、満足と感謝の気持ちを持って、自分に与えられたものとその展開を好意的に受け止める姿勢を伸ばしていくことが欠かせない。結果と、それを実現するためにすべきことに対する信念が強いほど、望みがかなう可能性も高くなる。

ただ、これは望んでいればかなうということではない。この段階で、自分に課した制限が望みを達成するときの妨げになっていることを理解し始め、そうなると人生の光が見えるまで展望に沿った行動を継続できるようになる。そして、いずれゴールを実現するために必要なことができるようになる。

マスタリーのための会話とは、無限の可能性をつかみ、自分を変え、自分を燃え立たせる大きなチャレンジに挑むことでもある。これは結局のところ、過去や未来にとらわれずに、今を精いっぱい生きるということでもある。

もし将来に関する心配がぬぐえなかったら、それは全力で今に取り組んでいないというサインで、もう一度エネルギーを目の前の出来事につぎ込んで、この瞬間すべきことにもっとかかわっていけという警告だと考えればよい。

事実には限界があり、状況は始まって終わる。だから、何かが起こってもそれをやりすごす。それはそれだし、終わったものは、終わったものでしかない。ただ、経験から学ぶことだけ忘れないようにしておけば、次に行動の指針を立てるとき、その過程を修正するためのステップを盛り込むことができる。

恐れることはない。出来事を経験して、足りなかった部分は次に盛り込めばよい。何かを放つときは、見直して、さらに見直してからにしてほしい。もし間違ってもショックを受けたりせず、不足分を探してそれを次回に盛り込めばよい。そうすることが前進することにつながっていく。自分で思い描いたり、生み出したりしたことには責任があり、さらにできることを常に見極めていかなければならない。核心となる流れを見ておこう。

一．展望を作る。
二．展望に沿った行動をしていくための実践的なステップを組み立てる。
三．展望に関連するチャンスを見つけるためにアンテナを広げる。
四．周りを気にせずに、チャンスがあればそれに挑む。

真のマスターはパンチを避け、流れに乗り、ささいなことで騒ぎ立てたりしないようにすることを理解している。マスターは周りの反応を心配したりしない。それよりも、展望は必ず実現するし、周りのみんなもそれを助けてくれる（特に自分と周りの関心を同じ方向に向けたり、周りを搾取したりするような状況にならなければ）といった豊かさの法則とでもいう感覚を持っている。

ゴールに対するイメージを頭の中で膨らませるために、気を生かし、視覚イメージでリハーサルをしたうえで、あとは展望に沿ったチャンスを待てばよい。チャンスが訪れたら、まずは自分の今の状態となりたい自分との間のギャップに身を置いて、そこから進み始めればよい。このほうが端のほうで受け身の姿勢でいたり過去の習慣を永遠に繰り返すよりずっと面白いし、挑戦しがいがあるし、成長にもつながる。

自分の強さと集中力をすべてつぎ込み、自制せずに戦ってほしいが、燃え尽きないようペースは守ってほしい。ストレスや、障害や羨望や屈辱や敗北など、通常なら押しとどめられたり、撤退したくなるようなことがあっても、前進し続けなければならない。逆境は、常にそれと同等かそれ以上のチャンスにつながることに気づいてほしい。そして、希望の兆しを探し続けよう。展望を実現するための勇気とエネルギーは、内面の思考から来ているのである。

最後に「どのように自制してしまうか」について尋ねてみたい。

●損失や屈辱など本書で取り上げたマイナス感情から身を守るため、展望にコミットすることをどのように避けているか
●どのリスクを避けているか
●何を恐れているのか
●どのような恐ろしい思考を持っているのか
●どこで足踏みしてしまうのか

今、前進できていないのなら、もしかしたら新たな方法で臨んだり、拡大したり、展望を表現したりすることに関する自分の直感、つまり自分の存在そのものにかかわる中心的思想に耳を傾けていないのかもしれない。

結局、思想が人生を作り、反応したり考えたりしたことが自分に跳ね返ってくる。矛盾した

考えを持っていると、人生も矛盾する。障害をとり除いてひとつのことに専心していれば、周りもその可能性を追い求める視点を歓迎してくれるようになる。自分の考えを信じ、それに集中するだけでよい。もう気づいたと思うが、どのような言い訳があったとしても、努力は続けなければならない。でも、努力することと、もがき苦しんだり強要したりすることは違う。努力をして、もし障害に出合えば、それも織り込み、調整を加えながらゴールを目指し続ければよい。

それに加えて、自分の思考とイメージの力、つまり展望に対する信念の力と、それを実現するために必要なものを認識してほしい。これは詩を書いたり、絵を描いたりするなどの芸術的表現に似ている。自分が生み出そうとしているもののイメージを思い描き、それにそって行動し、その間ずっと自分を制限する生命原理や周りの視線によって軌道を外れないよう意識しておく必要がある。

二つの矛盾した考えを同時に持つことはできない。障害のことを考えながら、可能性を信じて将来を作っていくことはできない。だから、自分の望むことに集中し、望まないことには関与しないようにする。展望が自分の枠を超えて、持てるエネルギーをそれ以上に膨らませてくれる。そして、これが結局は自分の核となる部分を表現したことになる。

ここでは、今に生き、すべての状況をホームランを打つチャンスととらえ、最高の力で臨み、大きな目標につながる目の前の課題に集中していくことがカギとなる。

このことについては何度繰り返しても言い足りないが、結局、努力した結果こそがその人なのである。ひとりひとりの人生は、大きな現実の一部でしかない。気を働かせ、自分が世界の中心だと考えれば、宇宙やそのなかにあるすべての生命とのつながりという自分自身の多面性に気づくことになるだろう。

エゴを開放しないかぎり、この多面性に気づくことはできない。そして、これがちっぽけな不満や心配などよりはるかに大きい「展望とともに生きる力」と言えるだろう。

一瞬、一瞬に、挑戦と成長とチャレンジのためのチャンスがつまっている。時間はゆっくりと流れている。そして、それぞれの日が大きく膨らんで、ほかの日とは違う特別な一日になっていく。そうすると、まるで時間自体が拡大しているような感じさえして、先週が先月かと思うほど遠く思えてくる。

マスターへの道は簡単ではないが、活力を与えてくれる。これほどスリルのある旅を始めるのに、何の躊躇があるというのだろう。今すぐ始め、人生に力を注ぎ込んでほしい。

読者にとって、次の瞬間がマスタリーへの最初のステップなのである。

訳者あとがき

本書は、著名な心理学者のアリ・キエフ博士による『Hedge Fund Masters』の邦訳である。このタイトルだけ見ると、カリスマトレーダーが専門用語を駆使して独自のテクニックを披露する本だと思うかもしれないが、それは違う。このタイトルのポイントは「ヘッジファンド」ではなくて「マスター」のほうにある。

本書には、マスターとかマスタリーという言葉が何度も出てくる。しかし、「マスタリー」とは何だろう。本書によると、マスタリーとは「特定のスキルを習得する以上の意味を含んでいる」たぶんに精神的なもので、そういえば以前に読んだ合気道に関する文にも、「マスタリーとは高めたエネルギーを本当に自分のものとして使いこなすという意味」と書いてあった。これは「効率的にトレードするためだけでなく、効率的に生きる戦略」なのである。

本書を訳していると、投資とは関係ない知人に読ませたい部分がたくさんあり、だんだん投資の本を訳しているという感じがなくなっていった。精神医学は、キエフ博士の経歴さながらに、スポーツ心理からトレーダー心理へと応用範囲を拡大してきた。それは、コーチングがスキルそのものを教えるのではなく、その向上を手助けするものだからだ。

訳者もエルダー博士、タープ博士といったパンローリングの読者にはおなじみの精神科医の本を訳す機会に恵まれたが、どちらも生きるためのヒントがあふれている。ただ、この二冊には投資の具体的な記述も多く、投資をしない人が手にとっても、専門用語がちかちかして、おもしろいところを掘り当てるのは難しいかもしれない。

しかし、本書は売買の基本とポートフォリオマネジャー程度の用語が分かれば、人生、あるいは目指す分野のマスターになるためのコーチングの本として十分通用すると思う。書店なら「ゴールは絶対に達成できる！」などというジャンルに置いてもおかしくない。トレーディング以外にも、長い期間自分を律し、状況に合わせて変化し続けなければ成し遂げられないことはたくさんある。キエフ博士のご子息はボブスレーの元アメリカ代表選手だと聞いているが、これも直々にマスタリー教育を受けた成果なのかもしれない。

もちろん、投資をする人たちは、さまざまなポートフォリオマネジャーのケースから、この業界で働く人たちが経験するさまざまな問題の非常に具体的なヒントが得られると思う。本書が、トレーディングと人生をレベルアップする手助けになれば、とてもうれしい。

最後に、本書を訳す機会を下さったパンローリングの後藤社長と、スタッフの方々、編集その他でお世話になっている阿部氏（ＦＧＩ）、そしていつもいてくれる家族に感謝したい。

二〇〇六年七月

井田京子

■著者紹介

アリ・キエフ医学博士 (Ari Kiev. MD)

精神科医で、ストレス管理とパフォーマンス向上が専門。ソーシャル・サイキアトリー・リサーチ・インスティチュートの代表も務める博士は、近年多くのトレーダーにストレス管理、ゴール設定、パフォーマンス向上についての助言を行っている。これまでに『リスクの心理学』(ダイヤモンド社)、『トレーディング・トゥ・ウィン (Trading to Win)』『トレーディング・イン・ザ・ゾーン (Trading in the Zone)』など15の著作とDVD・ビデオ『魔術師たちのコーチングセミナー』(パンローリング) がある。

■訳者紹介

井田京子 (いだ・きょうこ)

翻訳者。訳書に『ワイルダーのテクニカル分析入門』『間違いだらけの投資法選び』『投資苑2 Q&A』『トゥモローズゴールド』『最強のポイント・アンド・フィギュア分析』『ファンダメンタル的空売り入門』『ヘッジファンドの売買技術』『魔術師たちの投資術』『投資家のためのマネーマネジメント』『ラリー・ウィリアムズの「インサイダー情報」で儲ける方法』(パンローリング) などがある。

2006年 9 月 3日 初版第 1 刷発行
2009年10月 1日 第 2 刷発行
2014年 4 月 1日 第 3 刷発行
2020年 8 月 1日 第 4 刷発行

ウィザードブックシリーズ⑩⑦

トレーダーの心理学《しんりがく》
――トレーディングコーチが伝授する達人への道

著　者　アリ・キエフ
訳　者　井田京子
発行者　後藤康徳
発行所　パンローリング株式会社
〒 160-0023　東京都新宿区西新宿 7-9-18-6F
TEL 03-5386-7391　FAX 03-5386-7393
http://www.panrolling.com/
E-mail　info@panrolling.com
編　集　エフ・ジー・アイ（Factory of Gnomic Three Monkey Investmant）合資会社
装　丁　パンローリング装丁室
組　版　a-pica
印刷・製本　株式会社シナノ

ISBN978-4-7759-7073-7

マーク・ダグラス

シカゴのトレーダー育成機関であるトレーディング・ビヘイビアー・ダイナミクス社の社長を務める。商品取引のブローカーでもあったダグラスは、自らの苦いトレード経験と多数のトレーダーの間接的な経験を踏まえて、トレードで成功できない原因とその克服策を提示している。最近では大手商品取引会社やブローカー向けに、本書で分析されたテーマやトレード手法に関するセミナーや勉強会を数多く主催している。

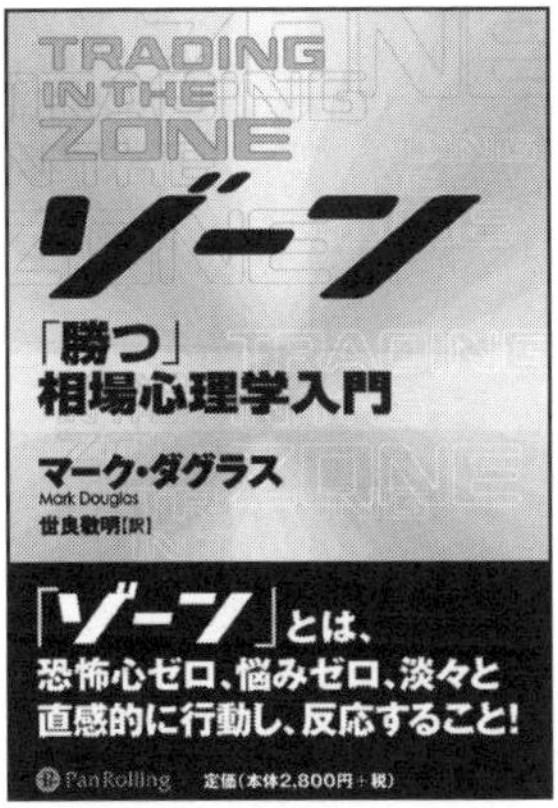

ウィザードブックシリーズ 32

MP3 音声データCD オーディオブックあり

ゾーン 勝つ相場心理学入門

定価 本体2,800円+税　ISBN:9784939103575

「ゾーン」に達した者が勝つ投資家になる！

恐怖心ゼロ、悩みゼロで、結果は気にせず、淡々と直感的に行動し、反応し、ただその瞬間に「するだけ」の境地…すなわちそれが「ゾーン」である。

「ゾーン」へたどり着く方法とは？

約20年間にわたって、多くのトレーダーたちが自信、規律、そして一貫性を習得するために、必要で、勝つ姿勢を教授し、育成支援してきた著者が究極の相場心理を伝授する！

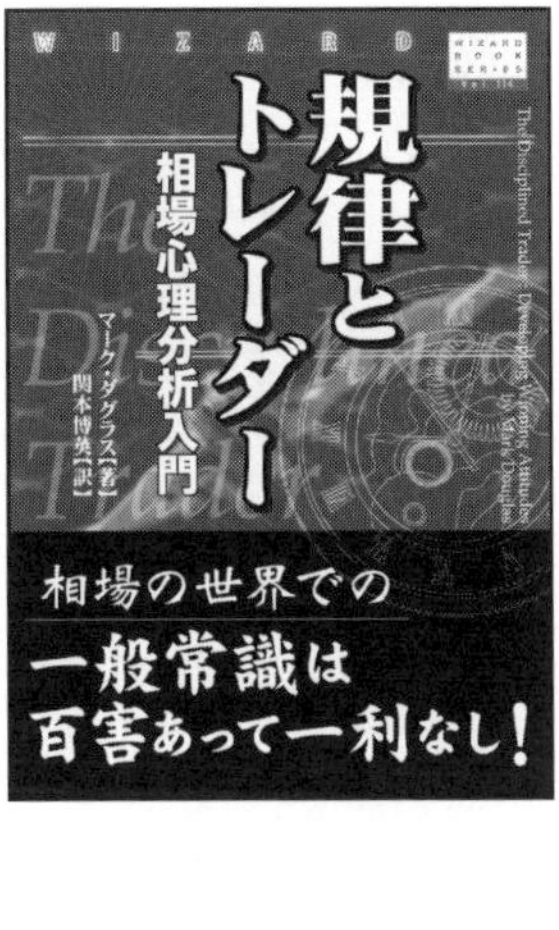

ウィザードブックシリーズ 114

MP3 音声データCD オーディオブックあり

規律とトレーダー 相場心理分析入門

定価 本体2,800円+税　ISBN:9784775970805

トレーディングは心の問題であると悟った投資家・トレーダーたち、必携の書籍！

相場の世界での一般常識は百害あって一利なし！

常識を捨てろ！手法や戦略よりも規律と心を磨け！

本書を読めば、マーケットのあらゆる局面と利益機会に対応できる正しい心構えを学ぶことができる。

マーク・ダグラスの遺言と
トレーダーで成功する秘訣
トレード心理学の大家の集大成！

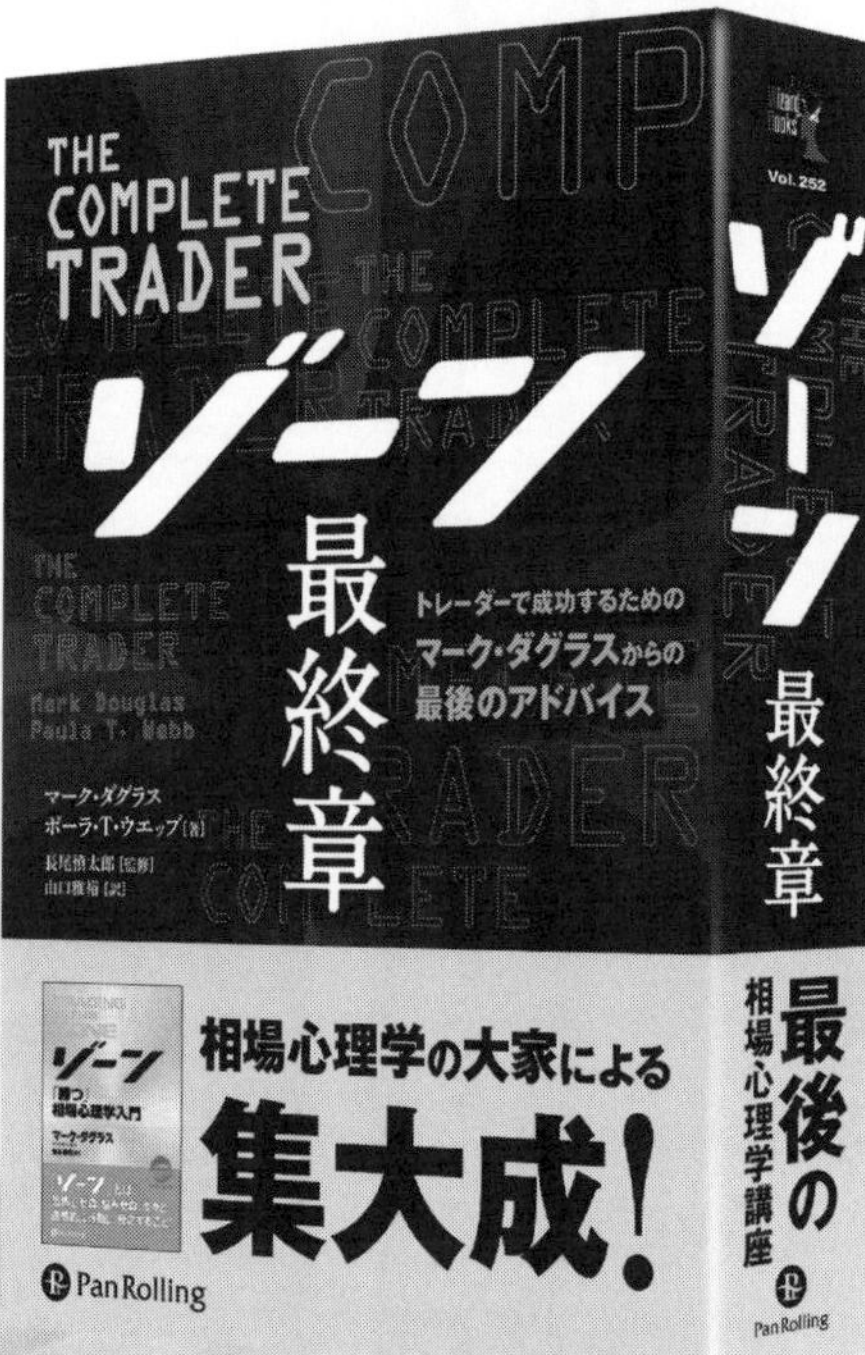

ゾーン　最終章

四六判 558頁　**マーク・ダグラス, ポーラ・T・ウエッブ**
定価 本体2,800円+税　ISBN 9784775972168

1980年代、トレード心理学は未知の分野であった。創始者の一人であるマーク・ダグラスは当時から、今日ではよく知られているこの分野に多くのトレーダーを導いてきた。

彼が得意なのはトレードの本質を明らかにすることであり、本書でもその本領を遺憾なく発揮している。そのために、値動きや建玉を実用的に定義しているだけではない。市場が実際にどういう働きをしていて、それはなぜなのかについて、一般に信じられている考えの多くを退けてもいる。どれだけの人が、自分の反対側にもトレードをしている生身の人間がいると意識しているだろうか。また、トレードはコンピューター「ゲーム」にすぎないと誤解している人がどれだけいるだろうか。

読者はトレード心理学の大家の一人による本書によって、ようやく理解するだろう。相場を絶えず動かし変動させるものは何なのかを。また、マーケットは世界中でトレードをしているすべての人の純粋なエネルギー ―― 彼らがマウスをクリックするたびに発するエネルギーや信念 ―― でいかに支えられているかを。本書を読めば、着実に利益を増やしていくために何をすべきか、どういう考え方をすべきかについて、すべての人の迷いを消し去ってくれるだろう。

アリ・キエフ

精神科医で、ストレス管理とパフォーマンス向上が専門。ソーシャル・サイキアトリー・リサーチ・インスティチュートの代表も務める博士は、多くのトレーダーにストレス管理、ゴール設定、パフォーマンス向上についての助言を行っている。

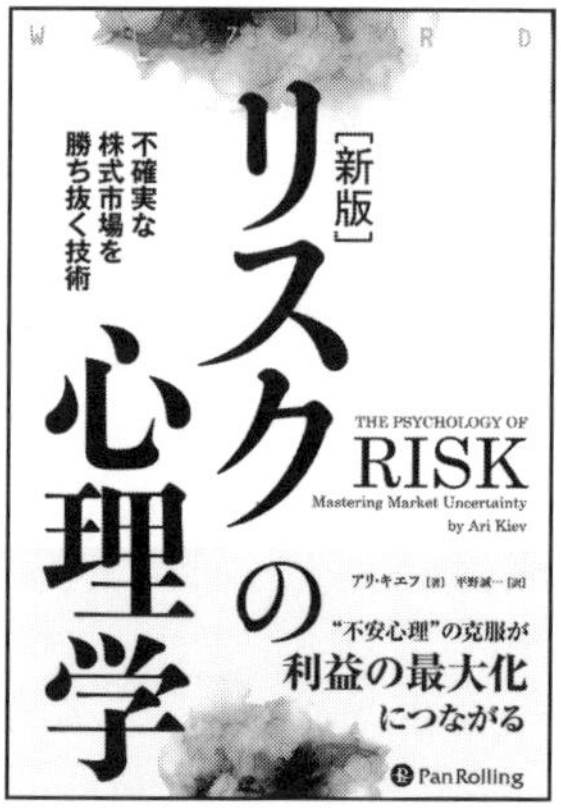

ウィザードブックシリーズ287

【新版】リスクの心理学
不確実な株式市場を勝ち抜く技術

定価 本体1,800円+税　ISBN:9784775972564

適切なリスクを取るためのセルフコントロール法

本書では、「リスクを取る意欲の分析」「リスクを管理する方法」「トレーダーを襲う病的なパターンに対処する方法」を中心に解説する。
世の中には、大きなリスクを取っても売買ルールどおりに平然と実行するトレーダーと、分析では決して引けを取らないが、いざ実践となると実行できないトレーダーがいる。本書は、その理由に迫り、トレーディングの成功を妨げる要素について解説している。リスクや様々なストレスへの感情的な反応に惑わされることなくトレーディングを行うためのテクニックや原則を伝授する。

著者のキエフは、数多くのトレーディング・ケーススタディを活用して、投資家の心理学と定量的リスク管理手法のギャップを埋めるリスク管理プログラムの概要を説明した。専門家のアドバイスと市場状況の実例に満ちた本書は、次のような課題に対処することにより、不確実性と予測不能性に直面したときに行動を起こすことができる。

- リスクに対処するために必要なアプローチ
- 興奮、怒り、恐怖、ストレスといった感情にとらわれず取引するのに役立つ心理的テクニック
- 完全主義、意思決定マヒ、塩漬け、衝動性などの問題ある行動の克服
- 失敗と成功に対する処理
- コーチング、チームワーク、およびシステム構築のツールを使用して問題を克服する方法

リスクを取ることは決して危険なことではない。「リスクを回避する」という通常の流れから脱却し、積極的に活用できるようになろう。段階的なアプローチを経験し、リスクに関する新しい視点を得ることによって、トレードの成功率を高め、利益率が増すだろう。本書が読者の運用成績向上に役立つことを願ってやまない。

ブレット・N・スティーンバーガー

ニューヨーク州シラキュースにある SUNY アップステート医科大学で精神医学と行動科 学を教える客員教授。2003 年に出版された『精神科医が見た投資心理学』（晃洋書 房）の著書がある。シカゴのプロップファーム（自己売買専門会社）であるキングズ トリー・トレーディング社のトレーダー指導顧問として、多くのプロトレーダーを指 導・教育したり、トレーダー訓練プログラムの作成などに当たっている。

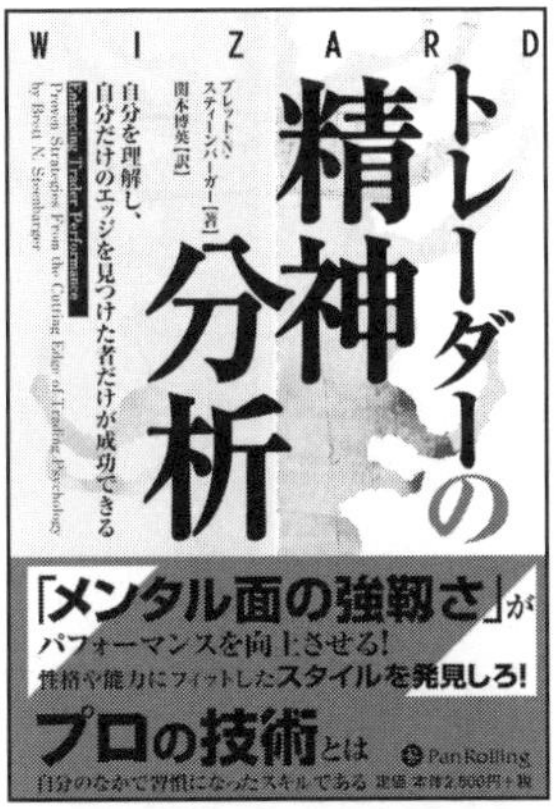

ウィザードブックシリーズ 126

トレーダーの精神分析
自分を理解し、自分だけのエッジを見つけた者だけが成功できる

定価 本体2,800円+税　ISBN:9784775970911

性格や能力にフィットしたスタイルを発見しろ!


「メンタル面の強靭さ」がパフォーマンスを向上させる!

「プロの技術とは自分のなかで習慣になったスキルである」

メンタル面を鍛え、エッジを生かせば、成功したトレーダーになれる!

トレーダーのいろいろなメンタルな問題にスポットを当て、それを乗り切る心のあり方などをさらに一歩踏み込んで紹介。

ウィザードブックシリーズ 168

悩めるトレーダーのためのメンタルコーチ術

定価 本体3,800円+税　ISBN:9784775971352

不安や迷いは自分で解決できる!


トレードするとき、つまりリスクと向き合いながらリターンを追求するときに直面する難問や不確実性や悩みや不安は、トレードというビジネス以外の職場でも夫婦・親子・恋人関係でも、同じように直面するものである。

読者自身も知らない、無限の可能性を秘めた潜在能力を最大限に引き出すとともに明日から適用できる実用的な見識や手段をさまざまな角度から紹介。

バン・K・ターブ博士

コンサルタントやトレーディングコーチとして国際的に知られ、バン・タープ・インスティチュートの創始者兼社長でもある。これまでトレーディングや投資関連の数々のベストセラーを世に送り出してきた。講演者としても引っ張りだこで、トレーディング会社や個人を対象にしたワークショップを世界中で開催している。またフォーブス、バロンズ、マーケットウイーク、インベスターズ・ビジネス・デイリーなどに多くの記事を寄稿している。

ウィザードブックシリーズ 134

新版 魔術師たちの心理学

定価 本体2,800円+税　ISBN:9784775971000

秘密を公開しすぎた

ロングセラーの大幅改訂版が(全面新訳!!)新登場。

儲かる手法(聖杯)はあなたの中にあった!!あなただけの戦術・戦略の編み出し方がわかるプロの教科書!

ウィザードブックシリーズ 160

タープ博士のトレード学校 ポジションサイジング入門

定価 本体2,800円+税　ISBN:9784775971277

スーパートレーダーになるための自己改造計画

『新版 魔術師たちの心理学』入門編。

タープが投げかけるさまざまな質問に答えることで、トレーダーとして成功することについて、あなたには真剣に考える機会が与えられるだろう。

ウィザードブックシリーズ215

トレードコーチとメンタルクリニック

定価 本体2,800円+税　ISBN:9784775971819

あなたを 自己発見の旅へといざなう

己の内面を見つめることで、あなたの意思決定に大きな影響を及ぼしている心に染み付いた考えや信念や認識から解き放たれる。成績を向上させ、スーパートレーダーへの第一歩となるヒントが満載。

トム・バッソ

トレンドスタット・キャピタル・マネジメントの株式と先物の元トレーダー。1980年から株式の運用を始めて年平均16％、1987年から先物の運用し始めて年平均 20％の実績を残す。『新マーケットの魔術師』で取り上げられ、どんな事態でも冷静沈着に対応する精神を持つ「トレーダーのかがみ」として尊敬を集めた。

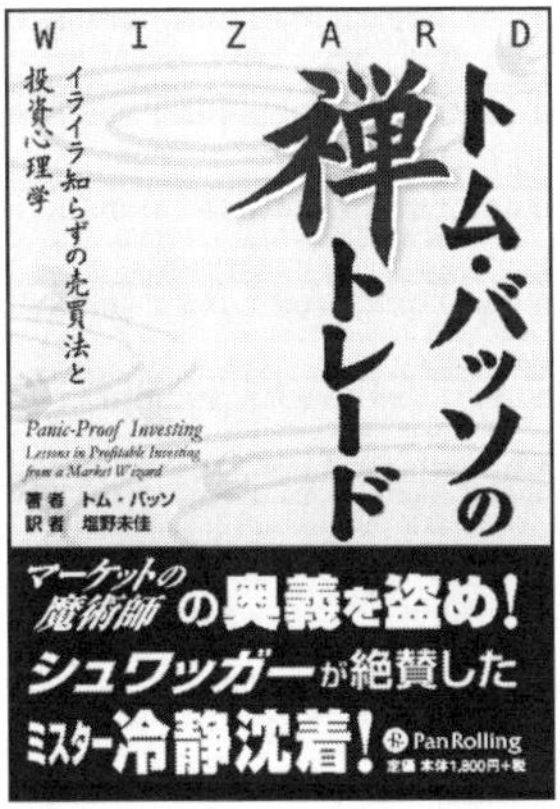

ウィザードブックシリーズ 176

トム・バッソの禅トレード

定価 本体1,800円+税　ISBN:9784775971437

投資で成功する心構えと方法とは

資産運用ビジネスをしていて良かった。そう感じることが何度もある。このような本を執筆できるのもそのひとつだ。他人の資産を運用し始めてかれこれ一七年になるが、今でも多くの人が自分の資金をうまく管理運用できていないことに驚いている。わたしは投資のことで試行錯誤を続けている多くの人と出会った。資産運用業界に対しては手厳しい人が多いが、なかにはもっともな理由がある場合もあるが、そのほかの人は単に知識がないだけであり、資産運用という問題にどう対処したらよいのか分からないようだ。――――――― はじめに（トム・バッソ）

目次

稼げる投資家になるための投資の正しい考え方

著者　上総介

定価 本体1,500円+税　ISBN:9784775991237

投資で真に大切なものとは?
手法なのか? 資金管理なのか?それとも……

「投資をする（続ける）うえで、真に大切なものは何ですか」と聞かれたら、皆さんはどう答えるだろうか？「手法が大事」「いやいや、やはり資金管理がうまくないと勝てない」と考える人もいる。どれが正しいのかは、人それぞれだと思うが、本書ではあえて、この問いに答えを出す。それは「正しい考えのもとで投資をすること」である。

ウィザードブックシリーズ 184

脳とトレード
「儲かる脳」の作り方と鍛え方

著者　リチャード・L・ピーターソン

定価 本体3,800円+税　ISBN:9784775971512

トレードで利益を上げられるかどうかは
「あなたの脳」次第

人間の脳は、さまざまな形で意思決定に密接に関係している。マーケットとマインドの両方の分野についての知識を深めれば、投資での収益を増やすことができる。

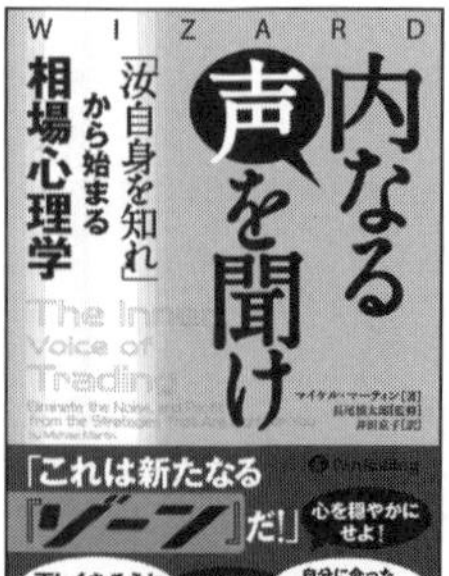

ウィザードブックシリーズ 195

内なる声を聞け
「汝自身を知れ」から始まる相場心理学

著者　マイケル・マーティン

定価 本体2,800円+税　ISBN:9784775971635

ロングセラー『ゾーン』の姉妹版登場!
これは新たなる『ゾーン』だ!

自分自身を理解することこそがトレード上達の第一歩である!
エド・スィコータやマイケル・マーカスといった伝説のトレーダーとの含蓄の言葉に満ちたインタビュー。